Victor Renaud

Gemüse
und Kräuter von A–Z

Das Katalogbuch zum Nachschlagen
und Verwenden

mit 600 Farbfotos

Fotonachweis

Alle Fotos stammen vom Autor, außer:
Andreas Bärtels: S. 74 oben, 80 oben, 85 oben, 109 oben links und oben rechts, 123 oben, 129 oben, 131 oben rechts, 132 oben links und rechts, 141 oben links und rechts, 152 oben, 156 oben, 165 oben rechts, 176 oben, 179 oben rechts, 183 oben rechts, 184 oben links und rechts, 185 Mitte, 208 Mitte, 212 oben links und rechts, 220 links. **GBA/Perder:** S. 9. **Hans Reinhard:** S. 20, 57. **Jean-Baptiste Prades:** S. 4, 9, 24 oben links, 30 oben, 107 oben links, 116 oben rechts, 131 oben links, 161 oben, 183 oben links, 202 oben, 203 oben, 213 oben links. **MAP/Descat:** S. 182. **MAP/Didillon:** S. 113. **MAP/Nief:** S. 62. **MAP/Noun:** S. 166. **Nils Reinhard:** S. 44, 59. **Philippe Desbrosses:** S. 107 oben rechts.
Titelbilder: Großes Foto: Victor Renaud, kleines Foto: Wolfgang Redeleit.

Impressum
Titel der französischen Originalausgabe:
Victor Renaud „tous les légumes", erschienen bei Les Editions Eugen Ulmer, Paris/Frankreich 2003
Übersetzung: Christine Schoelzel, Straßburg
Fachberatung: Kristina Bauer, Göttingen

Bibliografische Information der Deutschen Nationalbibliothek
Die Deutsche Nationalbibliothek verzeichnet diese Publikation in der Deutschen Nationalbibliografie; detaillierte bibliografische Daten sind im Internet über http://dnb.d-nb.de abrufbar.

© 2007 Eugen Ulmer KG
Wollgrasweg 41, 70599 Stuttgart (Hohenheim)
E-Mail: info@ulmer.de
Internet: www.ulmer.de
Umschlaggestaltung: wilde② Stefan Dehmel, Stuttgart
Lektorat: Karin Wachsmuth, Dörte Vieth
DTP: Satz+Layout Fruth GmbH, München
Druck und Bindung: Litotipografia Alcione, Lavis (TN)
Printed in Italy

ISBN: 978-3-8001-4975-9

Danke

allen Sammlern von Kulturpflanzen, die das für die
Menschheit so wichtige gärtnerische Kulturerbe bewahrt
haben, zu Gunsten der Besonderheit, der Vielfalt, des Ge-
schmacks – und unser aller Gesundheit!
Nicht zu vergessen jene, die diese Arten verkaufen ...
Allen ein großes Dankeschön.

Für die deutsche Ausgabe:
Der Verlag dankt Frau Kristina Bauer, Göttingen, für die
kritische fachliche Durchsicht und Anpassung an deutsche
Klima- und Marktverhältnisse.

Vorwort

Dieses Buch möchte den Wert so mancher
Gemüse- und Kräuterart, die man im Garten ziehen
kann, hervorheben, denn je größer die Vielfalt, um so
besser für die Gesundheit. Der andere wichtige Nutzen dieser Pflanzen
ist – und da werden mir die großen Köche wohl kaum widersprechen – dass manche
von ihnen neuen, ja einzigartigen Geschmack in die Küche bringen.

In unserer so genannten „modernen" Zivilisation, in der Ertrag das wichtigste Kriterium für die Selektion bei Gemüse ist, gefolgt von der Makellosigkeit, der Gleichförmigkeit, der Festigkeit (für Anbau, Ernte und Transport), vergisst man oft völlig, dass Essen auch ein Vergnügen ist, das man mit der Familie oder Freunden teilt; oft kommt dabei der Geschmackswert zu kurz. Natürlich essen wir, um zu leben, aber auch, um uns mittels des Gehalts der Nahrungsmittel an Vitaminen, Mineralien, Spurenelementen, Kalorien, Proteinen, Fasern usw. gesund zu erhalten. Dieser Nährwert wird seit Jahrzehnten nicht mehr berücksichtigt. Ich erinnere hier an das Zitat von Prof. P. Delbet: „Keine menschliche Tätigkeit, nicht einmal die Medizin, hat so viel Bedeutung für die Gesundheit wie die Landwirtschaft."
Darüber hinaus ist Gartenarbeit ein wirksames Mittel zum Abschalten: Hier fällt es uns leicht abzuschalten; wir verstehen die Natur besser, ja werden eins mit ihr. Gärtnern ist der Feind der Langeweile!

In diesem Buch werden bekannte, aber auch längst vergessene Gemüse- und Kräuterpflanzen vorgestellt, die in den meisten Gärten problemlos gezogen werden können und nur manchmal einiger Vorsichtsmaßnahmen bedürfen.

Victor Renaud

Gemüse der Saison genießen

Es ist allemal besser, frische Früchte der Saison zu essen als solche aus Konserve und Gefriertruhe. Diese sollten nur im Notfall auf den Tisch kommen! Es ist lächerlich, Erdbeeren zu Weihnachten, grüne Bohnen im Winter und Tomaten in jeder Jahreszeit zu essen! Die „Flaute" für den Hobbygärtner ist (was frisches Gemüse betrifft) der Frühling: Jetzt ist die Zeit der Aussaat und die Zeit, Linsen, getrocknete Bohnen, die letzten Pastinaken, Porree, Kohl, Schwarz- und Haferwurzeln, grüne Bohnen (gefroren oder eingemacht) zu essen. Im Spätfrühling kommt dann der Frühjahrskohl, anschließend den ganzen Sommer und Herbst über vielerlei frisches und geschmackvolles Gemüse, und wenn dann die schlechte Jahreszeit naht, haben wir nun die Qual der Wahl: Kartoffeln, Knollenziest, Rosenkohl, Weiß- oder Rotkohl, Herbstrüben, Topinambur, Porree, Winterrettiche, Kürbis und vieles mehr. Salat muss der Garten in allen Jahreszeiten hergeben und Kürbis kann zu jeder Jahreszeit gegessen werden.

Einige Tipps für den Verbrauch:

Erinnern wir uns stets daran, dass die wichtigsten Qualitäten einer Gemüsepflanze ihre Frische, ihr Geschmack und ihr Nährwert sind:
- Lagern Sie frisches Gemüse nicht, denn es büßt schnell einen Teil seiner Vitamine und anderen Eigenschaften ein; wenn Sie nicht anders können, als es eine Zeitlang zu lagern, weil Ihr Gemüsegarten zu weit entfernt ist, müssen Sie ihm Tageslicht und Hitze ersparen.
- Putzen, reiben und schneiden Sie Gemüse nicht zu lange im Voraus.
- Waschen Sie Gemüse besser unter fließendem Wasser ab statt im Wasserbad, in dem Mineralien verloren gehen.
- Kochen Sie das Gemüse in Töpfen mit Deckel, damit die Vitamine und Mineralien nicht verdampfen.
- Vermeiden Sie Geräte aus Aluminium: besser sind z. B. Edelstahl, Gusseisen und Ton.
- Essen Sie zu jeder Mahlzeit Rohkost oder Salat, vor allem, wenn Sie Konserven verwenden; die Verdauung wird es Ihnen danken!
- Die beste Art, Gemüse zu garen ist das Dünsten, denn beim Kochen im Wasser geht eine beträchtliche Menge für die Gesundheit unverzichtbarer Stoffe verloren; das Kochen im Schnellkochtopf ist wegen seiner zu hohen Temperaturen nicht zu empfehlen, bei denen ebenfalls zu viele Vitamine und Mineralsalze zerstört werden.
- Je vielfältiger die Ernährung ist, umso weniger Mineral- und Vitaminmangel werden Sie haben.
- Oft mag man ein Gemüse nicht, wenn man es das erste Mal probiert; beim zweiten Mal erträgt man es bereits und beim dritten Mal wird man etwas besser „hinschmecken", um es schließlich zu mögen!

Gewürz- und Aromapflanzen im Garten

Ihnen haben wir in diesem Buch breiten Raum gegeben, denn sie spielen eine wichtige Rolle im Gemüsegarten, und fast alle finden durch ihren Schmuckwert auch einen Platz im Steingarten. Die Vielfalt ihres Laubes und die Schönheit ihrer Blüten holen sozusagen ein Stückchen vom Paradies auf die Erde herab ...
Viele Gewürzpflanzen können im Topf gezogen werden, im Kübel oder Blumenkasten auf Terrasse und Balkon. Manche gedeihen auch auf der Fensterbank, wie Basilikum (dessen Geruch Mücken fernhält), Kerbel, Petersilie, Bohnenkraut, Schnittlauch oder Thymian. Alle diese Pflanzen tragen dazu bei, dass ihre Umgebung in Duft gehüllt wird.

Seinen Boden fruchtbar machen, nicht steril!

Zwar sind Wärme, Licht und Luft unverzichtbare Elemente für die Entwicklung der Pflanzen, ihre Nahrung (Dünger) und der Schutz der Pflanzen vor Krankheiten und Schaderregern sind aber ebenfalls sehr wichtig.

Man darf nie vergessen, dass es die Mikroorganismen im Boden sind, die den Dünger und die Bodenverbesserer so umwandeln, dass sie für das Wohlbefinden von Tier und Mensch von den Pflanzen assimiliert werden können. Deshalb muss vor allem die Erde genährt werden: Ihr müssen wir die notwendigen Elemente zugute kommen lassen, damit sie fruchtbar sein und uns ihrerseits über die Pflanzen alle lebensnotwendigen Nährstoffe bringen kann.

Diese Zusatzstoffe und Düngemittel dienen auch dazu, die physikalischen Eigenschaften des Bodens zu verbessern, bestimmte Parameter zu verändern (pH-Wert, zu leichte oder zu schwere Erde) und die Mikro- und Makroorganismen zu aktivieren ...

Aus all diesen Gründen ist es unumgänglich, die Erde zu respektieren und zu mögen, der wir alles verdanken – und ihr den Einsatz von chemischen „Pflanzenschutzmitteln" zu ersparen. Allein schon durch einen vernünftigen Fruchtwechsel kann man viele Krankheiten vermeiden.

Ich glaube nicht, dass die organische oder biologische Landwirtschaft „Großvaters Landwirtschaft" ist, sondern auf naturwissenschaftlichen Erkenntnissen beruht und dem Wohlbefinden des Menschen dient – im Unterschied zu einer „ausbeutenden" Landwirtschaft, die lediglich auf Erträge und Geld ausgerichtet ist.

Fruchtwechsel auf demselben Beet

Der Fruchtwechsel ist sehr wichtig für die Gesundheit der angebauten Pflanzen, indem er Krankheits- und Schädlingsbefall vermindert. Auch der Boden erhält durch den Wechsel der Pflanzen eine bessere Struktur, da er so weniger auslaugt oder erschöpft und gleichzeitig weniger gedüngt werden muss.

Der Fruchtwechsel beruht auf zwei einfachen Prinzipien: auf demselben Beet folgen aufeinander Pflanzen

■ verschiedenen Charakters: Blattgemüse, Fruchtgemüse, Wurzelgemüse, Samengemüse;

■ die unterschiedlichen Familien angehören. Wenn man Pflanzen derselben Familie auf demselben Beet zieht, werden diese Krankheitskeime oder Schädlinge hinterlassen, die die Nachfolger anstecken können.

Fruchtwechsel ist absolut notwendig für eine harmonische Entwicklung der Gemüsepflanzen!

Fruchtwechsel der Pflanzen, die ein Jahr lang stehen bleiben

Man teilt den Garten in mehrere Beete (fertigen Sie einen Plan an, den Sie mehrere Jahre beibehalten). Dann brauchen Sie nur noch vier oder fünf Jahre lang die Kulturen zum jeweils nächsten Beet zu verschieben. Zum Beispiel:

Im ersten Jahr bauen Sie Samengemüse an: Erbsen, Bohnen (Fabaceae) oder Gründünger (Lupinen, Klee, Futtererbsen, die zur selben Familie gehören). Diese Pflanzen sind wertvoll für ihre „Nachfolgerinnen", denn sie reichern den Boden mit Stickstoff an, und zwar mittels ihrer Bakterien, die diesen der Luft entnehmen und in organischen Stickstoff verwandeln.

Im zweiten Jahr ziehen Sie auf demselben Beet Starkzehrer (anspruchsvolle Pflanzen) mit Wurzelknollen: Wilde Artischocke (Asteraceae), Porree (Alliaceae), Rüben (Chenopodiaceae), Kohl (Brassicaceae), Kartoffeln (Solanaceae), Knollenziest (Lamiaceae), Knollige Kapuzinerkresse (Tropaeolaceae), Topinambur (Asteraceae), die sich dank der Anreicherung mit Stickstoff im Vorjahr prächtig entwickeln.

Im dritten Jahr setzen Sie auf dieses Beet Pflanzen, die wenig Stickstoff brauchen: Knoblauch, Zwiebeln, Schalotten (Alliaceae), Zucker- oder Popkornmais (Poaceae), Knollenfenchel, Kerbel, Petersilie (Apiaceae), Feldsalat (Valerianaceae), Rutenkohl (Brassicaceae).

Im vierten Jahr: Nun kommt Wurzelgemüse, das auch die Nährstoffe tief aus dem Boden holen wird, die der Regen nach unten gespült hat: Möhren, Pastinaken (Apiaceae), Schwarzwurzeln, Kohlrüben, Radieschen und Rettiche (Brassicaceae), Knolliger Kälberkropf, Zucker-Merk (Apiaceae).

Im fünften Jahr folgt Fruchtgemüse: Tomaten, Auberginen, Paprika (Solanaceae), Kürbisse, Salatgurken, Zucker- und Wassermelonen (Cucurbitaceae); diese Gemüsesorten mögen Humus (Kompost) und etwas Dünger.

Im sechsten Jahr wächst auf unserem Beet Blattgemüse, das eine breit gefächerte Gruppe (mit mehr oder weniger großem Nährstoffbedarf) bildet: Tellerkraut (Portulacaceae), Spinat (Chenopodiaceae), Neuseeländer Spinat (Aizoaceae), Amarant (Amarantaceae), Kopfsalat, Endivien (Asteraceae), Krähenfuß-Wegerich (Plantaginaceae).

Pflanzen, die mehrere Jahre stehen bleiben

Manche Pflanzen, die mehrere Jahre im Freiland bleiben, werden nicht in den Kreislauf eingeschlossen; hingegen muss man vier oder fünf Jahre abwarten, bevor man sie wieder am selben Standort ziehen kann. Es handelt sich um Spargel (Asparagaceae), Artischocken (Asteraceae), Erdbeeren (Rosaceae), Orientalisches Zackenschötchen (Brassiaceae) … und nicht zu vergessen die Gewürzpflanzen, die oft als Randbepflanzung eingesetzt werden, wie Wermut, Eberraute, Balsamkraut, Estragon (Asteraceae), Thymian, Melisse, Salbei, Rosmarin, Minze, mehrjähriges Bohnenkraut (Labiatae); je länger sie an einem Standort stehen, desto länger muss die Pause anschließend sein.

Eine Ausnahme unter all diesen Pflanzen stellt die Tomate (Solanaceae) dar, denn es ist durchaus möglich, sie mehrere Jahre hintereinander an derselben Stelle zu ziehen – unter der Bedingung, dass sie keinerlei Krankheitsbefall hatte.

Hingegen dürfen an diesem Standort mehrere Jahre keine Kartoffeln, Paprika und Peperoni, Pepinos, Tomatillos oder Litschitomaten gepflanzt werden, die zur selben Familie gehören.

Die Einhaltung eines solchen Fruchtwechsels hält Probleme mit Krankheiten in Grenzen und die Pflanzen fühlen sich wohler!

Richtig düngen

Im Biogarten werden folgende Düngestoffe verwendet:

- Stickstoffdünger: Hornspäne (einer der besten), Guano, Knochenmehl von Meerestieren, Rizinusschrot, gemahlene Fell- und Hautteile oder Federmehl.
- Phosphatdünger: mit natürlichen Phosphaten.
- Kaliumdünger: auf Grundlage von Gesteinsmehl, Vulkangestein, Holzasche (5 bis 7 kg pro 100 m^2); die Dosierung der Mittel wird vom Hersteller auf der Packung angegeben.

Nicht zu vergessen: der Humus. Er ist sehr wichtig und spielt für die Fruchtbarkeit des Bodens eine große Rolle. Er kann aus Ernteabfällen stammen, aus ausgewogenem, kompostiertem Mist, aus Stroh, Leinstroh, Rasenschnitt (als Mulch), Gemüseabfällen (nicht verfault, sondern verrottet!), Sägespänen (unbehandelt) und anderen pflanzlichen Materialien, die reif sind und viel Lignin enthalten, eines der Hauptbestandteile des Humus.

Im nachfolgenden Kasten nennen wir die zu verwendenden Dünger- oder Kompostgaben. In den Sortenbeschreibungen kommen wir dann nicht mehr darauf zurück. Global sind die Mengen bei allen Gemüsesorten gleich (außerdem geht es ja vor allem darum, den Boden zu düngen!).

Zwei Gemüsegruppen sind allerdings Sonderfälle: einerseits die Hülsenfrüchte (Schmetterlingsblütler/Fabaceae), denen man keinen Stickstoff gibt, und andererseits den Lauchgewächsen Knoblauch, Zwiebeln und Schalotten, die sehr wenig davon brauchen.

Wie düngt man richtig?

Grund-Düngung: für alle Gemüsesorten dieselbe Behandlung (wir nähren den Boden!):
- Gesteinsmehl (4 bis 5 kg pro 100 m^2, zusammen mit natürlichen Phosphaten),
- hausgemachter Kompost (5 Schubkarren pro 100 m^2) oder Kompost aus dem Handel (Dosierung siehe Verpackungsaufschrift).

Stickstoffhaltige Zusatzdüngung:
- Hülsenfrüchte (Bohnen, Erbsen, Linsen, und Platterbsen ...): Sie brauchen keine Stickstoffgaben, denn sie binden mit Hilfe von Knöllchenbakterien Luftstickstoff als pflanzenverfügbaren Stickstoff.
- Knoblauch, Zwiebeln und Schalotten: sehr wenig Stickstoff: 1 kg Hornspäne pro 100 m^2.
- Alle anderen Gemüse: „normale" Stickstoffmenge, d. h. 2 bis 4 kg Hornspäne pro 100 m^2.

Natürliche Insektizide

Es gibt natürliche Insektizide und sie sind wirksam! Das pflanzliche Insektizid auf Pyrethrum-Basis wirkt als Kontaktgift gegen die meisten Schadinsekten. Es besteht aus dem Extrakt bestimmter Chrysanthemenblüten (*Pyrethrum*).

Es ist umso wichtiger, nicht irgendein beliebiges Insektizid zu verwenden, da Insekten unverzichtbar für die Befruchtung der meisten Gemüsepflanzen sind und es ohne sie keine Früchte und Samen gäbe. Schonen, ja sogar Fördern von Nützlingen ist hier das oberste Gebot!

Die Bestäubung und die Bedeutung der Insekten

Wenn man selbst Saatgut gewinnen möchte, ist es wichtig zu verstehen, wie die Befruchtung funktioniert. Es gibt drei Pflanzentypen:
- Die so genannten „einhäusigen" (= monözischen) Pflanzen. Dies sind Flaschen- und sonstige Kürbisse, Melonen, Gurken, Balsambirnen/Bittermelonen, Mais und Wassermelonen, die an derselben Pflanze sowohl männliche wie weibliche Blüten haben.
- „Zweihäusige" (= diözische) Pflanzen sind Gewächse, bei denen männliche und weibliche Blüten an verschiedenen Exemplaren wachsen: Spinat, Sauerampfer, Spargel, manche Erdbeeren ...
- Und Pflanzen mit Zwitterblüten (hermaphroditischen Blüten) schließlich besitzen weibliche und männliche Organe in derselben Blüte. Die allermeisten Pflanzen sind Zwitter: Endivien, Kopfsalat, Saubohnen, Pastinaken, Englischer Spinat, Petersilie, Paprika, Porree, Tomaten ... Manche weisen sogar alle drei Blütenarten auf: männliche, weibliche und Zwitterblüten an derselben Pflanze oder auch an verschiedenen; solche „polygamen" Pflanzen sind zum Beispiel der Rhabarber und auch manche Erdbeerpflanzen.

Für die gegenseitige Befruchtung kommen meist die verschiedenen Sorten derselben Art in Frage; die verschiedenen Arten hingegen kreuzen sich, bis auf wenige Ausnahmen, nicht miteinander.
Manche Zwitterblüten sind „autogam", d. h. sie bestäuben sich selbst, kreuzen sich folglich selten, wenn man ein paar Vorsichtsmaßregeln einhält: Tomaten, Gartenbohnen, Dicke Bohnen.
Die übrigen sind „allogam": Die Bestäubung einer Blüte erfolgt durch den Pollen einer anderen Blüte derselben Art. Das ist die Kreuzbestäubung oder Xenogamie. Diese erfolgt in der Regel durch Insekten. Manche Pflanzen aus verschiedenen Familien werden durch den Wind bestäubt (sie sind „anemophil" = Windblütler). Das ist der Fall bei Gräsern/Poaceae (Zucker- und Perlmais), Knöterichgewächsen/Polygonaceae (Sauerampfer, Rhabarber, Englischem Spinat ...), Gänsefußgewächsen/Chenopodiaceae (Mangold, Rüben, Spinat ...); bei den Nachtschattengewächsen/Solanaceae, vor allem der Tomate, verbessert der Wind die Selbstbefruchtung.
Ob nun auf natürliche Weise, durch Insekten, ob manuell bzw. künstlich: immer entsteht aus dem Transport des Pollens der Staubgefäße zur Narbe der weiblichen Blüte eine Frucht, die Samen enthält.

Sonderfall Kürbisse
Wie erhält man reine Sorten?

Kürbisse sind „allogame" Pflanzen (durch ein anderes Exemplar derselben Sorte und Art befruchtet). Jede Pflanze trägt getrennt männliche und weibliche Blüten. Die Befruchtung geschieht durch einen äußeren Faktor, meist ein Nektar sammelndes Taginsekt (Biene, Hummel) bei Curcubita-Arten, ein Nachtinsekt bei den Lagenaria-Arten (Schmetterlinge wie Schwärmer, Eulenschmetterling, Zünsler).
Die Insekten besuchen die Blüten nach dem Zufallsprinzip, und wenn auch (theoretisch) die verschiedenen Arten Curcubita (C. maxima, C. pepo, C. maschata, C. ficifolia) sich nicht miteinander kreuzen (abgesehen vielleicht von Curcubita maschata und C. argyrosperma), so besteht ein großes Risiko einer Kreuzung zwischen den verschiedenen Sorten. Um Hybridisierungen zu vermeiden, hat der Gärtner unterschiedliche Möglichkeiten:

Die erste Lösung besteht darin, eine größere Fläche (mehrere Hundert Quadratmeter) derselben Sorte zu ziehen und zu gewährleisten, dass dieses Feld 2 bis 3 km von anderen Sorten dieser Art entfernt liegt; die Bienen, Hummeln und andere Bestäuber bringen dann keinen Pollen von einer anderen Sorte und fliegen erst wieder weg (und zwar direkt in den Stock), wenn sie „vollgetankt" haben.

Die zweite Lösung ist, einen kleinen Teil der Pflanzen unter einem Insektennetz zu isolieren und vor Sonnenaufgang Hummeln darunter zu lassen, die keinen Pollen mehr an sich haben; man fängt sie am Vortag und bewahrt sie in der Zwischenzeit in einem Maschendraht-Kasten oder einem kleinen Bienenkasten auf. Vier Wochen lang wird diese Operation einmal wöchentlich wiederholt. Nach Einbruch der Nacht muss der Kasten unbedingt herausgeholt werden. Drei Tage nach dem Entfernen des Kastens kann das Insektennetz entfernt werden, aber es müssen absolut alle männlichen Blüten und die Enden der einblättrigen Triebe hinter den verwelkten und bestäubten weiblichen Blüten entfernt werden. Es ist sehr wichtig, die bestäubten Früchte zu kennzeichnen, indem man locker einen biegsamen Draht in gut sichtbarer Farbe um ihren Stiel schlingt.

Die dritte Lösung ist am ehesten etwas für Hobbygärtner: die manuelle Bestäubung. Dazu müssen die oberen Teile der männlichen und weiblichen Blüten einen oder zwei Tage vor ihrer zu beobachtenden voraussichtlichen Öffnung zusammengebunden werden (sie steht kurz bevor, wenn die Blütenblätter weiter auseinandergehen und kräftig gelb werden). Das Zusammenbinden kann mit einem Verschluss für Gefrierbeutel erfolgen oder einem plastikummantelten Draht, einer Tüllkapuze, einer halben Plastikflasche, von der man die Enden abgeschnitten hat, mit selbstgemachten Tütchen aus Polypropylen ... Vermeiden Sie möglichst, dass sich durch Lufteintritt Kondenswasser bildet. Diese Schutzmaßnahmen verhindern, dass unerwünschter Pollen eindringt.
Wünschenswert ist, dass mehrere männliche Blüten für eine weibliche derselben Sorte vorgesehen sind – jedoch nicht an demselben Exemplar, um Inzucht zu vermeiden. Führen Sie diese Operation besser nicht bei großer Hitze durch.
Gehen Sie wie folgt vor: Am Morgen der voraussichtlichen Öffnung der (geschützten) weiblichen Blüte nehmen Sie eine geöffnete (ebenfalls geschützte) männliche Blüte, entfernen Sie die Blütenkrone dieser letzteren und reiben Sie die Staubgefäße an den Stempel der weiblichen Blüte, die Sie zuvor von ihrem Schutz befreit haben. Nach vollzogener „Operation" vergessen Sie nicht, der befruchteten weiblichen Blüte ihren Schutz wieder anzulegen und locker um den Stiel dieser Blüte einen biegsamen Draht in auffälliger Farbe zu schlingen, um die künstlich bestäubten Früchte zu unterscheiden. Achtung, wickeln Sie den Draht nicht zu fest, denn der Stiel wird dicker! Die Bestäubung ist gelungen, wenn sich die Frucht normal entwickelt; wenn die Befruchtung aus irgendeinem Grund unterbrochen wird, bleibt der Fruchtknoten unverändert und fällt ab.

Es gibt viele Gründe für eine misslungene Bestäubung:
Die Temperatur während der Bestäubung darf nicht zu hoch sein.
Es ist möglich, dass die weibliche Blüte nicht bereit ist, Pollen aufzunehmen, dass der Pollen noch nicht reif für diese „Operation" ist (die man morgens durchführen sollte, wenn der Tau verschwunden ist).
Die manuelle Bestäubung muss erfolgen, sobald die ersten weiblichen Blüten erscheinen, denn die so bestäubten Früchte sollen auch in unseren Breiten noch reif geerntet werden.
Manchmal ist es schwierig, gleichzeitig männliche und weibliche Blüten derselben Sorte zu bekommen; wenn die männlichen Blüten früher da sind, geht man so vor: die männlichen Blüten weiter schützen, und wenn der Pollen reif ist (vier Stunden nach der Öffnung der Blüte), gegen 9 Uhr (*Curcurbita*) und 21 Uhr (*Lagenaria*), diesen in einer Dose auffangen; er kann drei oder vier Wochen kühl aufbewahrt werden; eingefroren mehrere Jahre!

Wie sieht man, ob die Narbe der weiblichen Blüte bereit ist, den Pollen aufzunehmen?
Das ist vor allem Übungssache: Sie muss klebrig, schleimig sein, der Pollen muss daran haften bleiben: Pusten Sie einfach nach dem Auftrag des Pollens darauf; wenn er festklebt, ist es der richtige Moment.
Der Pollen ist bereit, wenn sich um die Blüte herum Blütenstaub ansammelt.

Gemüse und Kräuter von A–Z

Wir haben die Gemüse- und Kräuterpflanzen alphabetisch nach ihren wissenschaftlichen Namen sortiert. Diese Klassifizierung hat den Vorteil, dass dabei die Pflanzen nach botanischer, also auch „Kultur"-Zusammengehörigkeit aufgeführt werden: So finden Sie z. B. Knoblauch, Zwiebel und Schalotte unter ihrem lateinischen Gattungsnamen *Allium* zusammengefasst und nicht überall im Buch verstreut. Dieses Verfahren bringt es mit sich, dass Kräuter gemäß ihres botanischen Namens zwischen den Gemüsen stehen. Aber teilweise sind die Übergänge zwischen Gemüse und Gewürz ohnehin fließend! Für Leser, die mit den wissenschaftlichen Bezeichnungen nicht so vertraut sind, gibt es auf S. 218 ff. ein Verzeichnis der deutschen Namen.

Duftnessel Agastache foeniculum

Diese Gewürzpflanze mit dem Anisgeschmack ist auch eine Zier- und Nektarpflanze. Sie ist mehrjährig, aber wenig winterhart, weshalb man sie besser jedes Jahr vermehrt.

Die Samen sind kleine braune Kugeln.

Die Blüten bilden blau-violette Ähren.

Familie: Lamiaceae (Lippenblütler).
Botanische Synonyme: *Agastache anethiodora, Hyssopus anethiodorus, Hyssopus anisatus.*
Weitere deutsche Namen: Anis-Ysop
Herkunft: Nordamerika
Lebensdauer: Mehrjährig, eingeschränkt winterhart.

Beschreibung

Die Duftnessel ist eine horstbildene Pflanze, die 60–70 cm hoch werden kann. Die Blätter sind leicht gezähnt. Die lila Blütenkerzen werden 15–20 cm lang und sind bei den Schmetterlingen sehr beliebt.

Kultur

Boden: Jede humusreiche Erde.
Klima: Gemäßigt. Nur bis –5 °C winterhart.
Standort: Sonnig, geschützt; verträgt leichten Schatten.
Vermehrung und Anbau:
Aussaat: Von Anfang März bis Mitte April einige Samen pro Topf im Gewächshaus oder Frühbeet säen. Wenn zwei Blätter da sind, die Pflänzchen pikieren oder überzählige entfernen, so dass nur eine Pflanze pro Topf bleibt. An Mai mit 50 cm Pflanzenabstand zueinander auspflanzen.
Ballenteilung: Teilen Sie im Frühling die alten Wurzelballen und pflanzen Sie die Teile in 50 cm Abstand voneinander.
Stecklinge: Vom 15. August bis Mitte September einige 10 cm lange Stecklinge schneiden und ins Frühbeet oder ungeheizte Gewächshaus pflanzen. Frostgeschützt überwintern, am Frühlingsanfang unter eine Folienhaube oder April/Mai nach draußen setzen.
Wartezeit bis zur Ernte:
Aussaat: Etwa drei bis vier Monate.
Ballenteilung: Um die drei Monate.
Stecklinge: Ungefähr acht Monate.
Ernte: Man erntet die Triebe nach Bedarf vom Frühjahr bis zum Herbst.
Lagerung: Die Triebe vor der Blüte pflücken, im Schatten in einem luftigen Raum trocknen und dann trocken und kühl in verschlossenen Behältern aufbewahren.
Saatgutgewinnung:
Im Herbst werden die vertrocknenden Blütenähren gepflückt, im Schatten in einem luftigen Raum auf einem Leintuch ausgebreitet, die Samen herausgelöst und kühl und trocken gelagert.

Verwendung

Die frischen und getrockneten Blätter aromatisieren Salate, Rohkost, Kuchen, süßes Weißbrot, Milchbrötchen, Fischsoßen, Obstsalat. Auch in Kräutertees und Blüten-Potpourris werden sie verwendet.
Geschmack: Nach Anis, erinnert etwas an Lakritze.

Sorten

Die Art hat violettblaue Blüten, es gibt die Sorten 'Alba' (weiße Blüte) und 'Golden Jubilee'.

Koreanische Minze *Agastache rugosa* (1)

Familie: Lamiaceae (Lippenblütler).
Herkunft: Ostasien, Feuchtgebiete in Korea, Sibirien und China.
Lebensdauer: mehrjährig

Beschreibung
Die Horstpflanze kann 1,20 m hoch werden.

Kultur
Boden: Alle sandigen, leichten, humusreichen Böden.
Klima: Gemäßigt; fürchtet große Kälte.
Standort: sonnig
Aussaat: Von Februar bis Mitte April im Gewächshaus oder warmen Frühbeet (Mistbeet); wenn kein Frost mehr zu befürchten ist, mit 60–80 cm Abstand auspflanzen.

Stecklinge: Anfang Juni abnehmen, 8–10 cm lang.
Ballenteilung: Anfang Juni.
Ernte: Triebe und Blätter werden bis zum Saisonende nach Bedarf gepflückt.

Verwendung
Kuchen und Torten, Suppen, Pudding, Salate, Rohkost, Obstsalat, Soßen für frische Nudeln, Kräutertees und Blüten-Potpourri gewinnen durch die frischen Blätter.
Geschmack: Nach Pfefferminze, Lakritze und Anis.

Sorten
'Blue Fortune', 'Alba', 'Korea Zest', 'Heronswood-Strain'.

Mexikanische Minze *Agastache mexicana* (2)

Familie: Lamiaceae (Lippenblütler).
Weitere deutsche Namen: Limonen-Ysop
Herkunft: Nordamerika, wohl Mexiko.
Lebensdauer: Mehrjährig, nur eingeschränkt winterhart. Wird in kalten Gegenden als einjährige Pflanze gezogen.

Beschreibung
Die Pflanze bildet einen Horst und wird etwa 70 cm bis 1 m hoch. Die dreieckigen grünen Blätter sind gezähnt und laufen spitz zu. Kleine lilablaue Blüten bilden kurze Ähren, die von Juli bis Oktober blühen. Die feinen braunen Samen sind rund.

Kultur
Wie Koreaminze. Fürchtet Kälte unter −5 °C. Es ist ratsam, sie als Einjährige zu ziehen.

Verwendung
Die fein gezähnten Blätter würzen Salate, Rohkost, Kürbiskonfitüre und Kartoffeln.
Geschmack: Ihr Aroma erinnert an Minze und Zitrone mit einem leichten Eukalyptusduft.

Sorten
'Champagne', 'Toronjil Morado'.

Französischer Sommerknoblauch

Allium ampeloprasum

Diese über 1 m große Pflanze ähnelt ebenso sehr dem Knoblauch wie dem Porree, und ihre dicken Blütendolden prangen den ganzen Sommer, ohne die Entwicklung der Zwiebeln zu beeinträchtigen.

Familie: Alliaceae (Lauchgewächse) (früher: Liliaceae, Liliengewächse).
Botanische Synonyme: *Allium gasparrinii, A. bertollonii, Porrum ampeloprasum.*
Weitere deutsche Namen: Sommerlauch, Riesenknoblauch, Ackerknoblauch, Echte Perlzwiebel.
Herkunft: Südeuropa, Nordafrika, Westasien.
Lebensdauer: Durch die Zwiebel mehrjährig.

Beschreibung

Der über 1 m hohe Stängel ragt aus den breiten, langen, verschachtelten Blättern und blüht mit dicken rosa Dolden von Juni bis August. Die Zwiebel ist in vier oder fünf Teilzwiebeln unterteilt, die dicker sind als beim normalen Knoblauch.

Je nach Jahr bzw. Pflanzzeit bilden sich keine Teilzwiebeln, sondern nur eine etwa 6 cm dicke, rundliche, leicht abgeflachte Zwiebel.

Kultur

Boden: Durchlässig, leicht und humusreich.
Klima: Gemäßigt; verträgt Kälte und Hitze.
Standort: sonnig

Vermehrung und Anbau:
Durch Teilzwiebeln: Diese werden einzeln abgelöst, zwischen 15. Oktober und Ende November wird alle 12–15 cm je eine gesetzt (mit 30 cm Abstand zwischen den Reihen) und mit 3–4 cm Erde bedeckt. Mit Zweigen oder Folie vor Frost schützen.
Wartezeit bis zur Ernte: Sieben bis neun Monate nach dem Setzen.
Ernte: Ernte der Zwiebeln mittels einer Grabegabel im Juli und August, wenn die Blätter gelb werden.
Lagerung: Lassen Sie die Zwiebeln ein paar Tage in der Sonne antrocknen und hängen Sie sie dann in einen trockenen, luftigen Raum oder breiten Sie sie in Kisten aus.
Saatgutgewinnung: Sie sind steril. Diese Pflanze vermehrt sich ausschließlich über Brutzwiebeln.

Verwendung

Roh würzen die Zehen Salate und Rohkost, gekocht Fleisch und Gemüse. Ihr Geschmack passt sehr gut zu Suppen.
Geschmack: Erinnert zugleich an Gewöhnlichen Knoblauch und Porree.

Schalotte *Allium cepa*
Aggregatum-Gruppe

Dieses Zwiebelgemüse wird hauptsächlich in Frankreich angebaut. Dort werden die Sorten in lange, halblange, runde und graue Schalotten unterschieden.

Familie: Alliaceae (Lauchgewächse).
Botanische Synonyme: *Allium ascalonicum, A. cepa* var. *ascalonicum.*
Weitere deutsche Namen: Eschlauch
Herkunft: Äthiopien
Lebensdauer: Mehrjährig, wird als einjährige Pflanze gezogen.

Beschreibung
Viele schmale Röhrenblätter bilden einen 20 bis 30 cm hohen Horst. Die Zwiebel unterteilt sich in sieben oder acht Nebenzwiebeln. Manche Sorten tragen Blütendolden; die Samen sind schwarz wie bei der Küchenzwiebel.

Kultur
Boden: Leicht, durchlässig, locker.
Klima: Gemäßigt oder warm.
Standort: sonnig
Vermehrung und Anbau:
Pflanzen durch Teilzwiebeln: Graue und lange Sorten im Oktober bis Januar, halblange Sorten Mitte Februar bis Anfang April, die runden Sorten Ende März–Anfang April. Stecken Sie alle 12–15 cm je eine Teilzwiebel 2 cm tief in den Boden, zwischen den Reihen bleiben 25–30 cm Abstand.
Aussaat: Die Samen der 'Jersey'-Schalotte werden im März in Reihen mit 25–30 cm Abstand ausgesät. Locker säen; jedes aufgegangene Samenkorn wird im folgenden Jahr zur Zwiebel. Dieses selten angewandte Verfahren dient der Erneuerung der Sorte.

Ernte: Ziehen Sie die Schalotten heraus, wenn die Blätter vertrocknen; lassen Sie sie zwei Tage auf dem Boden trocknen.
Lagerung: Die trockenen Schalotten in einem kühlen, trockenen Raum lagern (auf dem Boden ausgebreitet oder im Bund). Sie halten sich bis zum Juni des folgenden Jahres. Die Nebenzwiebeln der grauen Sorten hingegen werden vor dem Jahresende hohl.
Saatgutgewinnung:
Die 'Jersey'-Schalotte blüht und liefert Samen. Die fast reifen Dolden pflücken, im Schatten trocknen, einsammeln und sie kühl und trocken aufbewahren.

Verwendung
Siehe Bildunterschrift rechts. Die grünen Blätter ersetzen Schnittlauch.
Geschmack: Milder, aromatischer und süßer als Zwiebeln, vor allem 'Grise' und 'Griselle'.

Sorten
Graue Sorten: 'Griselle', 'Grise de Roscoff'. Runde Sorten: 'Hollande', 'Sante': Lange Sorten: 'Cuisse de Poulet', 'Jersey'-Schalotte, 'Jermor'. Halblange Sorten: 'Demi-longue poire', 'Goden Gourmet', 'Longor', 'Red Sun'.

Gegarte Schalotten würzen Brühe, Soßen, begleiten Fleisch, Gemüse, Muscheln, Geflügel und Fisch. Roh verfeinern sie Rohkost, Salate oder Marinaden.

1. Graue Schalotte
2. Lange Schalotte

Küchenzwiebel *Allium cepa*

Die Zwiebel ist fester Bestandteil unserer Ernährung. Diabetiker vertragen ihren zuckerhaltigen Saft gut. Sie unterstützt die Funktion der Leber und der Bauchspeicheldrüse. Über sie lässt sich nur Gutes sagen!

Familie: Alliaceae (Lauchgewächse).
Weitere deutsche Namen: Bolle, Küchenzwiebel, Speisezwiebel, Sommerzwiebel.
Herkunft: Afghanistan, Pakistan, Iran.
Lebensdauer: zweijährig

Beschreibung

Die Röhrenblätter sind etwa in der Mitte verdickt. Der Spross mit der großen Scheindolde, der sich im zweiten Kulturjahr entwickelt, wird 1 m hoch.

Die weißen oder grünen (manchmal purpurroten) Blüten blühen in großen Dolden von Mai bis September.

Kultur

Boden: Fruchtbar, leicht, locker.
Klima: gemäßigt
Standort: sonnig
Vermehrung und Anbau:
Aussaat: *Sommerzwiebeln*: von März bis April ins Freiland, Reihenabstand 30 cm; nach zehn Wochen auslichten, so dass nur eine Pflanze alle 10 cm stehen bleibt. *Winterzwiebeln*: Aussaat August bis September im Saatbeet; in mildem Klima im Oktober bis November pikieren, in kaltem Klima im März. Zur Produktion von Steckzwiebeln wird Ende Mai ins Freiland ausgesät.
Setzen von Steckzwiebeln: Im Februar bis März wird alle 10 cm eine Steckzwiebel gesetzt; der Reihenabstand beträgt 30 cm.

Die kleinen Samen sind kantig und schwarz.

Ernte und Lagerung: *Sommerzwiebeln*: Juli bis September, wenn sie reif (die Blätter vertrocknet) sind. In der Sonne trocknen und vor Feuchtigkeit geschützt in Bünden, Zöpfen, auf dem Boden eines Dachbodens ausgebreitet oder in Kisten lagern. *Winterzwiebeln*: von April bis Juni werden sie reif oder fast reif geerntet, in der Sonne getrocknet und in einen trockenen Raum geholt; sie halten sich jedoch nur einige Monate.
Saatgutgewinnung: Die schönsten Zwiebeln werden ausgewählt, im Februar/März mit 40 cm Abstand ringsum gepflanzt und die Triebe abgestützt. Ende Juli bis Anfang August pflückt man die Dolden (fast reif) und trocknet sie im Schatten auf einem Leintuch. Die Samen durch Dreschen herauslösen; sie werden kühl und trocken aufbewahrt.

Verwendung

Roh isst man Zwiebeln im Salat und zu Rohkost. Gegart würzen sie Fleisch, Fisch usw. Perlzwiebeln lassen sich (solo oder mit anderen Gewürzen) in Essig einlegen.

Sorten

Sommerzwiebeln: 'Copra', 'Exhibition', 'Campillo', 'Stuttgarter Riesen', 'Red Baron'.
Winterzwiebeln: 'Element', 'Martina', 'Swift'.

1

Kartoffelzwiebel *Allium cepa*

Proliferum-Gruppe 'Viviparum' (1)

Mit der Kartoffelzwiebel ist eine bestimmte Zwiebelsorte gemeint, die den Schalotten ähnelt, aber weniger und größere Bulben bildet.
Herkunft: Asien
Lebensdauer: Meist als einjährige Pflanze gezogen.

Beschreibung

Die krautige, bis zu 20 cm hohe Pflanze ähnelt der Schalotte, und auch ihre zahlreichen Blätter sind röhrenförmig.

Kultur

Boden: Leicht, locker und humusreich.
Klima: gemäßigt

Standort: sonnig
Vermehrung und Anbau: Durch Steckzwiebeln, die im Februar bis April alle 15 cm 2 cm tief gesetzt werden; der Reihenabstand beträgt 20–25 cm.
Ernte: Vier bis fünf Monate später.
Lagerung: An einem trockenen, kühlen Ort halten sie sich bis zur nächsten Ernte.
Saatgutgewinnung: Sie produziert keine Samen.

Verwendung

Ihr Geschmack erinnert an die Zwiebel, nur süßer. Roh oder gekocht würzt sie Salate, Rohkost, Fleisch usw.

Luftzwiebel *Allium cepa*

Proliferum-Gruppe (2)

Bis zu 120 cm hoch wird diese Pflanze, die oben am Trieb kleine essbare Brutzwiebelchen bildet.
Weitere deutsche Namen: Etagenzwiebel, Ägyptische Zwiebel, Sibirischer Lauch.
Herkunft: Westliches Asien.
Lebensdauer: Mehrjährig durch die Zwiebelknollen.

Kultur

Boden: Leicht, aufgelockert, humos
Klima: gemäßigt
Standort: sonnig
Vermehrung und Anbau:
Steckzwiebeln: Setzen Sie in geringer

Tiefe die alten, im Oktober oder März geteilten Zwiebeln alle 25 cm in Reihen mit 40 cm Abstand. *Brutzwiebeln:* Im gleichen Abstand setzen.
Lagerung: Die Brutzwiebelchen lassen sich trocken und kühl bis zum Winterende (in Bünden oder Kisten) wie andere Zwiebeln lagern, während sich die Zwiebelknollen nicht lange halten und die Blätter gleich verbraucht werden müssen.

Verwandte Arten

Schlangenknoblauch oder Rockenbolle (*Allium sativum* var. *ophioscorodon*). Dieser Knoblauch mit kupfrig-roten Bulbillen ist aber weniger winterhart.

2

Winterheckenzwiebel *Allium fistulosum*

Roh oder gekocht ist dieses Kraut köstlich, außerdem ist es leicht zu ziehen. Zwei oder drei Horste genügen für den Bedarf einer Familie.

Familie: Alliaceae (Lauchgewächse).
Botanische Synonyme: *Porrum fistulasum, Allium ascalonicum.*
Weitere deutsche Namen: Winterzwiebel, Röhrenlauch, Winterheckzwiebel, Ewige Zwiebel, Schnittzwiebel, Schalottenzwiebel, Lauchzwiebel.
Herkunft: Mongolei
Lebensdauer: Die Staude wird manchmal als zweijährige Pflanze gezogen.

Beschreibung
Die krautige Pflanze mit unzähligen röhrenförmigen Blättern in blaustichigem Grün kann bis 15 cm hoch werden. Die Wurzeln sind etwas verdickt. Die weißlichen Blüten bilden rundliche Dolden.

Kultur
Boden: locker
Klima: Keine besonderen Ansprüche.
Standort: sonnig
Vermehrung und Anbau:
Aussaat: Anfang März bis Ende April wird locker in Reihen mit 25 cm Abstand ins Freiland gesät; wenn die Jungpflanzen 5–6 Blätter haben, lassen Sie alle 15 cm nur eine stehen. Oder ziehen Sie sie vor und setzen Sie die Pflänzchen sechs Wochen später in den Garten.
Ballenteilung: Im März oder Oktober werden die alten Wurzelballen geteilt

und die Stücke im genannten Abstand wieder eingesetzt.
Wartezeit bis zur Ernte: Nach Aussaat drei Monate, nach Teilung drei bis fünf Monate.
Ernte: Schneiden Sie die Blätter je nach Bedarf vom Frühjahr bis zum ersten Frost. Blütentriebe schneiden Sie ab, sobald sie erscheinen.
Lagerung: Schnell verbrauchen, sie sind aber auch gut einzufrieren.
Saatgutgewinnung:
Lassen Sie ein paar Blüten stehen und Samen bilden; wenn diese reif sind, schneidet man die Blütenstände mit Stiel ab, lässt sie einige Stunden in der Sonne trocknen und hängt die Dolden dann an einem kühlen, trockenen, luftigen Ort auf. Die Samen erst kurz vor der Aussaat herauslösen.

Verwendung
Kleingeschnitten würzen die frischen rohen Blätter Salate, Rohkost und Gemüse. Gekocht geben sie Omelett, Suppe, Fleisch, Geflügel und Fisch den letzten Pfiff, und manchen Soßen würde ohne sie etwas fehlen.
Geschmack: Liegt geschmacklich zwischen Knoblauch und Zwiebel.

Sorten
'Bunching Star', 'Grodur', 'Parade'.

Die Samen der Winterheckenzwiebel sind klein, kantig und flach.

Berglauch *Allium lusitanicum*

Im Mittelalter führten die Christen auf dem Jakobsweg nach Santiago de Compostela diese Lauchzwiebel zum Schutz vor Skorbut mit sich, was ihr den hübschen französischen Namen „Ciboule de St-Jacques" eingebracht hat. Zwiebeln und Blätter sind roh und gekocht essbar!

Familie: Alliaceae (Lauchgewächse).
Weitere deutsche Namen: Johannislauch, Jakobslauch, Portugiesischer Schnittlauch.
Herkunft: Asien, Mittel- und Südeuropa.
Lebensdauer: Mehrjährige Zwiebelpflanze.

Beschreibung

Etwas höher als die Lauchzwiebel, hat sie zahlreiche Röhrenblätter, die in dicken Büscheln zusammensitzen. Die purpurroten verdickten Zwiebeln haben die Größe kleiner Schalotten. Die Blüten sind violettrosa und steril; man sieht sie jedoch nur selten blühen.

Kultur

Boden: Fruchtbar, humusreich und locker.
Klima: gemäßigt
Standort: sonnig
Vermehrung und Anbau:
Setzen von Steckzwiebeln: Mitte Juli setzen Sie die Ende Juni abgenommenen Steckzwiebeln mit 12–15 cm Abstand in Reihen, die 35–40 cm auseinander liegen.
Wartezeit bis zur Ernte: Zwei Monate für die Ernte der Blätter, ein Jahr für die Zwiebeln.

Ernte: Die Blätter werden von April bis Juni und von August bis zum Frost gepflückt. Die Zwiebeln erntet man Ende Juni (wenn die Blätter vertrocknet sind).
Lagerung: Die Blätter werden so rasch wie möglich verbraucht, die Zwiebeln halten sich zwei Monate.
Saatgutgewinnung:
Die Pflanze bildet keine Samen.

Verwendung

Die zarten Blätter passen roh zu Salaten, Rohkost, Geflügel, Fleisch oder gekocht zum Omelett oder zur Suppe. Die Zwiebeln ersetzen graue Schalotten und würzen Salate, Rohkost, Soßen und Füllungen.
Geschmack: Ähnlich wie graue Schalotten, die Blätter erinnern an die Lauchzwiebel.

Porree *Allium porrum*

Porree ist aus unserer Küche nicht wegzudenken und hat den großen Vorteil, dass man ihn das ganze Jahr über ernten kann. Eine einzige Bedingung gibt es für schönen Porree: Halten Sie die Lauchmotten fern!

1. Porree
'Bleu de Solaize'

Familie: Alliaceae (Lauchgewächse).
Botanische Synonyme: *Porrum sectile,
P. sativum, Allium laetum.*
Weitere deutsche Namen: Lauch, Winterlauch.
Herkunft: Südeuropa oder Mittlerer Osten.
Lebensdauer: Mehrjährig, aber als einjährige Pflanze gezogen.

Das hilft gegen
Lauchmotten:
Sprühen Sie während
der Eiablage dieses
Schmetterlings
(Mitte Mai und Mitte
Juli bis Ende August)
alle drei oder vier
Tage mit einer
Pflanzenjauche aus
Brennnessel, Tomate
oder Rainfarn.

Beschreibung

Der dicke, glatte, kräftige Blütenstängel dieser krautigen Pflanze erscheint im zweiten Jahr und wird manchmal über 1 m hoch. Die langen breiten Blätter sind gegenständig, flach; der obere Teil hängt herab und läuft am Ende spitz zu. Am Ansatz sind die Blattscheiden so verschachtelt, dass sie „Stangen" bilden. Diese sind dunkelgrün, gelbgrün oder bläulich grün. Der unterirdische Teil ist weiß. Die grünweißen Blüten sind rosa getönt und blühen von Juni bis August in dicken Dolden.

Porreesamen sind
schwarz, flach,
faltig; sie ähneln
Zwiebelsamen.

Kultur

Boden: Tiefgründig, locker, humusreich.
Klima: gemäßigt
Standort: sonnig
Vermehrung und Anbau:
Aussaat: Anfang Februar ins warme Frühbeet (Mistbeet), Anfang März ins Anzuchtbeet, im April bis Mai an Ort und Stelle: einige Samen alle 12 cm in Reihen mit 30 cm Abstand. Auf 12 cm auslichten. Verpflanzen Sie sie, wenn die Jungpflanzen Bleistiftdicke haben.

Gönnen Sie diesen Pflanzen ein Meeralgen-Tauchbad für Blätter und Wurzeln, um sie gegen die Lauchmotten zu stärken.
Wartezeit bis zur Ernte: Fünf Monate nach Frühlingssaat.
Ernte: Juni bis Mai des Folgejahres.
Lagerung: Nach der Ernte drei bis vier Tage kühl. In der Erde bleiben sie frisch. Der blaue Solaize-Porree („Bleu de Solaize') verträgt Kälte. Ansonsten schlagen Sie ihn bei starkem Frost an geschützter Stelle ein und bedecken Sie ihn mit Stroh.
Saatgutgewinnung:
Ziehen Sie nur eine Sorte Porree, wählen Sie schöne Pflanzen aus. Diese einschlagen, im März mit 50 cm Abstand zueinander wieder ins Freiland pflanzen, abstützen; die ausgereiften Dolden werden gepflückt, im Schatten auf einem Leintuch getrocknet, die Samen in eine Papiertüte gefüllt und kühl und trocken aufbewahrt.

Verwendung

Porree schmeckt überbacken, mit Vinaigrette, gebraten, geschmort, als kräftige Tarte, püriert. Er gehört unbedingt in Gemüsesuppe und Eintöpfe.
Geschmack: Liegt zwischen Zwiebel und Spargel.

Sorten

'Bleu de Solaize', 'Blaugrüner Winter', 'Carentan 2', 'Carlton', 'Davinci', 'Parker'.

Knoblauch *Allium sativum* (1)

Im Gemüsegarten wird er fern von den Hülsenfrüchten (Bohnen, Erbsen) gepflanzt, denn diese bilden Stickstoff, der ihn am Wachsen hindert.

Familie: Alliaceae (Lauchgewächse).
Herkunft: Zentralasien
Lebensdauer: Wird meist als einjährige Pflanze gezogen.

Beschreibung
Die krautige Pflanze wird 40–60 cm hoch; sie bringt wenige weiße oder hellrosa Blüten hervor, blüht aber selten in unserem Klima. Die Zehen sind rosa, weiß oder violett getönt.

Kultur
Boden: Tiefgründig, durchlässig, leicht, aufgelockert, keine zu feuchten Böden!
Klima: gemäßigt
Standort: sonnig
Vermehrung und Anbau:
Pflanzen durch Steckzwiebeln (gebräuchlichste Methode): im Oktober in leichten Böden, in schwereren im März.

Die Steckzwiebeln werden alle 10 cm etwa 3 cm tief mit 23–30 cm Reihenabstand gesetzt.
Brutzwiebeln: Sie werden im März bis April mit etwa 1 cm Abstand in geringer Tiefe gesetzt; sie ergeben kleine Zwiebeln, die im Juli bis August geerntet werden und im folgenden Jahr wie Steckzwiebeln gepflanzt werden.
Ernte: Meist im Juli bis August, wenn die Blätter vergilben und vertrocknen. Lassen Sie sie ein paar Tage liegen und antrocknen.
Lagerung: Die gut getrockneten Knoblauchzwiebeln werden in einen kühlen, trockenen, dunklen Raum geholt.

Verwendung
Mit rohem Knoblauch würzt man geschmackvoll Salat, Rohkost und Mayonnaise oder legt die Zehen mit anderen Gewürzen in Essig ein. Gegart verfeinert er Brühe, Fisch, Soßen und vieles mehr. Und was wären manche Fleischgerichte wie die Lammkeule, Kräuterbutter und Pesto ohne ihn?

3. Die Blätter des Knoblauchs sind blassgrün, flach, schmal, lang und bandförmig.
4. Schlangenknoblauch

Schlangenknoblauch
Allium sativum var. ophioscorodon (2)

Dieser Knoblauch ähnelt dem „normalen", hat jedoch die Besonderheit, Brutzwiebeln an der Spitze seines Stängels, aber keine Blüten zu bilden.
Herkunft: Südeuropa, Zentralasien.
Lebensdauer: Mehrjährig durch seine

Zwiebeln, oft aber als einjährige Pflanze gezogen.
Kultur: Wie der gewöhnliche Knoblauch. Bildet keine Samen.
Geschmack: Durchdringend und kräftig.

Schnittlauch *Allium schoenoprasum*

Eine hübsche und köstliche Pflanze, die sich wunderbar im Topf oder Balkonkasten ziehen lässt.

Familie: Alliaceae (Lauchgewächse).
Botanische Synonyme: *Cepa schoeno-prasum, Allium tenuifolium, Schoenopra-sum vulgare, Porrum schoenoprasum.*
Weitere deutsche Namen: Graslauch, Schnittling.
Herkunft: Europa, Zentralasien.
Lebensdauer: mehrjährig

Beschreibung
Die krautige, sehr buschige Pflanze ist 30 cm hoch. Ihre feinen Röhrenblätter sind dunkelgrün. Die schlanken Blüten-triebe überragen knapp die Blätter, die Blüten in kugeligen Dolden sind violett-rosa.

Kultur

Die kleinen schwarzen Samen sind zuweilen steril.

Boden: Fruchtbar, sandig-humos, durchlässig.
Klima: gemäßigt
Standort: sonnig
Vermehrung und Anbau:
Ballenteilung: Im März oder Oktober werden die alten Wurzelballen geteilt und die Teile dann mit 15 cm Abstand eingepflanzt.
Aussaat (selten angewandte Methode): Gesät wird im März ins Anzuchtbeet und verpflanzt, wenn die Jungpflanzen fünf bis sechs Blätter haben. Regelmä-ßig etwa einmal im Monat die Blätter schneiden, auch wenn sie nicht benö-tigt werden. Ein Büschel im Winter ins geschützte Frühbeet pflanzen: So kann auch bei Frost geerntet werden.
Wartezeit bis zur Ernte: Drei bis fünf Monate.

Ernte: Die Blätter werden vom Frühling bis zum Frost nach Bedarf geschnitten.
Lagerung: Zwei oder drei Tage. Lässt sich gut einfrieren.
Saatgutgewinnung:
Einige Blüten stehen und Samen bilden lassen; wenn diese reif sind, Blüten mit Stiel abschneiden, ein paar Stunden in der Sonne trocknen, die Dolden an ei-nem kühlen, trockenen, luftigen Ort aufhängen. Die Samen erst kurz vor der Aussaat auslesen.

Verwendung
Die frischen Blätter würzen klein-geschnitten Salat, Rohkost, Gemüse, Quark, Mayonnaise. Gegart passen sie zu Omelett, Suppe, Fleisch, Geflügel, Fisch und sind Bestandteil mancher Soßen.
Geschmack: Liegt zwischen Knoblauch und Zwiebel.

Sorten
'Fero', 'Fitlau', 'Grolau', 'Polyvert', 'Staro', 'Welta'.

Knolau *Allium tuberosum*

Dieser mehrjährige Lauch hat Blüten in Hülle und Fülle, die auf chinesischen Märkten viel verkauft werden.

Familie: Alliaceae (Lauchgewächse).
Botanische Synonyme: *Allium odorum, A. senescens, A. uliginosum, A. angulosum.*
Weitere deutsche Namen: Schnittknoblauch, Chinesischer Schnittlauch.
Herkunft: Asien, wohl China.
Lebensdauer: mehrjährig

Beschreibung

Knolau wird bis zu 70 cm hoch. Sein gerader, fast quadratischer Trieb mit der Dolde aus weißen, sternförmigen Blüten steht aufrecht. Die kleinen Zwiebeln bilden einen Horst mit blassgrünen, schmalen, annähernd flachen Blättern, die am Ansatz einen kurzen weißen Schaft bilden.

Kultur

Boden: Leicht und humusreich.
Klima: gemäßigt
Standort: sonnig
Vermehrung und Anbau:
Aussaat: Im Herbst wird locker ins Anzuchtbeet gesät oder im Frühling in das warme Frühbeet (Mistbeet). Wenn die Pflänzchen sechs Blätter haben, werden sie alle 10–15 cm ins Gemüsebeet gepflanzt; 40 cm Reihenabstand.
Ballenteilung: Am Frühlingsanfang oder im Oktober die Horste in Stücke teilen und diese mit 10–15 cm Abstand pflanzen.

Wartezeit bis zur Ernte: Drei bis vier Monate nach Aussaat, zwei bis drei Monate nach Teilung.
Ernte: Blätter und Blüten werden die ganze Vegetationszeit über gepflückt.
Lagerung: Zwei bis drei Tage kühl. Lässt sich gut einfrieren.
Saatgutgewinnung:
Einige Dolden stehen lassen. Sie werden, wenn die Samen reif sind, mit Stiel frühmorgens abgeschnitten und im Schatten über einer Schachtel aufgehängt. Erst kurz vor der Aussaat die Samen auslösen.

Verwendung

Die zarten frischen Blätter werden roh kleingeschnitten und würzen Fleisch, Rohkost, Salate, Gemüse, Omelett. Die Blüten passen vor allem zu Salat und Rohkost.
Geschmack: Die ganze Pflanze erinnert an Knoblauch, nur milder.

Die Samen des Knolaus sind schwarz und ähneln Zwiebelsamen.

Bärlauch *Allium ursinum*

Auf kühlem, leicht schattigem Gelände siedelt sich diese wilde Zwiebelpflanze leicht an. Bären waren verrückt nach ihr, was ihren Namen erklärt.

Familie: Alliaceae (Lauchgewächse).
Botanische Synonyme: *Allium latifolium*, *Allium petiolatum*, *Ophioscorodon ursinum*.
Weitere deutsche Namen: Bärenlauch, Waldknoblauch.
Herkunft: Europa, Asien.
Lebensdauer: mehrjährig

Beschreibung

Die krautige Zwiebelpflanze wird bis zu 40 cm hoch. Ihr dreieckiger Blütenstängel ist auf der einen Seite abgerundet, auf der anderen kantig und abgeflacht. Lockere Trugdolden aus sternförmigen Blüten erheben sich über die hellgrünen glänzenden Blätter (pro Zwiebel nur zwei bis drei), die wie bei Maiglöckchen elliptisch und langstielig sind. Im März bis April kommen sie aus der Erde. Die Samen sind kugelig, schwarz und stecken jeweils zu dritt in einer Kapsel. Die längliche Zwiebel ist von mehreren Häuten umhüllt.

Kultur

Boden: Eher schwer, sehr reich an Humus und Lauberde, kalkhaltig.
Klima: Gemäßigt, nicht zu heiß.
Standort: Schattig bis halbschattig.
Vermehrung und Anbau:
Aussaat: In der zweiten Julihälfte im schattigen Anzuchtbeet; feucht halten, die Pflänzchen im Oktober pikieren. Bärlauch ist ein Kaltkeimer, er benötigt wechselnde Temperaturen bei einer langen Keimdauer.

Aussaat im Gemüsebeet: Sehr locker säen; im ersten Jahr wird nicht ausgelichtet, sondern im zweiten; die ausgejäteten Pflanzen können gegessen werden. Man kann auch im Februar säen, doch die Saat geht dann schwerer auf.
Teilung der Zwiebeln: Graben Sie im Oktober dort ein paar Zwiebeln aus, wo sie sich leicht vermehrt haben, und setzen Sie sie im Garten in den Halbschatten. Pflanzabstand: 15 cm. Bärlauch hält „Sommerschlaf" und erscheint im nächsten Frühjahr wieder.
Wartezeit bis zur Ernte: Ein Jahr.
Ernte: Wenn die Pflanzen knospen, ist die beste Zeit zum Einsammeln der Blütenknospen und Zwiebeln. Ernte der Blätter vor Blütenbildung im März/April. Pflücken Sie nach Bedarf.
Lagerung: Die Zwiebeln halten sich eine Woche, doch die Blätter müssen sehr frisch verzehrt werden.
Saatgutgewinnung:
Wenn die Dolden ausgereift sind, werden sie mit Stiel geschnitten und in einem kühlen, trockenen, luftigen Raum zum Trocknen aufgehängt. Erst vor dem Säen die Samen herauslösen.

Verwendung

Alles ist essbar: Blätter, Blütenknospen, Blüten, Triebe und Zwiebeln. Bärlauch würzt Salate, Rohkost, Mayonnaise, Fisch, Geflügel, Schweinefleisch, Soßen, Brühe, Gemüse und Suppen.
Geschmack: Kräftiges, würziges Knoblaucharoma.

Echter Eibisch *Althaea officinalis*

Der Eibisch, an dessen geschälten Wurzeln die Kinder einst herumkauten, um das Durchstoßen der Zähne zu erleichtern, hat auch seinen Platz als Zierpflanze im Garten.

Familie: Malvaceae (Malvengewächse).
Botanische Synonyme: *Althaea sublobata, A. taurinensis, Malva maritima*.
Weitere deutsche Namen: Adewurzel, Alte Eh, Alter Thee.
Herkunft: Europa, westliches Asien, Nordafrika.
Lebensdauer: mehrjährig

Beschreibung

1,50 m hoch wird diese hübsche Pflanze mit den graugrünen flaumigen Blättern, die drei bis fünf leicht gekerbte Lappen aufweisen. Die grauen Samen sind rund und dabei auf einer Seite etwas abgeplattet, auf der anderen gewölbt.

Kultur

Boden: Fruchtbar, sandig und durchlässig.
Klima: gemäßigt
Standort: Sonne, Halbschatten.
Vermehrung und Anbau:
Aussaat: Von Oktober bis Dezember wird in Kisten im kalten Frühbeet gesät. Im folgenden Frühjahr geht die Saat auf. Wenn die Pflänzchen kräftig genug sind, pflanzt man sie mit 50 cm Abstand zu allen Seiten ins Freiland.
Horstteilung: Teilen Sie im Frühling oder Herbst die alten Horste in Stücke und pflanzen Sie diese mit 50 cm Abstand zueinander ein.
Wartezeit bis zur Ernte:
Nach Aussaat: Ein Jahr. Nach Teilung:

Acht bis zwölf Monate für die Blätter und zwei Jahre für die Wurzeln.
Ernte: Pflücken Sie die zarten Blätter die ganze Saison über, bis sie vertrocknen. Die Wurzeln werden vom zweiten Kulturjahr an geerntet, im November, wenn die Triebe und Blätter vertrocknen.
Lagerung: Blätter werden sofort verwendet, Wurzeln in kleine Stücke geschnitten und getrocknet; so stehen sie den ganzen Winter für medizinische Zubereitungen zur Verfügung. Die für kulinarische Zwecke bestimmten Wurzeln werden in Erde gelagert und nach Bedarf geerntet.

Verwendung

Die jungen, zarten Blätter würzen Salat, Essig und Öl. Sie werden als Gemüse gegessen wie Spinat oder als Suppe. Die Wurzeln können in Butter gegart oder blanchiert (damit sie zarter sind) gebraten werden. Mit den Blüten werden Salate und Rohkost dekoriert.
Blüten und Blätter kommen als Teeaufguss, die Wurzeln als Abkochung gegen allerlei Krankheiten zum Einsatz, denn Eibisch ist vorrangig eine Heilpflanze.
Geschmack: Blätter und Wurzeln haben wenig Geschmack.

Die großen nektarreichen Blüten stehen manchmal allein, meist aber in Büscheln. Sie bestehen aus fünf blassrosa Blütenblättern und öffnen sich im Juli.

Amarant *Amaranthus* spec.

Die verschiedenen Amarant-Arten stammen aus Indien oder Amerika; durch ihre prächtigen, überraschenden Farben sind sie sehr dekorativ. Je nach Verwendungszweck werden Körner- und Gemüse-Amarant, Arten mit mehrfachen Nutzen und Zierpflanzen unterschieden.

Die Blüten in unterschiedlichen Farben bilden endständige Rispen, die aufrecht stehen oder herabhängen und den ganzen Sommer blühen.
1. *A. hypochondriacus* 'Burgundy'.
2. *A. caudatus* in Gold.
3. *A. gangeticus* 'Elephant Head'.

3

Familie: Amarantaceae (Fuchsschwanzgewächse).
Weitere deutsche Namen: Fuchsschwanz
Herkunft: Indien (*A. gangeticus* und *A. tricolor*), Mittelamerika (*A. paniculatus*), Südamerika (*A. caudatus* und *A. cruentus*).
Lebensdauer: einjährig

Beschreibung

Manche Amarant-Arten können bis zu 1,50 m hoch werden. Die verzweigten Triebe sind manchmal sehr dick. Die Blätter sind unterschiedlich groß, haben einen mehr oder weniger langen Stiel und sind, je nach Sorte, rot oder grün, die Samen sind klein und glatt.

Kultur

Boden: Humusreich, tiefgründig und locker.
Klima: Warm oder gemäßigt. Kälteempfindlich.
Standort: sonnig
Vermehrung und Anbau:
Aussaat: Im April bis Mai alle 30 cm einige Samen im Gartenbeet aussäen (Reihenabstand 40 cm), leicht bedecken. Wenn die Pflänzchen ein paar Blätter haben, jeweils nur eines stehen lassen.
Wartezeit bis zur Ernte: Etwa drei Monate.
Ernte: Die Blätter werden nach Bedarf gepflückt.

Lagerung: Lässt sich nicht lagern, sondern muss schnell verbraucht werden. Einfrieren ist möglich.
Saatgutgewinnung:
Lassen Sie einige schöne Exemplare derselben Sorte stehen; abstützen, die Blütenrispen schneiden, bevor sie ganz reif sind, im Schatten auf einem Leintuch ausbreiten, dann dreschen, die herausgefallenen Samen in Tüten füllen und kühl, vor Feuchtigkeit und Licht geschützt aufbewahren.

Verwendung

Die jungen Blätter werden vor der Blüte geerntet und wie Spinat zubereitet. Achtung, sie enthalten viel Oxalsäure und sollten in Maßen gegessen werden. Die Samen mancher Arten (*A. paniculatus* und *A. hypochondriacus*) kann man gekocht wie Hirse essen.
Geschmack: Liegt zwischen Sauerampfer und Spinat.

Arten und Sorten

A. paniculatus wird wegen seiner Blätter und Samen gezogen. *A. gangeticus* umfasst Sorten, die sehr dekorativ sind: 'Elephant Head', 'Kahulu', 'Flames Red', 'Tempala spinach', 'Bicolore'. *A. tricolor* hat grüne, rote oder gelbe essbare Blätter. *A. hypochondriacus* hat herrliche Farben. Die Rispenblüten von *A. caudatus* hängen je nach Sorte rot, grün oder golden herab. *A. cruentus* hat grüne oder rote Blütenstände.

Dill *Anethum graveolens*

Es heißt, diese hübsche Aroma- und Heilpflanze mit dem zart gefiederten Laub halte Blattläuse fern. Pflanzen Sie sie zum Beispiel in die Nähe von Bohnen und Kapuzinerkresse.

Familie: Apiaceae (Doldenblütler).
Botanische Synonyme: *Anethum sawa, A. arvense, Selinum anethum, Peucedanum graveolens.*
Weitere deutsche Namen: Gurkenkraut
Herkunft: Südeuropa, westliches Asien (Iran, Indien).
Lebensdauer: einjährig

Beschreibung

40 cm bis 1 m hoch kann die Pflanze werden. Ihr Laub ist grün-blau, fein geteilt, leicht flaumig und verströmt einen recht zarten, einzigartigen Duft. Zuweilen wird Dilllaub mit dem Fenchelkraut verwechselt, das aber anisartiger riecht. Dill blüht in endständigen Dolden von Juni bis September. Seine flachen ovalen braunen Samen schmecken ebenfalls aromatisch.

Kultur

Boden: Gut durchlässig, locker, eher leicht und trocken.
Klima: Gemäßigt bis warm.
Standort: sonnig
Vermehrung und Anbau:
Aussaat: Im April/Mai wird an den vorgesehenen Platz im Gemüsebeet locker mit 30 cm Reihenabstand gesät; vereinzeln Sie die Pflanzen, wenn sie mehrere Blätter haben, auf 25 cm. Dill kann im Topf, im Gewächshaus oder Frühbeet gesät und im Mai ausgepflanzt werden.
Wartezeit bis zur Ernte: Blätter: Zwei Monate nach der Aussaat, Samen: fünf bis sieben Monate.

Ernte: Je nach Bedarf.
Lagerung: Die Blätter werden vor der Blüte gepflückt und vorzugsweise frisch verzehrt. Im Schatten trocknen und in luftdichten Gefäßen kühl und vor Licht geschützt aufbewahren. Die Samen erntet man reif und lagert sie wie die Blätter.
Saatgutgewinnung:
Wählen Sie einige schöne Exemplare aus, lassen Sie sie Samen bilden, und wenn diese bräunlich werden (gegen September oder Oktober), pflücken Sie die Dolden. Sie werden im Schatten getrocknet, gedroschen und in Tüten an einem kühlen, trockenen Ort aufbewahrt.

Verwendung

Mit den frischen oder getrockneten Blättern würzt man Suppen, Salate, allerlei Gemüse (Zwiebeln, Tomaten, Kartoffeln), Fisch (darunter frischen und geräucherten Lachs), Fleisch, Essiggurken, Eier, Marinaden, diverse Soßen. Die Samen aromatisieren Liköre, Konfitüren, eingelegte Gurken.
Geschmack: Man findet hier das sehr angenehme Aroma von Fenchel und Minze wieder.

Sorten

'Diwa', 'Elefant', 'Mammut', 'Stella'.

Echte Engelwurz
Angelica archangelica

Über 2 m hoch kann diese große, ja majestätische Pflanze werden. Ihre kandierten Stängel dekorieren und parfümieren kräftige und süße Kuchen.

Familie: Apiaceae (Doldenblütler).
Botanische Synonyme: *Angelica officinalis*, *A. major*, *A. procera*, *Archangelica officinalis*, *Ligusticum angelica*.
Weitere deutsche Namen: Angelika, Brustwurz, Eberwurzel, Heiligenbitter, Zitronenkraut.
Herkunft: Nordeuropa, Sibirien.
Lebensdauer: Zwei- und dreijährig.

Beschreibung

Der Stängel dieser Pflanze ist bis zu 2 m hoch, dick, hohl und fleischig. Ihre tief eingeschnittenen grünen Fiederblätter mit langem Stiel (im zweiten Jahr) sind sehr groß und haben an der Spitze drei gezähnte Fiedern. Unmengen grün-weißer Einzelblüten bilden mächtige Dolden.

Kultur

Boden: Eher leicht, tiefgründig, humusreich.
Klima: gemäßigt
Standort: Sonne oder Halbschatten.
Vermehrung und Anbau:
Aussaat: Zwischen Juli und September sät man gleich nach der Ernte direkt ins Freiland je vier bis fünf Samen mit 80 cm Abstand zueinander oder ins Anzuchtbeet, von wo sie im Herbst ausgepflanzt werden.
Wartezeit bis zur Ernte: Zwei oder drei Jahre.
Ernte: Die Stängel und Blattstiele werden im zweiten Jahr geschnitten, bevor die Pflanze Samen bildet; ab dem dritten Jahr erntet man die Samen und trocknet sie.
Lagerung: Bewahren Sie die gut getrockneten Samen kühl und trocken in luftdichten Gefäßen auf. Blätter und Blattstiele halten sich nicht.
Saatgutgewinnung:
Die schönsten Dolden werden reif gepflückt und im Schatten gut getrocknet. Dann können sie gleich ausgesät oder in trockenem Sand eingeschlagen und erst im Frühjahr gesät werden.

Verwendung

Blattstiele und Stängel verwendet man für Süßigkeiten (kandierte Früchte!) und Gebäck, die gehackten Stängel und die Samen sind Likör-Zutaten. Die zarten Blätter, die vor dem Erscheinen der Blüten gepflückt werden, aromatisieren Suppen, Salate, Brühe und Meeresfrüchte.
Diabetiker dürfen keine Engelwurz essen, und auch sonst sollte man sie nur in Maßen verzehren.
Geschmack: Stark, aromatisch.

Die grüngelben Samen mit drei Rippen sind auf der einen Seite bauchig, auf der anderen flach.

Gartenkerbel *Anthriscus cerefolium*

Der Duft der kleinen einjährigen Gewürzpflanze ist köstlich: eine Mischung aus Anis und Lakritze. Kerbel ist einfach zu ziehen und wird schon sechs Wochen nach der Aussaat geerntet.

Familie: Apiaceae (Doldenblütler).
Botanische Synonyme: *Anthriscus chaerophyllus, Scandis cerefolium, S. tenuifolia, Chaerophyllum cerefolium.*
Weitere deutsche Namen: Körbelkraut, Suppenkraut.
Herkunft: Zentralasien und Kaukasus.
Lebensdauer: Einjährig, bei Herbstaussaat zweijährig.

Beschreibung

Der aufrechte Trieb wird 30–60 cm hoch, die sehr zarten Blätter mit tief eingeschnittenen Einzelblättchen in ungleichen Fiedern haben an der Basis lange Blattstiele.
Kerbel kann leicht mit Schierling verwechselt werden; den Kerbel erkennt man am Anisduft, den der Schierling nicht besitzt.

Kultur

Boden: Humusreich, locker, leicht.
Klima: gemäßigt
Standort: Sonnig, im Sommer beschattet.
Vermehrung und Anbau:
Aussaat: Von Februar bis Anfang September locker in Reihen mit 20–25 cm Abstand säen. Dann auf jeweils 10 cm auslichten. Wenn er Anfang Oktober ins Frühbeet gesät wird, kann man Kerbel den ganzen Winter über essen.
Wartezeit bis zur Ernte: Sechs Wochen nach der Aussaat.
Ernte: Erntezeit ist von April bis Sep-

tember; dabei werden die Blätter nach Bedarf dicht am Boden abgeschnitten.
Lagerung: Am selben Tag verbrauchen. Lässt sich gut einfrieren.
Saatgutgewinnung:
Wählen Sie ein kräftiges Exemplar für die Samenbildung aus, das von einer Saat am Saisonende stammt. Es blüht im Mai/Juni und bringt gutes Saatgut hervor. Wenn die Samen reif sind, werden die Stängel geschnitten, im Schatten auf einem Leintuch getrocknet, gedroschen, die Samen eingetütet. Kühl aufbewaren.

Verwendung

Die filigranen frischen Blätter verfeinern Suppen, Soßen, Grillfleisch, Fisch, Omelett, Salat, Rohkost, Gemüse (Tomaten, Spargel, grüne Bohnen, Kartoffeln); Kerbel kommt immer erst am Ende der Garzeit dazu.
Geschmack: Leicht anisartig, erinnert an Lakritze.

Die weißen Dolden blühen von Mai bis August.

Die Samen sind schwarz, lang und spitz.

Stangensellerie *Apium graveolens* var. *dulce*

Diese schöne Pflanze mit dem eleganten, sehr würzigen Laub wurde im 16. Jahrhundert von den Italienern durch gezielte Auslese verbessert. Sie passt im Gemüsegarten gut zu Tomaten. Pflanzen Sie sie zusammen!

Familie: Apiaceae (Doldenblütler).
Botanische Synonyme: *Apium graveolens, A. maritimum, A. celleri, Sium graveolens.*
Weitere deutsche Namen: Eppich
Herkunft: Südeuropa, Westasien oder Nordafrika.
Lebensdauer: Zweijährig, aber als einjährige Pflanze gezogen.

Beschreibung

Der 60 cm hohe aufrechte Trieb ist verzweigt und hohl; er entwickelt sich ab dem zweiten Kulturjahr gerippt und stabil. Die duftenden, dreilappigen Fiederblätter sind je nach Sorte glänzend dunkel- oder blassgrün und haben einen langen aufrechten Stiel, der fleischig ist und vom Wurzelhals ausgeht. Die grünweißen Dolden blühen von Juni bis September.

Kultur

Die sehr feinen Samen sind leicht gekrümmt, schwarz und gestreift.

Boden: Locker und humusreich.
Klima: Gemäßigt, feucht.
Standort: sonnig
Vermehrung und Anbau:
Aussaat: Von Februar bis April im warmen Frühbeet oder in einem hellen, geheizten Raum in Kisten. Wenn drei Blätter da sind, die Pflänzchen pikieren, bevor sie im Mai/Juni alle 30 cm ausgepflanzt werden.
Wartezeit bis zur Ernte: Sechs bis sieben Monate nach der Aussaat.
Ernte: Von Oktober bis zum ersten Frost.

Lagerung: Für die Lagerung im Winter ziehen Sie die Pflanzen Ende Oktober mit Wurzelstock heraus und schlagen Sie sie in einem tiefen, mit einem Frühbeetkasten geschützten Graben oder im Keller in Sand ein.
Saatgutgewinnung: Wählen Sie schöne Pflanzen aus, packen Sie sie im Winter im Keller in Sand. Im April pflanzt man sie mit 40 cm Abstand zu allen Seiten aus und stützt sie ab. Die Dolden werden geerntet, bevor sie ganz reif sind, und im Schatten auf einem Leintuch getrocknet, dann gedroschen, die Samen werden kühl und trocken gelagert.

Verwendung

Die zarten Blätter sind ein Gewürz für Eintöpfe, Suppen, Soßen und Füllungen. Die zarten rohen Rippen passen klein geschnitten in gemischte Salate. Gegart schmecken die Rippen gebraten, geschmort, überbacken, auch mit Sahne- oder Tomatensoße. Sie passen sehr gut zu Fleisch.
Geschmack: Kräftig mit dem besonderen Aroma, das an Liebstöckel erinnert.

Sorten

'Darklet', 'Golden Spartan', 'Octavius'.

Knollensellerie *Apium graveolens* var. *rapaceum*

Die fleischige, fast runde, zur Knolle verdickte Wurzel dieser Pflanze wird überragt von einer Rosette aus Blättern, die man nur in Maßen verzehrt, denn sie schmecken bitter.

Familie: Apiaceae (Doldenblütler).
Botanische Synonyme: *A. rapaceum*
Weitere deutsche Namen: Eppich, Wurzelsellerie.
Herkunft: Südeuropa, Westasien und Nordafrika.
Lebensdauer: Zweijährig, aber als einjährige Pflanze gezogen.

Beschreibung

Die runde Knolle besitzt nur im unteren Bereich Haarwurzeln, während oben die Blattrosette ansetzt.
Die duftenden, glänzend dunkelgrünen Blätter dieser Pflanze sind stark eingeschnitten. Ihre rötlichen Stiele sind hohl und schmecken bitter. Die sehr kleinen, gekrümmten Samen sind schwarz gestreift.

Kultur

Boden: Fruchtbar, aufgelockert, humusreich.
Klima: Gemäßigt, feucht.
Standort: sonnig
Vermehrung und Anbau:
Aussaat: Wie bei Stangensellerie, er muss aber zweimal im Anzuchtbeet pikiert werden, bevor er endgültig ins Freiland gepflanzt werden kann (dabei die äußersten Enden von Haarwurzeln und Hauptwurzel entfernen).
Sellerie braucht viel Kalium: Bringen Sie Holzasche aus (5–7 kg pro 100 m²).
Wenn die fleischige Wurzel zum Teil entwickelt ist, ist es ratsam, ihre Entwicklung durch Entfernen der Haarwurzeln und der äußeren Blätter zu fördern. Dieses Gemüse braucht reichlich Kompost und Holzasche.
Wartezeit bis zur Ernte: Sieben Monate nach der Aussaat.
Ernte: Nach Bedarf. Zur Lagerung die Knollen vor dem Frost bei schönem Wetter herausziehen und einige Stunden auf dem Boden trocknen lassen.
Lagerung: Haarwurzeln und Blätter entfernen und die Knollen im Keller im Haufen, in Sand oder im Silo lagern.
Saatgutgewinnung:
Schöne Pflanzen werden ausgewählt und im Keller in Sand überwintert. Anfang April werden sie mit 40 cm Abstand zueinander ausgepflanzt und gestützt. Die Dolden erntet man vor völliger Reife und trocknet sie im Schatten auf einem Leintuch.
Dann werden sie gedroschen und kühl vor Feuchtigkeit geschützt aufbewahrt.

Verwendung

Die Knollen werden roh zubereitet: gehobelt oder geraspelt, einfach mit Remoulade. Gekocht kann man sie überbacken, als Püree, mit Tomatensoße, als Krapfen oder gebraten genießen. Sie passen wunderbar zu manchen Fleischgerichten. Unentbehrlich für Suppen und Eintöpfe. Die Blätter dienen sparsam zum Würzen von Suppe.
Geschmack: Sehr eigen, erfrischend und scharf.

Die grün-weißen Blütendolden öffnen sich von Juni bis September.

'Bergers weiße Kugel', 'Cesar', 'Kojak', 'Monarch', 'Ofir'.

Wilder Meerrettich *Armorica rusticana*

Seine geriebene Wurzel würzt vielerlei Gerichte.

Familie: Brassicaceae (Kreuzblütler).
Botanische Synonyme: *Cochlearia armoracia, C. rusticana, C. lapathifolia, Crucifera armoracia, Armoracia lapathifolia.*
Weitere deutsche Namen: Beiß-, Grein-, Scharfwurz(el), Kren (Österreich).
Herkunft: Osteuropa und Westasien.
Lebensdauer: mehrjährig

Beschreibung

Die sehr großen, lanzettlichen (etwa 40 cm–12 cm) Blätter dieser Pflanze sind gezähnt, kräftig dunkelgrün und grundständig. Ihre Blütentriebe werden bis zu 60 cm hoch. Außen gelb und innen weiß ist die lange fleischige Wurzel. Die kleinen weißen Kelchblüten bilden Trauben und erscheinen von Mai bis Juli. Sie sind meist steril.

Kultur

Boden: Tiefgründig, humusreich, durchlässig.
Klima: Sehr robust. Fürchtet weder Trockenheit noch Kälte.
Standort: Sonne, Halbschatten.
Vermehrung und Anbau:
Wurzelteilung: Am Frühlingsanfang oder im Herbst werden die alten Wurzelstöcke geteilt und die Teile im Abstand von 50 cm zu allen Seiten gepflanzt.
Wurzelstecklinge: 10 cm lange Wurzelstücke mit Trieben abnehmen und gleich wieder einpflanzen.
Wartezeit bis zur Ernte: Eineinhalb bis zwei Jahre.

Ernte: Von September bis April nach Bedarf.
Lagerung: Die Wurzeln können an einem kühlen Ort (z. B. Keller) ein paar Monate geschichtet oder in trockenem Sand eingeschlagen werden, nachdem der Wurzelhals entfernt wurde. Gerieben bewahrt man sie in Öl in geschlossenen Gläsern zwei bis drei Monate im Kühlschrank auf.
Saatgutgewinnung:
Bildet in unserem Klima keine bzw. selten Samen.

Verwendung

Die geriebene Wurzel hat eine den Stoffwechsel anregende Wurzel. Sie wird häufig als Gewürz für Salate, Fleisch, Eintopf, Füllungen und Soßen verwendet.
Sparsam verwenden, denn er kann den Magen reizen.
Geschmack: Sehr scharf, würzig.

Eberraute *Artemisia abrotanum* (1)

Diese hübsche Pflanze mit dem bläulichen, sehr zarten Laub ist eine Aroma-, Würz- und Heilpflanze. Sie schmeckt sehr angenehm nach Zitrone.

Familie: Asteraceae (Korbblütler).
Herkunft: Südeuropa, Westasien.
Lebensdauer: mehrjährig

Kultur
Boden: Leicht, durchlässig und humusreich.
Klima: gemäßigt
Standort: sonnig
Vermehrung und Anbau: Ballenteilung: Im Frühling oder Herbst; Stecklinge: Ende Juni geschützt in eine Mischung aus Flusssand und Torf. Im Frühling werden sie in eine Mischung aus Erde, Torf und Kompost umgepflanzt. Knipsen Sie die Spitzen der Stecklinge ab und setzen Sie sie im Herbst ins Freiland. Jedes Jahr am Frühlingsanfang zurückschneiden.
Saatgutgewinnung: Keine Samenbildung in unserem Klima.

Verwendung
Die frischen oder getrockneten Blätter passen in Salate, Essig, zu Schwein, Hammel und Ente. Einige getrocknete Zweige zwischen der Wäsche vertreiben Motten. Zum Schutz vor Mückenstichen reibt man sich die Haut mit den Blättern ein. Eberraute sollte maßvoll und in der Schwangerschaft überhaupt nicht verzehrt werden.

Echter Wermut *Artemisia absinthium* (2)

Diese elegante – aber bittere – Würz- und Heilpflanze verströmt einen durchdringenden Geruch, der Schädlinge von den Gemüsepflanzen vertreibt.

Familie: Asteraceae (Korbblütler)
Herkunft: Sibirien, Nordafrika, Europa, heimisch in den Alpen.
Lebensdauer: mehrjährig

Kultur
Boden: Zieht leicht lehmige und kalkhaltige Böden vor, passt sich meist an alle lockeren Böden an.
Klima: Gemäßigt, gut kälteverträglich.
Standort: Sonnig und warm.
Vermehrung und Anbau: Ballenteilung: im Frühling oder Herbst; Aussaat ins Frühbeet oder unterm Folientunnel.
Ernte: Im Juli/August werden die Stängel mit Blüten und Blättern gepflückt und im Schatten getrocknet.

Verwendung
Sein Missbrauch ist gefährlich. Als Teeaufguss wirkt er auf das Verdauungssystem. Er dient der Herstellung von Verdauungsschnäpsen und früher dem „Vinaigre des quatre voleurs", der gegen die Pest helfen sollte.
Hausgemachtes Insektizid gegen Weichtiere, Erdflöhe, Raupen, Blattläuse, Möhrenfliegen: 2 kg Pflanzen etwa zehn Tage in Regenwasser einweichen.

Estragon *Artemisia dracunculus*

Eines der besten Gewürzkräuter ist diese mehrjährige Pflanze. Estragon mag Sonne und gut durchlässige Böden.

Familie: Asteraceae (Korbblütler).
Botanische Synonyme: *Oligosporus condimentatius*
Weitere deutsche Namen: Bertram, Bertramskraut, Dragon, Russischer Estragon, Aromatischer Estragon.
Herkunft: Zentralasien, wohl Sibirien.
Lebensdauer: mehrjährig

Beschreibung

Die krautige Pflanze bildet einen etwa 80 cm hohen Busch mit vielen verzweigten Trieben und ganzen, länglich schmalen Blättern in hübschem Grün. Die recht seltenen, unscheinbaren grüngelben Blüten bringen keine Samen hervor.

Kultur

Boden: Sehr durchlässig, leicht, humusreich.
Klima: gemäßigt
Standort: Warm und sonnig.
Vermehrung und Anbau:
Stecklinge: Im August einige krautige, 15 cm lange Stecklinge entnehmen, die Blätter am Teil, der in die Erde kommt, zu drei Vierteln entfernen. Ins Freiland in die Sonne pflanzen, mit Frühbeetkasten oder Haube vor Kälte schützen. Im Frühling mit 50 cm Abstand zueinander oder als Randbepflanzung setzen.
Absenker: Triebe hinlegen und eingraben, dabei die Spitze herausschauen lassen; im November die Absenker von der Mutterpflanze trennen und umpflanzen.
Ballenteilung: Im April/Mai die alten Wurzelballen in Stücke mit einigen Wurzeln teilen und getrennt wieder einsetzen. Zu Beginn des Winters die Triebe bis auf ein paar Zentimeter über dem Boden einkürzen.
Wartezeit bis zur Ernte: Sechs bis sieben Wochen bei Ballenteilung, etwa ein Jahr bei Jungpflanzen aus Stecklings- und Absenkervermehrung.
Ernte: Die Triebe werden vor der Blüte (Juli) gepflückt, im Schatten getrocknet, dann die Blätter zu Pulver zerrieben und dunkel, kühl und trocken in luftdichten Behältern aufbewahrt. Lässt sich gut einfrieren.

Verwendung

Die frischen oder getrockneten Blätter verfeinern Suppen, Rohkost, Salate, Marinaden, Fisch, Geflügel, Fleisch, Eier, Soßen, Gemüse. Sie würzen in Essig Eingelegtes, z. B. Gurken. Auch in der Zusammensetzung mancher Liköre wird Estragon verwendet. Er gehört zum Suppengrün.
Geschmack: Leicht bitter, nach Anis, scharf.

Grünspargel *Asparagus officinalis*

Diese große Pflanze mit dem sehr zarten Laub liefert nicht nur eines der edelsten Gemüse, sondern ist noch dazu sehr hübsch. Gegessen werden die unterirdischen Knospen, wenn sie im Frühling aus der Erde stoßen.

Familie: Asparagaceae (Spargelgewächse)
Herkunft: Europa, Nordafrika, Westasien.
Lebensdauer: mehrjährig

Kultur

Boden: alle Böden, am besten leichte, humusreiche Erde.
Klima: Alle gemäßigten Klimagebiete.
Standort: sonnig
Vermehrung und Anbau:
Aussaat: Zwischen März und Juni alle 5 cm ins Anzuchtbeet ein Samenkorn säen, in Reihen mit 30 cm Abstand. Nach dem Aufgehen auf 10 cm vereinzeln und die Pflanzen (mit ausgebreiteten Wurzeln) im Laufe des März des Folgejahres ins Freiland setzen. Einfacher ist es, auf die im Handel angebotenen Pflanzen zurückzugreifen.
Pflanzen: Ein Spargelfeld wird schon im Herbst vor der Pflanzung vorbereitet. Man hebt etwa 25 cm tiefe, 40 cm breite Gräben in 1,50 m Abstand aus, wobei man die Erde an den Seiten aufhäufelt. Der Grund der Gräben wird durch Unterarbeiten von Kompost und Naturdünger gelockert. Im März des Folgejahres: erneut den Grund lockern ohne umzugraben, etwa alle 30 cm einen kleinen Erdhaufen aufwerfen und einen Stab hineinstecken, um die Pflanze wiederzufinden; auf den Hügeln werden nun die Pflanzen ausgebreitet (zu lange Wurzeln werden gekappt), der Graben wird mit der an den Seiten angehäuften Erde gefüllt, bis die Pflanzen etwa 3 cm bedeckt sind. Im zweiten Kulturjahr wird der Boden mit der restlichen Erde aus dem Graben geebnet. Im dritten Jahr schneidet man Anfang November die vertrockneten Triebe einige Zentimeter über dem Boden ab, ebnet den Boden und entfernt dabei die Erde über dem Spargel. Gehackt wird nur oberflächlich. Vergessen Sie nicht, ein neues Spargelfeld anzulegen, wenn das alte etwa zehn Jahre alt wird, denn es dauert fast fünf Jahre, ehe man nach der Aussaat normal ernten kann.
Wartezeit bis zur Ernte: Die Ernte beginnt ab dem dritten Jahr, wobei nur ein bis zwei Spargel pro Horst entnommen werden. Vom vierten Jahr an gibt es ertragreiche Ernten.
Ernte: Von April bis Juni werden mit einem scharfen Messer die Spargel bei einer Länge von ca. 20 cm geerntet. Rasch verbrauchen. Kurzfristig in trockenem Sand lagerbar.

Verwendung

Es sind die Knospen/Sprosse der Staude, die man isst, sobald sie aus dem Boden kommen. Meist werden sie gekocht. Die Spitzen sind köstlich im Omelett.

Sorten

'Gijnlim', 'Huchels Schneewittchen', 'Steiniva'.

So gewinnt man Spargelsamen: Wählen Sie Pflanzen, die viele Früchte angesetzt haben und schön gewachsen sind (Achtung, man braucht männliche und weibliche!) und ernten Sie sie nicht ab. Lassen Sie vier oder fünf Triebe pro Horst stehen. Ernten Sie im November die dicksten, schön roten Beeren, wenn sie reif sind. Zerquetschen Sie sie, um die Samen herauszuholen. Waschen Sie diese ab, trocknen Sie sie im Schatten und lagern Sie sie trocken und kühl.

Hakentragant *Astragalus hamosus*

Einzig und allein aus „Jux und Tollerei" wird diese Pflanze gezogen: Die getrockneten Früchte sehen Regenwürmern zum Verwechseln ähnlich … und so ist ihre Wirkung im Salat garantiert!

Familie: Fabaceae (Schmetterlings-blütler).
Weitere deutsche Namen: Hakenfrüch-tiger Tragant
Herkunft: Südeuropa, Nordafrika, Westasien.
Lebensdauer: einjährig

Beschreibung

Krautige Pflanze mit niederliegenden, 20–50 cm langen flaumigen Trieben. Ihre langen Blätter bestehen aus 9–15 länglichen Fiederblättchen, die am Ende breiter sind. Gelbweiße Trau-ben bilden die kleinen Blüten. Die 2–4 cm langen Schoten sind erst grau, dann grün und gebogen wie Angel-haken. Die kleinen Samen sind eckig und flach.

Kultur

Boden: Leicht, aufgelo-ckert, durchlässig.
Klima: Gemäßigt bis warm.
Standort: sonnig
Vermehrung und Anbau:
Aussaat: Säen Sie Anfang April je einige Samen in Töpfe mit einer Mischung aus Erde, Torf, Mutter-boden und Kompost. Bis zum Aufgehen kühl halten. Danach an einem hellen, warmen Ort (25–30 °C) auf-stellen. Bis auf eine Pflanze pro Topf auslichten. Im

Mai mit 50 cm Abstand zueinander aus-pflanzen. **Aussaat im Freiland:** 15. April bis Ende Mai in Horste mit 50 cm Ab-stand. Bis zum Aufgehen (oft heikel!) den Boden kühl halten.
Wartezeit bis zur Ernte: 5–6 Monate.
Ernte: Die Schoten werden geerntet, wenn sie reif sind.
Saatgutgewinnung:
Die reifen Schoten werden gepflückt, im Schatten getrocknet, dann kühl und trocken auf-bewahrt. Entker-nen Sie sie erst bei der Aus-saat.

Verwendung

Dies ist eine „Scherzartikel-Pflanze", deren ge-trocknete Schoten unter den Salat gemischt werden, damit es so aussieht, als wären Regenwürmer darin. Sie wird bereits in einem Katalog eines französischen Pflanzenanbieters am Ende des 19. Jahr-hunderts genannt.

Gartenmelde *Atriplex hortensis*

Diese köstliche Pflanze steht dem Spinat nahe. Um in den vollen Genuss ihres Laubes zu kommen, ist es wichtig, die Samenbildung durch Entfernen der Blütentriebe zu unterbinden.

Familie: Chenopodiaceae (Gänsefußgewächse).
Botanische Synonyme: *Atriplex virgata, A. benghalensis, A. heterantha.*
Weitere deutsche Namen: Melde, Spanischer Salat.
Herkunft: Zentralasien, Sibirien.
Lebensdauer: einjährig

Beschreibung

Die Pflanze kann 1,50 m hoch werden; ihre recht dicken Triebe sind verzweigt. Ihre wechselständigen großen Blätter mit langen Stielen sind ganz, gezahnt, dreieckig und je nach Sorte grün, gelb oder purpurrot. Die grünen Blüten bilden von Juli bis September eine lange Rispe, die Früchte umschließen ein rötliches Samenkorn.

Kultur

Boden: Alle, mit Vorliebe für humusreiche und nicht zu kalkhaltige Böden.
Klima: Gemäßigt; mag keine Hitze und fürchtet Trockenheit.
Standort: sonnig
Vermehrung und Anbau:
Aussaat: Zwischen März und August einige Samen in Reihen mit 50 cm Abstand säen. Wenn die Jungpflanzen fünf bis sechs Blätter haben, nur eine alle 25 cm stehen lassen.
Wartezeit bis zur Ernte: Vier Monate nach der Aussaat.
Ernte: Man erntet nach Bedarf die Blätter vor der Blüte, wenn sie noch zart sind.

Lagerung: Die Blätter müssen sehr frisch gegessen werden.
Saatgutgewinnung:
Lassen Sie eine oder mehrere Pflanzen Samen bilden, pflücken Sie die Stängel, wenn sie reif sind (Ende September/ Anfang Oktober); sie werden zum Trocknen an einem geschützten Ort über einem Leintuch an den Wurzeln aufgehängt; die Samen werden mit ihren Fruchthüllen (Valven) eingesammelt und kühl und trocken aufbewahrt. Achtung, die Pflanzen säen sich gerne selbst aus und verwildern im Garten.

Verwendung

Die Blätter werden wie Spinat gekocht. Junge, zarte Blätter können auch als Salat roh gegessen werden. Mit Sauerampfer gemischt mildern sie dessen Säure.
Geschmack: Mild, angenehm, ähnelt Spinat.

Sorten

'Gartenmelde Grün', 'Gartenmelde Rot', 'Gelbe Rheinische', 'Rouge foncée Opéra'.

1. Gartenmelde 'Rouge foncée Opéra'
2. 'Gartenmelde Grün'

Frühlingsbarbarakraut *Barbarea verna*

Diese Erdkresse ist schärfer als Brunnenkresse und ein ausgezeichneter Salat, der im Winter geerntet wird.

Familie: Brassicaceae (Kreuzblüter).
Botanische Synonyme: *Barbarea praecox*, *B. linnaei*, *Erysimum tenuifolium*, *E. praecox*, *Sisymbrium barbarea*, *Campe praecox*, *Crucifera praecox*.
Weitere deutsche Namen: Barbarakresse, Winterkresse.
Herkunft: Europa
Lebensdauer: zweijährig

Beschreibung

Der Blütenstängel dieser krautigen Pflanze mit aufrechten und abgewinkelten Trieben erreicht 60 cm Höhe. Ihre gelappten Blätter mit größerem Endlappen bilden breite, grundständige Rosetten. Im April/Mai des zweiten Kulturjahres blühen gelbe Blüten in endständigen Blütenständen. Die kleinen schwarzen Samen in langen Schoten (6–7 cm) sind etwas länglich und abgeflacht.

Kultur

Boden: Humusreich, aufgelockert.
Klima: gemäßigt
Standort: Alle, Halbschatten bevorzugend.
Vermehrung und Anbau:
Aussaat: Von Juli bis Ende August Direktsaat: alle 15 cm bei 30 cm Reihenabstand einige Samen streuen. Wenn die Jungpflanzen vier bis fünf Blätter haben, nur die schönste pro Gruppe stehen lassen. **Wartezeit bis zur Ernte:**

Drei Monate nach der Aussaat.
Ernte: Die am weitesten entwickelten Blätter oder die ganze Rosette von Mitte September bis zur Blüte im Spätfrühling pflücken.
Lagerung: Nicht möglich, frisch verzehren.
Saatgutgewinnung:
Nur eine Sorte ziehen, im zweiten Kulturjahr einige schöne Exemplare auswählen, Samen bilden lassen, die Stängel schneiden, bevor sie ganz ausgereift sind, und im Schatten über einem Tuch aufhängen, dreschen, die Samen kühl und vor Feuchtigkeit geschützt aufbewahren.

Verwendung

Die rohen Blätter sind köstlicher Salat oder Beilage zu gebratenem oder gegrilltem Fleisch. Gekocht reicht man sie wie Spinat: als Suppe, gebraten oder überbacken.
Geschmack: Ähnlich wie Brunnenkresse, nur schärfer, pikanter.

Sorten

Barbarea verna 'Variegata' mit grün und weiß panaschierten Blättern.

Malabarspinat *Basella alba*

Wunderschön ist diese nicht winterharte Kletterpflanze. In südlichen Gefilden findet man sie in den Gärten bei den Zierpflanzen.

Familie: Basellaceae (Basellgewächse).
Botanische Synonyme: *Basella rubra*, *Gandola alba*, *G. rubra*.
Weitere deutsche Namen: Rankenspinat, Indischer Spinat, Ceylon-Spinat, Baselle.
Herkunft: Tropisches Asien, sicherlich Ostindien.
Lebensdauer: Als einjährige Pflanze gezogen, in ihrem Herkunftsland ist sie zweijährig.

Beschreibung

Die krautige Kletterpflanze ist grün oder rot (je nach Sorte); ihre runden Triebe winden sich um eine Stütze und können bis zu 2 m hoch werden. Die wechselständigen ganzen Blätter in Form spitzer Herzen sind fleischig; die äußeren sind bei *B. alba* 'Rubra' kleiner, dunkelgrün und rotnervig, bei *B. alba* hellgrün. Die kleinen Blüten in Trauben sind grün, rot oder rosa (Juli/August).

Kultur

Boden: Aufgelockert, humusreich.
Klima: Gemäßigt bis warm.
Standort: sonnig
Vermehrung und Anbau:
Aussaat: Im März/April im Warmem (25 °C) in Schalen oder Töpfe säen. Nach dem Aufgehen nur eine Pflanze pro Topf lassen. Nach dem 15. Mai entweder ins Gewächshaus in einen sehr großen Topf oder ins Freiland pflanzen, an eine sonnenbeschienene

Mauer oder ein Spalier. Der Pflanzabstand beträgt 40 cm.
Wartezeit bis zur Ernte:
Zwei Monate nach der Aussaat.
Ernte: Die Blätter werden von Juli bis Ende Oktober geerntet.
Lagerung: Zwei oder drei Tage kühl.
Saatgutgewinnung:
Man trocknet die Beeren und sammelt die Samen ein, bevor sie abfallen, trocknet sie im Schatten und lagert sie in Beuteln trocken und kühl.
Keine Gefahr der Kreuzung zwischen verschiedenen Arten.

Verwendung

Die zarten Blätter und die Triebspitzen mit Blättern lassen sich gegart wie Spinat einsetzen: gebraten, als Suppe, überbacken …
Geschmack: Mild und knackig.

Sorten

Die Sorte 'Rubra' ist durch ihre purpurroten Stiele und rosa Blüten auch eine dekorative Pflanze.

Die Früchte des Malabarspinats sind kugelige braune oder schwarze Beeren, die ein rundes Samenkorn umschließen.

1 2

Wachskürbis *Benincasa cerifera*

Je nach Sorte ist dieser Kürbis manchmal fast rund (mit einem spitzen Ende) und manchmal länglich.
Das Fruchtfleisch ist ganz weiß, mild und sehr saftig.

3

1. 'Tongwa'
2. 'Tseetgwa'
3. Die gelben,
gestielten Einzel-
blüten sehen aus
wie offene Schalen.
4. Die grauen,
platten Samen sind
1 cm lang, an der
spitzen Seite
gegabelt und
haben geränderte,
scharfe Kanten.

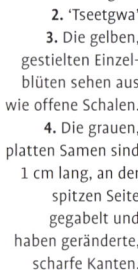

Familie: Cucurbitaceae (Kürbis-
gewächse).
Botanische Synonyme: *Cucurbita
cerifera, C. vacua, C. villosa, C. farinosa,
C. littoralis, Lagenaria dasystemon.*
Weitere deutsche Namen: Winter-
melone
Herkunft: Tropisches Asien, wohl Java
und Japan.
Lebensdauer: einjährig

Beschreibung

Diese Kletter- oder Kriechpflanze wird
etwa 2,50 m lang. Die großen, auf der
Oberseite dunkelgrünen, unterseits
hellgrünen, herzförmigen Blätter haben
abgerundete, wenig ausgeprägte Lappen und sitzen an kantigen dünnen
Trieben mit Ranken. Die Früchte sind
teilweise kugelig mit einer Spitze auf
der Stielseite ('Tongwa'), bis 15 cm lang
('Tseetgwa'). Sie sind dicht mit borsti-
gen Härchen überzogen und haben
hellere Flecken, die beim Reifen verschwinden, während sie sich ganz mit
einer blau schimmernden, weißlichen
Wachsschicht überziehen.

Kultur

Boden: Humus- und nährstoffreich,
aufgelockert.
Klima: warm
Standort: Sonnig und geschützt.
Vermehrung und Anbau:
Aussaat: Um den 15. April sät man zwei
bis drei Samen pro Topf ins Gewächs-
haus bei 25–30 °C. Nur eine Jungpflanze

pro Topf lassen. Nur in klimatisch be-
günstigten Regionen ab 15. Mai mit
dem Ballen auspflanzen (mit 1,50 m Abstand ringsum), ansonsten im Gewächshaus an einem Spalier klettern lassen.
Wartezeit bis zur Ernte: Sechs bis sieben Monate.
Ernte: Wenn die Früchte reif sind; so
spät wie möglich, aber vor dem ersten
Frost.
Lagerung: Sie werden in einem warmen,
luftigen Raum gelagert, ohne sich
zu berühren, bei einer Temperatur
zwischen 10 und 25 °C. Sie halten sich
sechs Monate bis ein Jahr.
Saatgutgewinnung:
Ziehen Sie nur eine Sorte. Man erntet
die Früchte so spät wie möglich (vor
dem ersten Frost), lagert sie in einem
Raum zwischen 10 und 25 °C und lässt
sie ein bis zwei Monate reifen. Ende
Dezember werden die Samen entfernt,
gewaschen, im Schatten getrocknet und
dann trocken, aber kühl aufbewahrt.

Verwendung

Gekocht schmecken die Früchte sehr
gut süßsauer, in Essig eingelegt, aber
auch überbacken oder kandiert. Die
kleinen, jungen Früchte können ganz
in Essig eingelegt oder wie Gurken roh
genossen werden.
Geschmack: Leicht, mild, zwischen
Salatgurke und Kürbis.

Sorten

'Tongwa', 'Tseetgwa'.

Mangold *Beta vulgaris* subsp. *cicla*

Dieses köstliche Gemüse wird verstärkt als Zierpflanze angebaut. Es gibt prachtvolle Sorten mit Blattstielen in Orange, Gelb, Zinnoberrot oder Anisgrün. Man unterscheidet zwischen Blattmangold (B. v. var. cicla) und Stielmangold (B. v. var. flavescens).

Familie: Chenopodiaceae (Gänsefußgewächse).
Botanische Synonyme: *Beta crispa*
Weitere deutsche Namen: Schnittmangold, Römische Bete.
Herkunft: Südeuropa
Lebensdauer: zweijährig

Beschreibung

Die großen, ganzen, manchmal blasigen, mehr oder weniger gewellten Blätter der krautigen Pflanze gehen vom Wurzelhals aus und haben fleischige, je nach Sorte weiße, gelbe oder rote Stiele. Grün oder weinrot sind die Blattränder, die Nerven weiß, gelb oder rot. Der aufrechte Blütenstängel erscheint im zweiten Jahr und kann bis zu 2 m hoch werden. Er ist kantig, stabil und verzweigt. Von Juli bis September bilden die grünen Blüten an der Spitze lange, in den Blattachseln viel kürzere Büschel. Die bräunlichen, buckligen Fruchtknäuel enthalten mehrere kleine, braun glänzende Samen.

Kultur

Boden: Tiefgründig, humusreich.
Klima: gemäßigt
Standort: sonnig
Vermehrung und Anbau:
Aussaat: Direktsaat im April/Mai: je einige Samenkörner mit 40 cm Abstand zueinander. Nach dem Aufgehen vereinzeln. Nicht pikieren, dadurch schossen die Pflanzen zu früh.

Wartezeit bis zur Ernte: Zwei Monate nach der Aussaat.
Ernte: Juli bis zum ersten Frost. Nach milden Wintern kann der Mangold im Frühjahr nochmals geerntet werden.

Saatgutgewinnung:
Schöne Exemplare auswählen, herausziehen und vor Kälte geschützt einschlagen. Im März werden sie mit 60 cm Abstand zu allen Seiten ausgepflanzt, abgestützt, die Spitzen der Blütenstände pinziert; die Samen werden ausgereift im August/September geerntet, getrocknet, dann trocken und kühl aufbewahrt.

Verwendung

Die Blätter beider Varietäten bereitet man wie Spinat zu: geschmort oder überbacken. Die gegarten Blattrippen schmecken überbacken, gebraten, als Salat, in der Quiche. Im Auflauf lassen sich Blätter und Stängel zusammen verwenden.
Geschmack: Angenehm, erfrischend, spinatartig.

Sorten

'Bright Lights', 'White Silver 2', 'Lucullus', 'Rhubarb Chard'.

Die Stielfarben des Mangolds reichen von leuchtend rot **(1)** über orange **(2)** und gelb bis weiß **(3)**.

1 2

Rote Bete

Beta vulgaris subsp. *vulgaris* var. *vulgaris*

Meist kennt man diese Rübe vor allem mit roter Wurzel, obwohl es sie auch in Gelb, Rosa oder Weiß gibt. Sie ist sehr leicht zu ziehen.

Familie: Chenopodiaceae (Gänsefußgewächse).
Botanische Synonyme: *Beta vulgaris*
Weitere deutsche Namen: Rote Rübe
Herkunft: Südeuropa
Lebensdauer: zweijährig

Beschreibung

1,50 hoch ist diese Pflanze, die oft als Einjährige gezogen wird; sie bildet im zweiten Jahr Samen aus. Im ersten bringt sie eine dicke, fleischige Wurzel hervor, die je nach Sorte rund oder länglich ist und unterschiedliche Farben hat. Die kleinen grünen Blüten erscheinen im Sommer des zweiten Jahres in den Blattachseln. Die bräunlichen Fruchtknäuel enthalten mehrere glänzend braune Samenkörner.

Kultur

Boden: Leicht, humusreich.
Klima: gemäßigt
Standort: sonnig
Vermehrung und Anbau:
 Aussaat: Im März ins warme Frühbeet, im April ins Anzuchtbeet, im Mai direkt auspflanzen. Pikieren, wenn die Pflänzchen fünf Blätter haben. Bei der zu empfehlenden Direktsaat werden alle 20 cm vier Samen gelegt und nach dem Aufgehen nur die kräftigste Jungpflanze belassen.
Wartezeit bis zur Ernte: Vier bis sechs

Monate nach der Aussaat.
Ernte: Die frühreifen Wurzeln sind fein und zart; sie werden nach Bedarf herausgezogen. Die Ernte der Lagersorten erfolgt vor dem Frost.
Lagerung: Die frühen Sorten lassen sich ein paar Tage kühl und dunkel lagern. Die zur Lagerung bestimmten Rüben trocknen, Wurzeln und Blätter abschneiden, kühl in Sand lagern. Bis zum Frühling verwendbar.
Saatgutgewinnung:
Eine schöne Pflanze herausziehen, in Sand einschlagen, im April wieder einpflanzen. Die reifen Samen werden im August gesammelt, im Schatten auf einem Tuch getrocknet, trocken und kühl in Tüten aufbewahrt.

Verwendung

Die Wurzeln werden im Ofen gebacken, in Wasser gekocht oder gedünstet. Man isst sie in Essigwasser eingelegt, als Salat, zusammen mit anderen Gemüsesorten oder Fisch. Roh gerieben gehört sie auf Rohkostplatten zu schwarzem Rettich, Sellerie und Möhren.
Geschmack: Sehr süß. Je nach Sorte unterschiedlich.

Sorten

'Albina Vereduna' (weißfleischig), 'Burpee's Golden' (gelbfleischig), 'Race Arizona', 'Akela', 'Dragon', 'Labella', 'Mologna', 'Moulin Rouge'.

Erdbeerspinat *Blitum capitatum*

Diese herrliche Pflanze ist äußerst dekorativ. Entlang ihrer Triebe sitzen Blätter und kleine, an Walderdbeeren erinnernde Früchte. Blätter und Früchte können auch gegessen werden, haben aber wenig Geschmack.

Familie: Chenopodiaceae (Gänsefußgewächse).
Botanische Synonyme: *Chenopodium capitatum*, *Blitum tataricum*, *B. chenopodioides*, *B. terminale*, *Marocarpus capitatus*.
Weitere deutsche Namen: Kopfblütiger Erdbeerspinat, Ährenblütiger Erdbeerspinat
Herkunft: Westasien, Europa.
Lebensdauer: einjährig

Beschreibung
Diese Pflanze wird bis 60 cm hoch. Die Triebe sind ästig, aufrecht oder niederliegend, die wechselständigen Blätter sind dreieckig, fast spießförmig und verschwinden an der Spitze der Blütenstände. Diese sind zuerst grün, werden dann rot und sehen schließlich aus wie kleine Erdbeeren, die auf ganzer Länge der Triebe wachsen. Die Samen sind winzig, schwarz und flach.

Kultur
Boden: Aufgelockert, humusreich.
Klima: Gemäßigt, frosttolerant.
Standort: sonnig
Vermehrung und Anbau:
Aussaat: Zwischen März und Mai einige Samen mit 30 cm Abstand ringsum direkt ins Freiland säen, kaum bedecken, nach dem Aufgehen nur eine Pflanze alle 30 cm stehen lassen. Man kann auch Ende August/Anfang September ins Freiland säen.
Wartezeit bis zur Ernte: Zwei Monate

für die Blätter und vier Monate für die Früchte.
Ernte: Sie zieht sich von Juli bis September/Oktober hin, je nachdem, wie die Früchte reifen. Die Blätter sind ebenfalls essbar.
Saatgutgewinnung:
Man muss die Pflanze nur Samen bilden lassen. Wenn die kugeligen Früchte hübsch rötlich sind, müssen die Samen aus ihnen herausgelöst werden. Dazu werden die Früchte zerdrückt, durch ein Sieb gepresst, die Samen ausgewaschen und getrocknet. Wenn sie trocken sind, werden sie kühl und trocken aufbewahrt.

Verwendung
Die Früchte werden – wenn überhaupt – naturbelassen verzehrt und die zarten Blätter isst man roh als Salat.
Geschmack: Die Früchte erinnern im Geschmack an Rübe und Mangold, die Blätter haben einen leichten Haselnussgeschmack.

Andere Arten
Es gibt eine andere Art, deren Blätter gezähnt sind und deren Blüten wie *Blitum capitatum* ebenfalls Kugeln bilden, die auch essbar sind: *B. virgatum* (Echter Erdbeerspinat).

Borretsch *Borago officinalis*

Borretsch ist mit seinen hübschen Blüten in Form blauer oder weißer Sterne eine sehr dekorative Gemüse-, Gewürz- und Nektarpflanze.

Familie: Boraginaceae (Borretschgewächse).
Botanische Synonyme: *Borago aspera*, *B. advena*.
Weitere deutsche Namen: Gurkenkraut, Gurkenkönig, Borgel(blüte).
Herkunft: Wahrscheinlich aus Syrien, Südeuropa oder Sibirien.
Lebensdauer: einjährig

Beschreibung
Der aufrechte Trieb wird 30–60 cm hoch, die wechselständigen, recht großen, ovalen Blätter sind rau behaart. Die sternförmigen blauen oder weißen Blüten stehen in Trauben zusammen.

Kultur
Boden: Tiefgründig, humusreich, leicht.
Klima: gemäßigt
Standort: sonnig
Vermehrung und Anbau:
Aussaat: Von März bis Juni einige Samen alle 25 cm direkt säen, nach dem Aufgehen jeweils nur eine Pflanze lassen. Gleichzeitig ins Anzuchtbeet säen; wenn die Pflanzen drei bis vier Blätter haben, mit dem gleichen Abstand ins Freiland verpflanzen. Säen Sie in Abständen mehrmals, denn diese Pflanze schosst recht schnell. Oft sät sie sich selbst aus.
Wartezeit bis zur Ernte: Zwei Monate nach der Aussaat.
Ernte: Die Blätter und Blüten werden nach Bedarf geerntet und müssen rasch verbraucht werden.

Die geriffelten Samen sind braun, an der Spitze abgerundet.

Lagerung: Die Blätter pflücken, wenn die Pflanze Knospen angesetzt hat, in einem schattigen, luftigen Raum auf einem gut durchlüfteten Rost trocknen, der über Böcken liegt. Sie werden dann in luftdichten Behältern kühl und dunkel aufbewahrt. Am besten frisch verwenden.
Saatgutgewinnung:
Man lässt die schönsten Exemplare blühen, stützt sie ab und erntet die Früchte (Achänen), kurz bevor sie ganz reif sind (von Juli bis September). Sie werden im Schatten getrocknet, entkernt und in Tüten kühl aufbewahrt.

Verwendung
Die zarten frischen, fein geschnittenen Blätter würzen Ragouts, Suppen, Fisch, Soßen und Mayonnaisen, Salat und Rohkost. Die weiß blühende Sorte wird zubereitet wie Spinat. Die Blüten dekorieren Rohkost, Salate und manche Kuchen. Getrocknet bringen sie hübsche Farbe in Blüten-Potpourris. Aus den frischen oder getrockneten Blättern wird Tee aufgegossen. Borretschöl ist gut für die Haut und den Kreislauf.
Geschmack: Schmeckt nach Gurke.

Sorten
Keine; es gibt aber die beiden Formen des blau und des weiß blühenden Borretschs.

Rauling *Borago orientalis*

An einem kühlen Standort mit Halbschatten wuchert diese Borretsch-Variante mit sehr großen Blättern.

Familie: Boraginaceae (Borretsch-gewächse).
Botanische Synonyme: *Trachystemon orientalis*
Herkunft: Kleinasien, Balkan.
Lebensdauer: mehrjährig

Beschreibung
Im März erscheinen die sternförmigen Blüten in malvenfarbenen Trauben vor den großen, herzförmigen Blättern. Diese sind rau und gewellt, auf der Oberseite dunkelgrün, auf der Unterseite hellgrün mit stark ausgeprägten Nerven; sie wachsen ohne Trieb direkt aus den unterirdischen Rhizomen. Die sehr langen (30 cm) Blattstiele sind im Querschnitt gerinnt.

Kultur
Boden: humusreich
Klima: gemäßigt
Standort: Volle Sonne oder Halb-schatten.
Vermehrung und Anbau:
Ballenteilung: Im April werden die Ballen geteilt und die Stücke im Abstand von 50–60 cm zueinander gepflanzt. Diese Pflanze wuchert durch ihre unterirdischen Rhizome.
Wartezeit bis zur Ernte: Braucht ein Jahr, um richtig anzuwachsen.
Ernte: Sobald die Blüten erscheinen, werden die Blätter und die bleichen Triebe geerntet, die sich tief im Boden befinden (10–20 cm). Später sind sie zu fest.
Lagerung: Rasch verbrauchen.

Saatgutgewinnung:
Die Samen gelangen bei uns nicht zur Reife.

Verwendung
Die bleichen Blätter im Boden werden wie Spinat gekocht. In der Türkei berei-tet man „*dolma*" zu: Das sind große, mit Fleisch und Reis gefüllte Blätter, die man als Bouletten oder Rollen in einer würzigen Tomatensoße mit Zitrone und Basilikum köcheln lässt.
Geschmack: Liegt zwischen Austern und Gurke.

Man verwendet die bleichen, in der Erde steckenden Triebstücke.

Pak-Choi *Brassica rapa* subsp. *chinensis*

Dieser Kohl ist bald nach der Aussaat erntereif, doch wenn er zu früh gesät wird, schosst er rasch. Die Blätter isst man roh als Salat, gegart überbacken, als Suppe oder gebraten.

Familie: Brassicaceae (Kreuzblüter).
Botanische Synonyme: *Brassica napus* var. *chinensis*, *Sinapis brassicata*, *Brassica rapa glabra*, *B. campestris* var. *chinensis*, *B. orientalis*, *B. antiquorum*.
Weitere deutsche Namen: Pekingkohl
Herkunft: China
Lebensdauer: Ein- oder zweijährig.

Beschreibung

Der Stängel entwickelt sich normalerweise im zweiten Jahr, manchmal schon im ersten; die Blätter sind dickfleischig, am Ende zum Teil umgeknickt, sie glänzen dunkelgrün und bilden einen lockeren Kopf. Die Pflanze ähnelt stark dem Mangold. Ihre gelben Einzelblüten stehen in Büscheln beisammen und blühen im Frühling des zweiten Kulturjahres. Die kleinen Samen in Schoten sind dunkelgrau und kugelig.

Kultur

Boden: Tiefgründig, locker und humusreich.
Klima: gemäßigt
Standort: sonnig
Vermehrung und Anbau:
Aussaat: Von Mitte Juli bis 15. August mit 30 cm Platz ringsum jeweils einige Samen streuen, wenn die Jungpflanzen vier bis fünf Blätter haben, nur die kräftigste stehen lassen (mit dem gleichen Abstand).
Ernte: Zwei bis drei Monate nach der Aussaat werden die Blätter ihrer Entwicklung entsprechend geerntet. Die Pflanzen können in milden Wintern draußen überwintern und nach Bedarf geerntet werden.
Lagerung: Zwei bis drei Tage kühl und dunkel (Keller, Gemüsefach im Kühlschrank).
Saatgutgewinnung:
Schwierig! Im Umkreis von 200–300 m dürfen keine anderen Kohlsorten gezogen werden. Man wählt einige schöne Exemplare aus, schützt sie an einem kühlen Ort, z. B. im Einschlag, Frühbeet oder Gewächshaus, und pflanzt sie im März mit 50 cm Abstand, stützt sie ab, erntet die reifen Schoten (im Juli/August), breitet sie im Schatten auf einem Tuch aus, löst die Samen heraus und lagert sie kühl und trocken.

Verwendung

Die rohen Blätter (die zartesten!) sind köstlich als Salat, gegart isst man sie gebraten, überbacken oder als Suppe.
Geschmack: Weniger fein als Chinakohl; erinnert auch an Endivien und Mangold.

Sorten

'Mei Quing Choi', 'Joy choi'.

48

Rutenkohl *Brassica juncea*

Roh erinnert der Geschmack dieser kohlähnlichen Pflanze an Rauke. Der Rutenkohl ist häufiger Bestandteil der Asia-Salatmischungen.

Familie: Brassicaceae (Kreuzblütler).
Botanische Synonyme: *Raphanus juncea*, *Sinapis juncea*, *S. cernua*, *S. ramosa*.
Weitere deutsche Namen: Sarepta-Senf
Herkunft: China
Lebensdauer: Zweijährig, als einjährige Pflanze gezogen.

Beschreibung

Wenn diese Pflanze schosst, kann sie über 1,50 m hoch werden. Die Blätter sind zuweilen 40 cm lang. Sie sind breit, gezähnt, grundständig, gewellt, blasig, grün oder lilarot. Die Samen, die in Schoten sitzen, sind rund, ähnlich Kohl- und Rübensamen.

Kultur

Boden: Humusreich, locker.
Klima: gemäßigt
Standort: sonnig
Vermehrung und Anbau:
Aussaat: Im August werden vier bis fünf Samen alle 25 cm in flache Rillen gesät, die 40 cm Abstand haben. Sie werden kaum mit Erde bedeckt und die gesamte Vegetationszeit über feucht gehalten. Wenn die Sämlinge vier bis fünf Blätter haben, lässt man alle 25 cm nur einen stehen. Bei Wassermangel schosst die Pflanze rasch. Sie ist bis −5 °C winterhart.
Wartezeit bis zur Ernte: Drei Monate.
Ernte: Die Blätter je nach Bedarf pflücken.

Lagerung: Nicht lagerfähig, sofort verbrauchen.
Saatgutgewinnung:
Lassen Sie in milden Wintern einige Pflanzen stehen, die dann im April/Mai blühen; nun die Spitze der Blütentriebe pinzieren. Die Triebe ernten, wenn die Schoten fast reif sind: Mit einer Hand den Stängel festhalten und mit der anderen (im Handschuh!) kräftig die Schoten über einem feinen Sieb reiben, die Hüllen und Abfälle fortpusten; die Samen in Tüten kühl aufbewahren, wenn sie sehr trocken sind.
In sehr kalten Wintern werden schöne Pflanzen ausgewählt, eingetopft, geschützt aufgestellt und im Spätwinter wieder ausgepflanzt, damit sie Samen ansetzen.

Verwendung

Die Blätter sind zugleich Gemüse und Gewürz. Ohne die Rippen werden sie zubereitet wie Spinat: geschmort, mit Sahne, überbacken, als Suppe. Roh und klein geschnitten würzen sie Salate und Rohkost. Die beim Vereinzeln gejäteten Jungpflanzen sind köstlich als Salat, allein oder mit Kresse.
Geschmack: Scharf, angenehm, erinnert an Rauke und Senf. Beim Kochen verliert er etwas an Aroma.

Die gelben Blüten stehen in endständigen Blütentrauben beieinander.

Steckrübe *Brassica napus*

Man findet sie seit einigen Jahren wieder auf dem Markt, und sie hat jetzt dank ihres süßen, sehr aromatischen Geschmacks, der an Rüben und Kohl erinnert, sogar in guten Restaurants Einzug gehalten.

Je nach Sorte ist die Wurzel grün, gelb, rötlich violett mit gelbem, rötlich violett marmoriertem Wurzelhals und dunkelgelbem vergrabenem Teil.

Die Samen sind kugelig und schwarz.

Familie: Brassicaceae (Kreuzblütler).
Botanische Synonyme: *Brassica oleracea* var. *napobrassica*, *B. napus* var. *rapifera*.
Weitere deutsche Namen: Kohlrübe, Bodenkohlrabi, Speiserübe.
Herkunft: Süd- oder Westeuropa.
Lebensdauer: Zweijährig, als einjährige Pflanze gezogen.

Beschreibung

Der Blütentrieb mit gelben Blütenähren erscheint im zweiten Jahr, die Wurzel aber im ersten, und sie ist es, die uns interessiert. Konisch oder langgezogen, steckt sie zur Hälfte in der Erde, hat weißes oder gelbes Fleisch und wird überragt von einem Büschel gewellter Blätter.

Kultur

Boden: Fruchtbar, humusreich.
Klima: Gemäßigt, feucht.
Standort: sonnig
Vermehrung und Anbau:
Aussaat: Ende April wird ins Anzuchtbeet gesät, die Jungpflanzen werden mit 35 cm Platz zueinander ausgepflanzt, wenn sie vier bis sechs Blätter haben. Im Mai Direktsaat, dabei jeweils einige Samen streuen, dann nur je eine Pflanze stehen lassen. Ersparen Sie der Pflanze wachstumsunterbrechende Trockenheit, denn dann wird ihre Wurzel faserig.
Wartezeit bis zur Ernte: Drei bis vier Monate nach der Aussaat.
Ernte: Nach Bedarf werden ausgereifte Wurzeln von September bis November herausgezogen.

Lagerung: Man lässt sie in der Erde, denn sie sind winterhart, oder zieht sie im November heraus, lässt sie auf dem Boden antrocknen, entfernt die Blätter und lagert sie im Haufen im Keller.
Saatgutgewinnung:
Im Herbst werden schöne Pflanzen ausgewählt, die Blätter direkt am Wurzelhals entfernt und die Wurzeln im Keller in Sand eingeschlagen. Im Frühjahr wird die Rübe wieder ausgepflanzt und eine Stützvorrichtung für den Blütenaustrieb aufgestellt. Man pinziert die Spitzen der Blütentriebe, schneidet die Triebe, wenn die Schoten fast ausgereift sind, trocknet sie und breitet sie im Schatten auf einem Tuch aus. Dann werden sie gedroschen und die Samen kühl gelagert.

Verwendung

Dies war eines der wenigen Gemüse, die im letzten Weltkrieg noch zu bekommen waren – man erinnert sich auch heute noch an den berühmten „Steckrübenwinter": Ihren daraus erwachsenen schlechten Ruf ist sie wohl immer noch nicht ganz los. Die gekochten Wurzeln schmecken wunderbar gebraten und püriert, in Ragout, Eintopf und Suppe.
Geschmack: süß, sehr ausgeprägt, erinnert zugleich an Rüben und Kohl.

Sorten

'Jaune de St Marc à collet vert', 'Blanc d'Aubigny à collet vert', 'Grünköpfige Gelbe Wilhelmsburger'.

Staudenkohl *Brassica oleracea* var. *racemosa* (1)

Dieser Kohl mit den tausend Köpfen ist mehrjährig! Die Zweige werden nach Bedarf geerntet. Er ist der einzige Kohl, der sich durch Triebstecklinge vermehren lässt.

Weitere deutsche Namen: Strauchkohl, Tausenkopfkohl.
Herkunft: Westeuropa
Lebensdauer: Staude, oft als ein- oder zweijährige Pflanze gezogen.

Kultur
Boden: Tiefgründig, humusreich.
Klima: gemäßigt

Standort: Sonne, Halbschatten.
Vermehrung: mit Triebstecklingen; vom Frühjahr bis Herbstbeginn werden Triebspitzen geschnitten und alle 60 cm in Reihen mit 80 cm Abstand direkt ins Freiland gepflanzt. Ende September/Anfang Oktober werden sie pikiert.

Verwendung
Die jungen, zarten Triebe werden in Eintopfgerichten verwendet; sie passen in Suppen, zu Gemüse, Speck, in Salate.
Geschmack: Sehr angenehm, erinnert zugleich an Brokkoli und gewöhnlichen Kohl.

Palmkohl
Brassica oleracea var. *acephala* subvar. *palmifolia* (2)

Wie eine kleine Palme sieht der Palmkohl tatsächlich aus und macht seinem Namen alle Ehre. Die große Pflanze mit blasigen, sehr dunklen Blättern ist ebenso dekorativ auf dem Beet wie lecker im Eintopf.

Weitere deutsche Namen: Italienischer Kohl, Toskanischer Palmkohl.
Herkunft: Südeuropa
Lebensdauer: Zwei-, manchmal dreijährig.

Kultur
Boden: Tiefgründig, fruchtbar, locker, humusreich und leicht kalkhaltig.
Klima: gemäßigt
Standort: sonnig
Vermehrung und Anbau:
Aussaat: Im März (im Frühbeet) oder im April (Anzuchtbeet). Wenn die Sämlinge

fünf bis sechs Blätter haben, werden sie mit 50–60 cm Abstand zu allen Seiten ausgepflanzt.
Ernte: Vier und sechs Monate nach der Aussaat pflückt man die Blätter einzeln je nach Entwicklung und Bedarf. Palmkohl verträgt etwas Frost und kann bis zum Winterbeginn geerntet werden.

Verwendung
Die gekochten Blätter kommen in Eintöpfe und Suppen. Herrlich als Dekoration in einem Korb mit Wassermelonen, Kürbissen, Mais, Ziergurken …
Geschmack: Nach Kohlrabi, erinnert leicht an Rüben.

Sorten
'Nero di Toscana', 'Redbor'.

Blumenkohl *Brassica oleracea* var. *botrytis*

Jeder kennt Blumenkohl, aber wer weiß schon, dass er damit Blütenknospen isst? Diese sind elfenbeinweiß, können aber auch bei manchen Sorten violett oder grün sein.

Familie: Brassicaceae (Kreuzblütler)
Botanische Synonyme: *Brassica oleracea* var. *cauliflora, B. cretica* var. *cauliflora, B. cauliflora.*
Weitere deutsche Namen: Brüsseler oder Käsekohl, auch Karfiol oder Karviol.
Herkunft: Mittelmeerraum, wohl Zypern.
Lebensdauer: Ein- oder zweijährig.

Blumenkohl 'Graffiti'.

Beschreibung

Diese Pflanze kommt schnell zur Blüte, und der Blütenstand ist es, den wir verwenden. Der dicke Trieb ist kurz, rund und verzweigt und bildet ein Büschel weißer Endblüten. Manche Sorten blühen auch violett. Die Blüten-Verzweigungen ergeben einen dicken, körnigen, zarten, aber kompakten Kopf. Dicht herum sitzen aufrecht oder sternförmig auseinanderstrebend blaugrüne Blätter, die lang, dick, zart und glatt sind und ausgeprägte Blattrippen haben. Die Blütenstände sind nur Blütenknospen, die sich zu gelben Einzelblüten entwickeln, die je nach Sorte von Ende Mai bis zum ersten Frost blühen. Die kleinen Samen sind rund und schwarz.

Kultur

Boden: Locker, fruchtbar, tiefgründig und humusreich.
Klima: gemäßigt

Standort: sonnig
Vermehrung und Anbau:
Aussaat: Die Sommersorten werden von Februar bis März im warmen Frühbeet (Mistbeet) gesät oder von März bis Juni im Anzuchtbeet an einer Südwand. Jungpflanzen mit vier bis fünf Blättern auf 80 cm Abstand pikieren. Herbstsorten werden im Mai ins Anzuchtbeet gesät und später in Reihen mit 1 m Abstand pikiert.
Wartezeit bis zur Ernte: Vier Monate nach der Aussaat.
Ernte: Je nach Entwicklung schneiden Sie den Kopf mit einigen Blättern ab.
Lagerung: Zwei bis drei Tage kühl und lichtgeschützt (im Keller, Gemüsefach des Kühlschranks).
Saatgutgewinnung:
Man braucht mindestens 10–15 samenbildende Exemplare derselben Sorte, die aus mindestens 60 Exemplaren ausgewählt werden. Blumenkohl fängt gerne an zu faulen, bevor sich der Blütenstand entwickelt.

Verwendung

Die Blütenknospen werden in Salzwasser gekocht, überbacken, mit heller Soße, im Soufflé, in Krapfen zubereitet, roh sind sie köstlich als Salat oder in Essig eingelegt.
Geschmack: Zergeht auf der Zunge.

Sorten

'Arizona', 'Baldo', 'Fremont', 'Neckarperle', 'Averda' (grün), 'Panther' (grün), 'Graffiti' (violett).

Weißkohl *Brassica oleracea* var. *capitata*

Bei diesem Kohl denkt mancher prompt an Kassler mit Sauerkraut; man kann ihn aber auch roh essen. Wussten Sie, dass Weißkohl auch allerlei Heilwirkung besitzt?

Familie: Brassicaceae (Kreuzblütler)
Botanische Synonyme: *Brassica capitata*
Weitere deutsche Namen: Rundling, Weißkraut, Kappes, Kabis, Kraut.
Herkunft: Europa
Lebensdauer: Zweijährig, als einjährige Pflanze gezogen.

Beschreibung

Im ersten Jahr bilden die Blätter einen dichten, konischen, länglichen, spitzen Kopf.

Kultur

Boden: Aufgelockert, eher kalkhaltig, fruchtbar.
Klima: Gemäßigt, feucht.
Standort: sonnig
Vermehrung und Anbau:
Aussaat: *Sommer- und Herbstkohl*: im Februar/März im Frühbeet im warmen Frühbeet (Mistbeet) säen; im Mai pikieren (mit fünf bis sechs Blättern), 60 cm Abstand zueinander einhalten. Oder von März bis Juni ins Anzuchtbeet säen und mit fünf bis sechs Blättern auf gleichen Abstand pikieren.
Frühlingskohl: Vom 15. August bis Ende September ins Anzuchtbeet säen, pikieren (alle 10 cm); im Herbst oder Frühjahr ins Freiland pflanzen, mit 50 cm Abstand zu allen Seiten. Kurz vor dem Pikieren heben Sie die Jungpflanzen mit der Grabegabel an (ohne sie zu entwurzeln), damit sie Haarwurzeln entwickeln.

Ernte: Die Sommer- und Herbstsorten werden Ende Juli bis Ende Dezember geerntet, die Frühlingssorten im Juni/Juli.
Saatgutgewinnung:
Vermeiden Sie das Vorkommen anderer Kohlsorten im Umkreis von 300 m. Wählen Sie schöne Pflanzen aus, die an einem frostfreien Ort überwintern. Im Frühjahr werden die Strünke mit Kohlkopf wieder eingepflanzt und es entwickeln sich Blütenknospen. Abstützen, die Triebspitzen pinzieren, vor den Vögeln schützen (Netz). Die Stängel mit Schoten werden kurz vor der völligen Reife geschnitten, im Schatten auf einem Tuch ausgebreitet getrocknet; die ausgelösten Samen bewahrt man kühl und trocken auf.

Der kräftige, beblätterte Blütentrieb mit Ähren voll gelber Einzelblüten erscheint im zweiten Jahr.

Verwendung

Weißkohl wird roh gehobelt zu leckerem Salat zubereitet, ist Grundlage für Sauerkraut, oder er wird z. B. gedünstet, gekocht, mit Speck oder gefüllt gegessen. Er gehört in Eintöpfe und ist Beilage für Fleisch- und Geflügelgerichte.
Geschmack: Sehr charakteristisch, angenehm, je nach Zubereitungsart unterschiedlich.

Sorten

Sommer- und Herbstkohl: 'Castello', 'Destiny', 'Nagels Frühweiß', 'Perfekta', 'Lion', 'Hamilton'.
Frühlingskohl: 'Cortina', 'Gollma', 'Hornum', 'Trevor'.

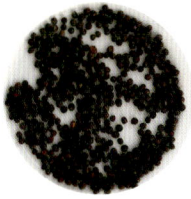

Die Samen sind klein, rund und schwarz.

Rosenkohl *Brassica oleracea* var. *gemmifera*

Die Pflanze entwickelt einen fast 1 m hohen Trieb, die auf ganzer Länge dicht an dicht voll kleiner Röschen sitzt.

Familie: Brassicaceae (Kreuzblütler)
Weitere deutsche Namen: Brüsseler Kohlspitzen, Kohlsprossen, Sprossen-, Brabanter oder Brüsseler Kohl.
Herkunft: Europa
Lebensdauer: Zweijährig, als einjährige Pflanze gezogen.

Beschreibung

Der kräftige, steife Blütentrieb, der 1 m hoch werden kann, wächst mit Ähren aus gelben Einzelblüten im zweiten Jahr. In den Blattachseln drängen sich die schmackhaften Röschen: aus kleinen Blättern zusammengesetzte Knospen, die sehr fest und fast kugelig sind. Die zahlreichen, langstieligen Blätter sind leicht gezähnt, je nach Sorte dunkelgrün bis purpurrot. Die kleinen Samen sind rund und dunkelgrau.

Kultur

Boden: Leicht, aufgelockert, humos.
Klima: gemäßigt
Standort: sonnig
Vermehrung und Anbau:
Aussaat: Von März bis Juni wird ins Anzuchtbeet gesät. Wenn die Pflänzchen vier bis fünf Blätter haben, pflanzt man sie ins Freiland mit 60 cm Platz zu allen Seiten. Die frühen Sorten dieses flämischen Kohls vertragen weniger gut Kälte. Anfang September sollte der Trieb ausgebrochen werden, damit sich feste Röschen entwickeln.

Wartezeit bis zur Ernte: Sechs bis sieben Monate.
Ernte: Nach Bedarf vom ersten Frost bis zum Winterende die schönen, festen Röschen ernten.
Lagerung: Zwei bis drei Tage kühl. Lässt sich gut einfrieren.
Saatgutgewinnung:
Es sollten sich keine blühenden Kohlpflanzen in der Umgebung befinden. Wählen Sie schöne, für die Sorte repräsentative Exemplare, lassen Sie sie stehen, ohne sie abzuernten, entfernen Sie die Endrosette und schlecht entwickelte Knospen. Jede Pflanze abstützen. Die Zweige mit den Schoten ernten, bevor sie ganz reif sind, im Schatten auf einem Tuch ausbreiten, die Samen herauslösen, kühl und trocken aufbewahren.

Verwendung

Die Röschen werden gegart verspeist: in Wasser gekocht, gebraten, geschmort, überbacken, gedünstet. Sie harmonieren mit Speckwürfeln und Maronen und sind auch im Salat köstlich.
Geschmack: Parfümiert, angenehm, herb-aromatisch.

Sorten

Frühe Sorten: 'Brilliant', 'Hilds Ideal', 'Icarus', 'Veloce'.
Späte bis mittelspäte Sorten: 'Ajax', 'Brigitte', 'Estate', 'Origus', 'Silverline', 'Topline'.

Kohlrabi *Brassica oleracea* var. *gongylodes*

Hier wird die verdickte Sprossachse gegessen. Manche Sorten dieses Kohls werden „auf halber Dicke" geerntet (wenn die Verdickung die Größe eines Gänseeis erreicht), außer 'Superschmelz', der auch in späteren Stadien zart bleibt.

Familie: Brassicaceae (Kreuzblütler).
Botanische Synonyme: *Brassica oleracea gongylodes*, *B. oleracea* var. *caulorapa*, *B. caulorapa*.
Weitere deutsche Namen: Oberkohlrabi, Oberrübe.
Herkunft: Europäische Küsten.
Lebensdauer: Zweijährig, als einjährige Pflanze gezogen.

Beschreibung

Die essbare, verdickte Sprossachse über dem Boden ist fleischig, zart, weich, rund oder konisch und hat Apfelgröße, es gibt aber auch eine größere Sorte. Die gestielten Blätter sitzen darüber; sie sind ganz, gezähnt, glatt, blaugrün. Der Blütentrieb erscheint im 2. Jahr.

Kultur

Boden: Locker, humusreich.
Klima: Gemäßigt, kühl.
Standort: sonnig
Vermehrung und Anbau:
Aussaat: Mitte März bis Ende Juni ins Frühbeet oder Anzuchtbeet säen. Mit vier bis fünf Blättern pikiert man die Pflänzchen alle 30 cm bei einem Reihenabstand von 40 cm. Bei der Direktsaat unter einem Folientunnel oder im Freiland streut man mit den gleichen Abständen je drei bis vier Samen aus. Nach dem Aufgehen jeweils nur die kräftigste Jungpflanze stehen lassen.
Wartezeit bis zur Ernte: Zwei bis vier Monate nach der Aussaat.

Ernte: Man zieht die faustgroßen, also meist zu zwei Dritteln ihrer Endgröße entwickelten Sprossachsen heraus, bevor sie holzig werden.
Lagerung: Am besten frisch verwerten. Die Sorte 'Superschmelz' kann ausgereift im Okt./Nov. geerntet werden; sie bleibt zart und hält bis zum Frühjahr.
Saatgutgewinnung:
Wählen Sie schöne Pflanzen derselben Sorte aus, schlagen Sie sie im November geschützt ein, wobei die Wurzeln nicht abgeschnitten werden, aber die Blätter. Sie werden im Laufe des März mit 60 cm Seitenabstand wieder eingepflanzt. Vor der Blüte pinziert man den Trieb zur besseren Verzweigung. Schneiden Sie die Triebe mit Schoten ab, bevor diese ganz reif sind; sie werden im Schatten auf einem Tuch getrocknet, die herausgelösten Samen dann kühl und trocken aufbewahrt.

Verwendung

Kohlrabi isst man roh geraspelt als Salat. Gegart ist er köstlich, er passt gut in Ragout, Suppe, Eintopf ...
Geschmack: Zwischen Weißkohl und Rübe, mit Haselnussgeschmack.

Sorten

'Blaro' (violett), 'Azur Star' (rötlich violett), 'Superschmelz' (groß und zart), 'Adriana', 'Domino', 'Logo', 'Noriko'.

Die gelben Blüten erscheinen im zweiten Jahr.

Die kleinen runden Samen sind dunkelgrau.

Brokkoli *Brassica oleracea* var. *italica*

Dies ist eine der besten Kohlarten und vielleicht die schönste – auf jeden Fall aber sehr gesund! Brokkoliknospen sind je nach Sorte hell- bis dunkelgrün, weiß, gelb, purpurrot oder violett.

Familie: Brassicaceae (Kreuzblütler).
Botanische Synonyme: *Brassica asparagoides, B. oleracea var. asparagoides.*
Weitere deutsche Namen: Spargel-, Winterblumen- oder Sprossenkohl.
Herkunft: Europa, wohl Zypern.
Lebensdauer: Ein- oder zweijährig je nach Sorte.

Beschreibung

Der Trieb bringt einen dicken Blütenstand hervor sowie kleinere Seitenknospen, die dicht gedrängt in der Achsel der Blätter sitzen. Die gestielten Blätter sind grün oder violett, ganz und steif. Die Sorten mit großen Knospen ähneln mit ihren weißen oder gelben Köpfen dem Blumenkohl, die länglichen, ganzen Blätter sind jedoch steifer und schmaler als bei diesem.

Kultur

Boden: Locker, humusreich.
Klima: gemäßigt
Standort: sonnig
Vermehrung und Anbau:
Aussaat: Im April wird ins Anzucht- oder Frühbeet gesät. Mit fünf bis sechs Blättern die Jungpflanzen auf 50 cm in Reihen mit 80 cm Abstand verpflanzen. Oder Ende Mai/Anfang Juni direkt ins Freiland säen: je zwei bis drei Samenkörner mit den genannten Abständen; nur die kräftigsten Jungpflanzen stehen lassen. Die anderen Sorten sät man im Mai/Juni direkt oder ins Anzuchtbeet wie beschrieben.

Wartezeit bis zur Ernte: Je nach Sorte drei bis acht Monate.
Ernte: Je nach Reifestadium, bevor die Blütenknospen sich zu öffnen beginnen.
Lagerung: Zwei Tage im Gemüsefach des Kühlschranks. Lässt sich gut einfrieren.
Saatgutgewinnung:
Samen vom Brokkoli und vom Kohl überhaupt sind sehr schwer zu bekommen, denn man braucht etwa 100 Pflanzen, um die Sorte zu erhalten. Da kauft man sie lieber! Ansonsten: Samen bilden lassen, abstützen, die Triebspitzen pinzieren, vor der Reife abschneiden, im Schatten trocknen und entkernen. Die Samen kühl und trocken lagern.
Kohl kreuzt sich sehr leicht untereinander, bauen Sie also besser nur eine Sorte an.

Verwendung

Die kleinen gekochten Röschen sind köstlich als Salat, gebraten, überbacken oder als Püree.
Geschmack: Mischung von Spargel und Kohl.

Sorten

Mit Röschen: 'Emperor', 'Milady', 'Olympia', 'Tender', 'White Star', 'Viola' (violett).
Mit großer Knospe (Kopf): 'Tardif d'Angers', 'Hâtif d'Angers'.

Wirsingkohl *Brassica oleracea* var. *sabauda*

Beim Wirsing sind die Blätter nicht wie beim Weißkohl glatt, sondern gekraust-gewellt. In der Verwendung unterscheiden sich die beiden jedoch nicht.

Familie: Brassicaceae (Kreuzblütler).
Botanische Synonyme: *Brassica bullata*
Weitere deutsche Namen: Welschkohl
Herkunft: Europa
Lebensdauer: Zweijährig, als einjährige Pflanze gezogen.

Beschreibung

Im ersten Jahr bildet die Pflanze mit ihren dicken, steifen, blasig gewellten Blättern einen großen, festen Kopf, der rund oder konisch sein kann. Der Blütentrieb entwickelt sich im zweiten Jahr und wird etwa 60 cm hoch. Die gelben Blüten blühen in Ähren von April bis Juli. Die Samen sind klein, schwarz und rund und sitzen in Schoten.

Kultur

Boden: Tiefgründig, humusreich.
Klima: gemäßigt
Standort: sonnig
Vermehrung und Anbau:
Aussaat: *Sommer- und Herbstkohl:* im Februar/März ins warme Frühbeet säen, im Mai (wenn die Pflänzchen fünf bis sechs Blätter haben) mit 60 cm Abstand verpflanzen. Oder von April bis Juni ins Anzuchtbeet säen, mit fünf bis sechs Blättern verpflanzen. *Winterkohl:* Von Mai bis Juni ins Anzuchtbeet säen, im Juni/Juli verpflanzen.
Nach der Keimung wird Kohl oft von Blattläusen befallen. Mit umweltverträglichem Pflanzenschutzmittel behandeln.

Wartezeit bis zur Ernte: Vier bis sechs Monate nach der Aussaat.
Ernte: Die Sommer- und Herbstsorten werden von Juli bis Dezember geerntet, die Wintersorten von Oktober bis März.
Lagerung: Ein paar Tage kühl. In kalten Gegenden pflanzt man sie mit dem Ballen in Gräben, bedeckt sie mit Stroh, und darüber kommt noch ein Frühbeetkasten als Regenschutz.
Wissenswert: Viele Aromapflanzen halten die meisten Schädlinge vom Kohl fern. Pflanzen Sie Rosmarin, Melisse, Ysop oder Minze dazu.
Saatgutgewinnung: siehe Weißkohl

Verwendung

Roh isst man den Kohl gehobelt als Salat. Ansonsten gedünstet, gebraten, geschmort oder gefüllt. Er verträgt sich gut mit Räucherspeck, gehört in Kohl- und Rindfleischeintöpfe sowie Suppen und passt als Beilage zu Fleisch, Wurst und Geflügel.
Geschmack: Angenehm, kräftig, je nach Zubereitungsart unterschiedlich.

Sorten

Sommer- und Herbstkohl: 'Estoril', 'Famosa', 'Salima', 'Vorbote 3' (samenfest).
Winterkohl: 'Alaska', 'Imposa', 'Marner Grüfewi' (samenfest).

Grünkohl *Brassica oleracea* var. *sabellica* (1)

Grünkohl ist so hübsch, dass er oft zur Dekoration verwendet wird; seine dunkelgrünen gekräuselten Blätter machen ihn fast zur Zierpflanze.

Weitere deutsche Namen: Federkohl, Braunkohl, Krauskohl.
Herkunft: Europa
Lebensdauer: Zweijährig, als einjährige Pflanze gezogen.

Kultur

Boden: Locker, nicht zu sauer, humusreich.
Klima: gemäßigt
Standort: sonnig

Vermehrung und Anbau:
Aussaat: Von Mai bis Juni wird ins Anzuchtbeet gesät, verpflanzt, wenn die Jungpflanzen kräftig genug sind (fünf bis sechs Blätter), mit 50 cm Abstand zueinander.
Ernte: Nach den ersten Frösten werden die reifsten Blätter einzeln nach Bedarf geerntet. Da Grünkohl frostfest ist, steht das Gemüse den ganzen Winter zur Verfügung.
Lagerung: so schnell wie möglich verbrauchen.

Verwendung

Man kann die Blätter gegart wie Weißkohl dünsten oder in Eintopfgerichten und Suppen genießen. Ein norddeutscher Klassiker: Grünkohl mit Pinkel.
Geschmack: Ähnlich wie Weißkohl.

Sorten

'Kobolt', 'Vatos', 'Winterbor'.

Rippenkohl *Brassica oleracea* var. *costata* (2)

Ein Kohl zwischen Wirsing und Grünkohl. Die kurzstieligen Blätter sind stark geädert. Sein Geschmack ist besonders köstlich.

Weitere deutsche Namen: Portugiesischer Kohl, Tronchudakohl.
Herkunft: Südeuropa
Lebensdauer: Zweijährig, als einjährige Pflanze gezogen.

Kultur

Boden: Aufgelockert, tiefgründig, humusreich.
Klima: gemäßigt
Standort: sonnig

Vermehrung und Anbau:
Aussaat: Ins Anzuchtbeet wird im April gesät und dann mit 50–60 cm Abstand ins Freiland verpflanzt, wenn die Pflänzchen kräftig genug dazu sind.
Ernte: Sieben bis acht Monate nach der Aussaat, je nach Reife und Bedarf.

Verwendung

Die gekochten Blätter kommen in Suppen, Eintöpfe, werden gedünstet und schmecken zusammen mit Kartoffeln. Die dicken Rippen kocht man wie Mangold. Die Portugiesen reichen ihn zu Kabeljau, verwenden ihn in Rind- und Schweinefleischeintopf oder Gemüsesuppe.

Chinakohl *Brassica pekinensis*

Dieser chinesische Kohl schmeckt genauso gut roh wie gekocht. Er ist einfach zu ziehen, doch mag er Trockenheit und Wachstumsstopps überhaupt nicht.

Familie: Brassicaceae (Kreuzblütler).
Botanische Synonyme: *Sinapis pekinensis*.
Weitere deutsche Namen: Chinesischer Senfkohl, Pekingkohl.
Herkunft: China
Lebensdauer: Ein- oder zweijährig.

Beschreibung

Manchmal entwickelt sich der Blütentrieb mit den Ähren voll gelber Einzelblüten im ersten Kulturjahr, manchmal im zweiten. Die ganzen, langen, aufrechten blassgrünen oder gelblichen Blätter haben dicke, weiße Rippen und bilden einen recht hohen, länglichen Kopf, ihre Spitzen hängen herab oder sind gewellt. Die kleinen runden Samen sind schwarz und sitzen in Schoten.

Kultur

Boden: Aufgelockert, tiefgründig und humusreich.
Klima: gemäßigt
Standort: sonnig
Vermehrung und Anbau:
Aussaat: Vom 15. Juli bis Anfang August Direktsaat: alle 30 cm drei bis vier Samenkörner. Nach der Keimung jeweils nur die schönste Pflanze stehen lassen.
Wartezeit bis zur Ernte: Zwei bis drei Monate nach der Aussaat.
Ernte: Je nach Reife und Bedarf werden von Oktober bis zum Frost die Blätter/Blattstiele direkt über den Wurzeln geschnitten.

Lagerung: Nach der Ernte schnellstmöglich verbrauchen.
Saatgutgewinnung:
Schwierig! Wie bei allen Kohlgewächsen dürfen im Umkreis von 200–300 m keine anderen Kohlsorten stehen. Wählen Sie einige schöne Exemplare aus, setzen Sie sie geschützt an einen kühlen Ort (Einschlag, Frühbeet oder Gewächshaus). Sie werden im März mit 50 cm Abstand ausgepflanzt und gestützt; die Schoten werden reif geerntet (im Juli/August), im Schatten auf einem Tuch ausgebreitet, entkernt, die Samen dann kühl und trocken aufbewahrt.

Verwendung

Die rohen Blätter (die zartesten) sind lecker als Salat. Ansonsten bereitet man sie gebraten, überbacken oder als Suppe zu.
Geschmack: Fein, erinnert an Endivien, Rüben und Weißkohl.

Sorten

'Banko', 'Nikko', 'Porkin', 'Green Rocket'.

1
2

Weiße Rübe *Brassica rapa* subsp. *rapa*

Dieses Wurzelgemüse ist ein Klassiker in der Küche. Man kann ihm fast beim Wachsen zuschauen: Zwei Monate dauert es nur bis zur Ernte der kleinen neuen Rübchen, Winterrüben brauchen drei Monate.

1. 'De Nancy'
2. 'Jaune Boule d'Or'

Wenn Sie eigenes Saatgut gewinnen wollen, ziehen Sie nur eine Sorte. Die Spitzen der Blütentriebe werden pinziert, die Stängel geschnitten und getrocknet, wenn die Schoten fast reif sind, und im Schatten auf einem Tuch getrocknet.

Familie: Brassicaceae (Kreuzblütler).
Botanische Synonyme: *Brassica napus, B. asperifolia, B. campestris, B. polymorpha, Crucifera rapa, Sinapis rapa, Napus rapa.*
Weitere deutsche Namen: Stoppel-, Herbst-, Wasser-, Mairübe, Teltower und Märkische Rübchen.
Herkunft: Europa oder Westasien.
Lebensdauer: Zweijährig, als einjährige Pflanze gezogen.

Beschreibung

Der im zweiten Jahr erscheinende Blütenstängel der krautigen Pflanze ist glatt, verzweigt und etwa 80 cm hoch, von April bis Juni trägt er Blüten. Die ganzen, länglichen Blätter mit Stiel gehen vom Wurzelhals aus; ihre Lappen werden zur Spitze hin immer größer. Langgezogen, flach oder kugelig ist die fleischige Wurzel, deren Farbe je nach Sorte variiert: gelb, weiß, schwarz, zweifarbig. Ihr Fleisch ist je nach Sorte fest und weiß oder gelb.

Kultur

Boden: Leicht, aufgelockert, humusreich.
 Klima: Gemäßigt und feucht.
  Standort: Sonne, im Sommer Halbschatten.
   Vermehrung und Anbau:
    Aussaat: Von März bis Juni werden die Frühlings- und Sommersorten gesät, vom 15. Juli bis Mitte August die Herbst- und Wintersorten. Alle

10 cm locker einige Samen streuen, mit Reihenabstand von 25–30 cm. Wenn die Jungpflanzen ein paar Blätter haben, auf 10 cm auslichten. Im Frühjahr gesäte Pflanzen werden oft wurmstichig oder faserig.
Ernte: Die im Frühjahr gesäten Sorten werden nach Bedarf und Reife geerntet. Die Herbst- und Wintersorten zieht man nach Mitte Oktober kurz vor dem ersten Frost heraus; einige Stunden auf dem Boden liegen lassen.
Lagerung: Frühlings- und Sommerrüben zwei bis drei Tage, Herbst- und Winterrüben im Keller in trockenem Sand oder im Silo.

Verwendung

Die jungen, zarten Wurzeln werden roh geraspelt (allein oder zusammen mit anderer Rohkost). Ansonsten isst man sie gebraten, überbacken, püriert, gefüllt, glasiert. Durch das Gericht „Ente mit Teltower Rübchen" sind sie geadelt worden.
Geschmack: Süß, mehr oder weniger scharf und pikant.

Sorten

'De Nancy', 'Market Express', 'Tokyo Top', 'White Ball', 'Teltower Kleine' (Herbstanbau), 'Jaune Boule d'Or' (Herbst- und Winteranbau).

Orientalisches Zackenschötchen
Bunias orientalis

Eines der ersten Frühlingsgemüse liefert diese kaum bekannte, leicht zu ziehende Pflanze. Sie erinnert ein bisschen an Senf. Diese Pflanze breitet sich inzwischen an Straßenrändern und Ruderalflächen aus.

Familie: Brassicaceae (Kreuzblütler).
Weitere deutsche Namen: Türkische Rauke
Herkunft: Ostasien
Lebensdauer: mehrjährig

Beschreibung
Wenn sie schosst, wird die Pflanze 1 m hoch. Sie verzweigt sich stark, hat große fünffiedrige Blätter, die fast bis zur Mittelrippe eingeschnitten sind, und trägt kleine gelbe Blüten, die in Büscheln zusammen stehen, sich im Spätfrühling öffnen und häufig von Bienen besucht werden. Die Samen sitzen in sehr kurzen, harten Schoten.

Kultur
Boden: Humusreich, tiefgründig.
Klima: gemäßigt
Standort: sonnig
Vermehrung und Anbau:
Aussaat: Im Frühling oder Herbst alle 30 cm, mit Reihenabstand von 40 cm einige Samen streuen. Nach der Keimung jeweils nur eine Pflanze stehen lassen. Zackenschötchen sind leicht zu ziehen; die Pflege besteht lediglich darin, die geschossten Triebe abzuschneiden und den Boden zu jäten und zu hacken.
Wartezeit bis zur Ernte: Nach Herbstsaat drei bis vier Monate, nach Frühlingssaat zwei Monate.
Ernte: Bevor die Pflanze Samen bildet, werden Blätter und junge Triebe nach Bedarf gepflückt.
Lagerung: So schnell wie möglich verbrauchen.
Saatgutgewinnung:
Lassen Sie die Pflanzen schossen und stützen Sie sie dabei ab. Wenn die Samen im August reif sind, werden die Triebe geschnitten: Halten Sie mit einer Hand den Trieb fest und reiben Sie ihn mit der anderen. Die Samen fallen in den darunter gestellten Behälter. Im Schatten trocknen und in Tüten füllen.

Verwendung
Die zarten jungen Blätter und jungen Triebe werden roh als Salat gegessen bzw. gekocht wie Spinat zubereitet.
Geschmack: Mild, leicht bitter.

Das Orientalische Zackenschötchen wird 1 m hoch, wenn es schosst und blüht.

Aufsteigende Bergminze

Calamintha sylvatica

Diese Nektarpflanze, die gerne von Bienen aufgesucht wird, wächst häufig auf dem Land und vor allem an Waldrändern.

Familie: Lamiaceae (Lippenblütler).
Botanische Synonyme: *C. menthifolia, C. officinalis, Satureia calamintha, Melissa calamintha, M. silvatica, Thymus calamintha.*
Weitere deutsche Namen: Wald-Bergminze
Herkunft: In Ländern mit gemäßigtem Klima einheimisch.
Lebensdauer: mehrjährig

Beschreibung

Die Blätter der Bergminze haben Stiele, sind gegenständig, dunkelgrün, oval und gezähnt. Die Pflanze wird kaum 30 cm hoch und besitzt eckige, behaarte, aufrechte, wenig verzweigte Stängel. Ihre Blüten sind violettrosa, auf einer Lippe weißgefleckt und sitzen in Ähren zusammen, die im lockeren Kreis angeordnet sind. Sie blühen von Juli bis Oktober. Die Samen sind braun, eiförmig, fast rund.

Kultur

Boden: Leicht, tiefgründig.
Klima: gemäßigt
Standort: Sonne, Halbschatten.
Vermehrung und Anbau:
Ballenteilung: Im Frühling oder Herbst; die Stücke mit 20 cm Platz zueinander pflanzen.
Aussaat: Im Frühling einige Samen in Töpfe mit einer Mischung aus Torf, Sand und Rinde streuen, kaum eingraben, mit Frühbeetvlies bedecken; nach dem Pikieren nur ein Pflänzchen pro Topf lassen. Mit dem Wurzelballen ins Freiland pflanzen, sobald die Pflanze dies verträgt.
Stecklinge: Im Frühjahr im Schatten 15 cm lange Stecklinge einpflanzen, regelmäßig gießen; wenn sie bewurzelt sind, ins Freiland auspflanzen.
Wartezeit bis zur Ernte: *Ballenteilung und Stecklinge:* Einige Monate. *Aussaat:* Ein Jahr.
Ernte: Nach Bedarf von Juni bis Oktober.
Lagerung: Schnell verbrauchen oder die Stängel im Schatten trocknen, um sie dann in luftdichten Behältern aufzubewahren.
Saatgutgewinnung:
Die Samen werden reif gewonnen (August/September), indem man die Triebe auf einem Tuch ausbreitet. Die gut getrockneten Samen kühl lagern.

Verwendung

Die jungen Blätter oder Triebspitzen aromatisieren Salate, Suppen sowie Hülsenfrüchte und werden auch für Teeaufgüsse verwendet.
Geschmack: Leicht mentholartig.

Andere Arten

Kleinblütige Bergminze (*Calamintha nepeta* subsp. *nepeta*), Großblütige Bergminze (*C. grandifolia*).

Rapunzel-Glockenblume
Campanula rapunculus

Diese elegante Glockenblume mit blassblauen Glöckchen ist einheimisch. Ihre Wurzeln, zarten Blätter und Blüten werden als Salat oder gekocht gegessen.

Familie: Campanulaceae (Glocken-blumengewächse).
Botanische Synonyme: *Campanula rapuncula, C. virgata, C. decurrens, C. verruculosa.*
Herkunft: Europa, Westasien und Nord-afrika.
Lebensdauer: zweijährig

Beschreibung
Am Wurzelhals entspringen die gestiel-ten Blätter; sind länglich, gewellt und bilden eine Rosette, die aussieht wie beim Feldsalat (Rapunzel). Die ge-raden, schlanken, glatten Blütentriebe tragen einige ungestielte, lanzettlich schmale Blätter und sind selten ver-zweigt. Blassblau, zuweilen weiß sind die Glockenblüten, die in Büscheln zusammenstehen. Sie blühen von Mai bis August. Die spindelförmige Wurzel ist weiß, fleischig und fest.

Kultur
Boden: Aufgelockert, tiefgründig und humusreich.
Klima: Gemäßigt. Sehr winterhart.
Standort: Sonne, Halbschatten.
Vermehrung und Anbau:
Aussaat: Im November Direktsaat: in flache Rillen mit 25 cm Abstand säen, die Samen nicht bedecken, mit dem Harkenrücken andrücken. Erst im folgenden Frühling erfolgt die Kei-mung. Auf 5 cm auslichten, wenn die

Jungpflanzen kräftig genug sind. Der Boden muss stets kühl bleiben, damit die Pflanzen bei Trockenheit nicht zu rasch schossen.
Wartezeit bis zur Ernte: Zehn bis elf Monate nach der Aussaat.
Ernte: Von April bis Mai die jungen Blätter, von Mai bis August die Blüten, September bis in den Winter die süßen Wurzeln.
Lagerung: So rasch wie möglich ver-brauchen.
Saatgutgewinnung:
Man lässt einige schöne Pflanzen zur Samenbildung im zweiten Kulturjahr stehen. Wenn die Samenkapseln braun werden, pflückt man die Stängel, trocknet sie im Schatten auf einer aus-gebreiteten und am Rand erhöhten Plastikfolie. Die Kapseln öffnen sich dann und geben die sehr feinen Samen frei, die trocken und kühl aufbewahrt werden und zu den kleinsten Gemüsepflanzen-Samen zählen.

Verwendung
Blätter und Wurzeln werden roh als Salat (solo oder gemischt) genossen oder auch gebraten bzw. geschmort.
Geschmack: Knackig, erinnert ein bisschen an Haselnuss.

Die in Kapseln eingeschlossenen Samen sind winzig (2500 Stück/g).

Essbares Blumenrohr *Canna edulis*

Ihren Schwestern im Ziergarten steht diese Pflanze mit ihren großen lanzettlichen, deutlich mit einer Nervatur versehenen Blättern in punkto Schönheit in nichts nach; gegessen werden die purpurroten Knollen-Rhizome.

Familie: Cannaceae (Blumenrohr-gewächse).
Botanische Synonyme: *Canna indica*, *C. esculenta*, *C. rubricaulis*.
Weitere deutsche Namen: West-indisches Blumenrohr.
Herkunft: Mittel- oder Südamerika.
Lebensdauer: Mehrjährig, aber bei uns nicht winterhart.

Beschreibung

Die Pflanze wird 1,50 bis 2 m hoch. Sie sieht dem Zier-Blumenrohr sehr ähn-lich. Die zahlreichen Triebe sind dick, rund, grün und rot. Die großen lanzett-lichen Blätter haben deutlich sichtbare Nerven. Sie entwickelt knollig verdickte Rhizome in Purpurrot.

Kultur

Boden: Humusreich, durchlässig.
Klima: Gemäßigt bis warm.
Standort: Sonnig und geschützt.
Vermehrung und Anbau:
Pflanzen von Rhizomen: Im Herbst werden die Rhizome in große Töpfe gepflanzt, die mit einer Mischung aus Erde, Mutterboden, Torf und Kompost gefüllt sind. Nur ein Rhizom pro Topf setzen! Sie müssen den Winter über frostfrei bei Tageslicht stehen. Im Mai werden sie mit ihrem Ballen ausge-pflanzt, mit 80 cm Abstand und Rei-henabstand von 1 m. Vor dem Frost holt man sie herein.
Wartezeit bis zur Ernte: Sechs Monate.
Ernte: Gegen Ende Oktober oder An-fang November werden die Rhizome ausgegraben.
Lagerung: Die jungen Rhizome können in Torf oder trockenem Sand im Keller gelagert werden.
Saatgutgewinnung: In unserem Klima blüht die Pflanze nicht.

Verwendung

Die jungen zarten Rhizome, die noch keinen Trieb hervorgebracht haben, werden wie Kartoffeln gekocht und zu-bereitet.
Geschmack: Erinnert an Artischocken-böden, nur mehliger.

Gemüse- und Gewürzpaprika (Peperoni) *Capsicum annuum* in Sorten

Peperoni und Paprika brauchen viel Wärme, vor allem zu Beginn ihres Wachstums, um gut zu gedeihen.

Familie: Solanaceae (Nachtschatten-gewächse).
Botanische Synonyme: *Capsicum annuum* var. *longum* (Peperoni), *C. annuum* var. *grossum* (Paprika).
Weitere deutsche Namen: Spanischer Pfeffer (Peperoni), Süße Paprika, Gemüseparika.
Herkunft: Brasilien
Lebensdauer: einjährig

Beschreibung
Krautige Pflanze mit aufrechten, 40 bis 80 cm hohen Trieben. Die Früchte in je nach Sorte unterschiedlichen Farben (rot, gelb, orange oder braun) haben allerlei Formen (konisch, rundlich, eckig oder länglich). Sie sind hohl, fleischig, mild bis scharf. Zunächst sind sie grün, dann nehmen sie reifend die endgültige Farbe an. Die flachen Samen sind cremefarben bis blassgelb.

Kultur
Boden: Tiefgründig, aufgelockert, leicht und humusreich.
Klima: Gemäßigt bis warm.
Standort: Sonnig, geschützt.
Vermehrung und Anbau:
Aussaat: Im Februar bis März werden im Warmen (über 20 °C) einige Samen pro Topf in Töpfe gesät. Nach dem Keimen nur je eine Jungpflanze lassen, Mitte Mai mit 50 cm Abstand zueinander mit dem Ballen auspflanzen. In kühlen Perioden bzw. kalten Nächten eventuell unterm Folientunnel schützen, so bald wie möglich lüften oder im Mini-Gewächshaus kultivieren.
Ernte: Fünf bis sechs Monate nach der Aussaat. Peperoni werden reif geerntet, Paprika grün oder reif.

Verwendung
Paprika wird roh oder gegart genossen (in Ratatouille, im Gulasch und Couscous unverzichtbar). Peperoni würzen unzählige Gerichte. Sparsam verwenden! Die Schärfe von Gewürzpaprika wird durch den Gehalt an dem Alkaloid Capsaicin bestimmt.

Sorten
Gemüsepaprika: 'Italien Sweet', 'Cherry Sweet', 'Ariane', 'Luteus', 'Merit', 'Palladio', 'Sungold', 'Pusztagold'.
Peperoni: 'Red Cherry Small', 'Black Hungarian', 'Black Prince', 'Black Plum', 'Amando', 'Halblanger Vulkan', 'Cayenne'.
Hauptsächlich in Amerika kultiviert:
Capsicum chinense: 'Rocotillo', 'Squash Red', 'Carribean Red', 'Habanero'.
Capsicum frutescens: 'Sport', 'Tabasco Short Yellow', 'Tabasco'.

Da die Blüten der Papri-kapflanzen autogam sind (sich selbst bestäuben), brauchen sie keine Insekten für die Befruchtung. Samen gewinnt man so: Isolieren Sie die auserwählte Sorte (keine Hybride), indem Sie nur diese ziehen und vorsichtshalber den Blütenstand mit einem Stück Tüll oder Moskitonetz umwickeln, bis die Früchte gebildet werden (etwa zwei Wochen). Machen Sie die befruchteten Früchte ausfindig, kennzeichnen Sie sie mit einem bunten Draht. Sie werden sehr reif geerntet, von den Samen befreit, diese werden getrocknet, im Schatten ausgebreitet und kühl und trocken gelagert.

Knollenkümmel *Carum bulbocastanum*

Diese Staude wird leicht heimisch und liefert uns ihre Knollen, die gekocht gegessen werden und an den Geschmack von Esskastanien erinnern. Sie bilden sich erst im zweiten Kulturjahr.

Familie: Apiaceae (Doldenblütler).
Botanische Synonyme: *Bunium bulbo-castanum, B. bulbosum, B. majus, Carum divaricatum, Sium bulbocasta-num, Selinum bulbocastanum.*
Weitere deutsche Namen: Erdkastanie
Herkunft: West- und Mitteleuropa (in Frankreich Wildwuchs), Südostasien.
Lebensdauer: mehrjährig

Beschreibung
Die 10 bis 70 cm hohe Pflanze hat auf-rechte, feste, faltige Triebe und kleine, verdickte, eiförmige Knollen in Grau bis Braun, die sich nicht vermehren. Die Blätter sind in lanzettlich schmale Bänder unterteilt, die weißen Blüten bilden Dolden, die gelben Samen sind leicht gekrümmt.

Kultur
Boden: Lehmig, eher kalkhaltig.
Klima: gemäßigt
Standort: Sonne und Halbschatten.
Vermehrung und Anbau:
Aussaat: Im Frühjahr werden alle 15 cm in Reihen mit 25 cm Abstand je einige Samen gestreut; nur je eine Jung-pflanze stehen lassen; die Knol-lenbildung erfolgt im zweiten Kulturjahr.
Ballenteilung: Im Herbst oder Frühling werden die Pflanzen geteilt und die Stücke im gleichen Abstand zueinander eingepflanzt.
Wartezeit bis zur Ernte: Aussaat

zwei Jahre, Teilung sechs bis sieben Monate.
Ernte: Geerntet wird nach Bedarf im zweiten Jahr ab September, wenn die Triebe vertrocknen.
Lagerung: Die kleinen Knollen halten sich ein paar Tage im Kühlen, die Samen ein Jahr in luftdichten Behäl-tern.
Saatgutgewinnung:
Wenn die Pflanze schosst, pflückt man die reifen Dolden, trocknet sie im Schatten in einem luftigen Raum, löst die Samen heraus und bewahrt sie in Tüten kühl und trocken auf.

Verwendung
Die Knollen werden zum Aperitif gereicht oder geben Kuchen Aroma. Die Samen ersetzen in der Küche Kümmel.
Geschmack: Die Knollen erinnern an Esskastanien; die Samen schmecken aromatisch, doch etwas streng.

Wiesenkümmel *Carum carvi*

Diese Aromapflanze sieht der Möhre sehr ähnlich. Ihre Samen sind sehr scharf, aromatisch und mentholhaltig, während die Blätter milder und parfümierter schmecken.

Familie: Apiaceae (Doldenblütler).
Botanische Synonyme: *Seseli carvi, S. carum, Apium carvi, Ligusticum carvi, Sium carvi, S. carum.*
Weitere deutsche Namen: Brot-, Feld-, Mattenkümmel, Kümmich.
Herkunft: Kleinasien (Türkei), Mittel- und Nordeuropa (in niedrigen Höhenlagen Wildwuchs).
Lebensdauer: zweijährig

Beschreibung

Die Pflanze wird 30 bis 70 cm hoch. Die fein eingeschnittenen, blassgrünen Fiederblätter sehen denen der Möhre sehr ähnlich. Die Blüten erscheinen im zweiten Jahr von Mai bis Juli; sie sind roséweiß, klein und sitzen in Dolden zusammen. Die braunen Samen sind leicht gekrümmt, die Wurzel ist eine Pfahlwurzel.

Kultur

Boden: Leicht, humusreich, leicht kalkhaltig.
Klima: gemäßigt
Standort: Sonnig, warm und geschützt.
Vermehrung und Anbau:
Aussaat: Vom 15. Mai bis Anfang September alle 20 cm (Reihenabstand 40 cm) einige Samen streuen, auslichten, wenn die Pflänzchen 5–8 cm groß sind.
Wartezeit bis zur Ernte: Zwei bis drei Monate für die Blätter, ein Jahr für die Samen.
Ernte: Die Blätter werden nach Bedarf geerntet, die Samen im zweiten Jahr.
Lagerung: Im Juli/August pflückt man die reifen Dolden, trocknet sie und bewahrt sie in luftdichten Behältern auf. Triebe und Blätter halten sich ein bis zwei Tage in einem Glas Wasser im Kühlen.
Saatgutgewinnung:
Im Juli/August die schönsten Dolden pflücken, wenn sie ausgereift sind. Im Schatten in einem gut gelüfteten Raum auf einem Tuch trocknen, die Samen in Tüten füllen, vor Licht und Luft geschützt aufbewahren.

Verwendung

Die jungen, frischen Blätter verfeinern gehackt Salate, Suppen und manche Fleischgerichte.
Die Samen, die aromatischer sind als die Blätter, würzen Schwein, Gans, Fisch, Wild, Gebäck und Süßwaren, Wurst, Käse und Likör. Eintopf, Sauerkraut und Gulasch bekommen durch sie den richtigen Pfiff. Auch als Tee werden sie aufgegossen.

Sorten

'Arterner', 'Maud', 'Rekord', 'Sylvia', 'Sprinter' (einjährig).

Kerbelrübe *Chaerophyllum bulbosum*

Die Wurzel dieser Pflanze mit dem originellen Namen ist eines der wohlschmeckendsten Gemüse, die es gibt. Die Konsistenz ist leicht mehlig, und der sehr feine Geschmack erinnert an Esskastanien. Die Kultur dieser Rarität ist nicht ganz einfach.

Die Blüten sind weiß und blühen im Sommer (Juni/Juli) des zweiten Jahres in Dolden.

Familie: Apiaceae (Doldenblütler).
Botanische Synonyme: *Myrrhis bulbosa*, *Scandix bulbosa*, *Selinum bulbosum*.
Weitere deutsche Namen: Knollenkerbel, Knolliger Kälberkopf.
Herkunft: Europa, Ostfrankreich.
Lebensdauer: zweijährig

Beschreibung

Der Blütentrieb dieser verzweigten Pflanze wird 1,50 m hoch oder höher. Die pelzigen Blätter sind fein unterteilt und breiten sich am Boden aus. Sie sind giftig! Die kleinen braunen Samen sind lang und halbmondförmig. Die graue verdickte Wurzel erinnert an eine kurze, fleischige Möhre.

Kultur

Boden: Locker, humusreich, gut durchlässig.
Klima: gemäßigt
Standort: sonnig
Vermehrung und Anbau:
Aussaat: Im September wird breitwürfig direkt an Ort und Stelle gesät, die Samen werden kaum mit feiner Erde bedeckt. Die Jungpflänzchen pikiert man, wenn sie noch ihre Keimblätter haben, denn wenn die Blätter erscheinen, ist es fast unmöglich, sie zu entwirren. Zwischen den Pflanzen 8 cm, zwischen den Reihen 20 cm Platz lassen.
Wartezeit bis zur Ernte: Acht bis neun Monate nach der Aussaat.
Ernte: Die Wurzeln werden gegen Ende

Juni geerntet, wenn die Blätter gelb sind und auf dem Boden liegen. Nachdem die Blätter entfernt sind, die Wurzeln auf dem Boden liegen lassen.
Lagerung: Im Keller oder Silo in trockenem Sand.
Saatgutgewinnung: Beim Herausziehen der Wurzeln einige schöne Pflanzen aufbewahren und in trockenem Sand im Keller einschlagen. Um den 20. Dezember mit 60 cm Abstand zueinander auspflanzen und in windigen Gegenden stützen. Wenn die Samen reif werden (die ganze Pflanze wird braun), erntet man im Morgentau die Dolden und breitet sie auf einem Tuch im Schatten zum Trocknen aus, dann werden sie entkernt und die Samen kühl und vor Feuchtigkeit geschützt aufbewahrt. Gut getrocknet sollte man sie im Kühl- oder Gefrierschrank aufheben, denn sie keimen schnell, sind dabei aber nur kurze Zeit keimfähig.

Verwendung

Die Wurzeln des Kerbelrübe werden wie Kartoffeln gegart: mit Speck gebraten, als Cremesuppe, als Füllung, püriert, als Soufflé. Als Beilage zu Geflügel und Schweinefleisch!
Die in Sand gelagerten Wurzeln schmecken zwei bis drei Monate nach der Ernte noch besser.
Geschmack: Sehr aromatisch, erinnert an Esskastanien und Kartoffeln.

Guter Heinrich *Chenopodium bonus-henricus*

Im Mittelalter wurde diese Wildpflanze mit dreieckigen Blättern sehr geschätzt. Sie ist ein köstliches Gemüse, das wie Spinat zubereitet wird.

Familie: Chenopodiaceae (Gänsefußgewächse).
Botanische Synonyme: *Chenopodium esculentum, C. sagitatum, C. triangulare, C. spinacifolium.*
Weitere deutsche Namen: Bergsalat, Dorf- oder Geißfuß, Wilder Salat.
Herkunft: Einheimisch in Europa, wild in Deutschland zu finden.
Lebensdauer: mehrjährig

Beschreibung

Die 30 cm bis 1 m hohe Pflanze hat kräftige, aufrechte Triebe. Die gestielten, wechselständigen Blätter sind ganz, dreieckig und dunkelgrün, ihre Unterseite ist mit einer mehligen Schicht überzogen. Die grünen Blüten, die endständige Ähren bilden, blühen von Juni bis September. Die Früchte in Form umgekehrter Herzen öffnen sich nicht und enthalten nur ein einziges schwarzes, rundliches Samenkorn.

Kultur

Boden: Humus- und nährstoffreich.
Klima: gemäßigt
Standort: Schatten, Halbschatten.
Vermehrung und Anbau:
Aussaat: Im Herbst und Frühjahr Direktsaat in Reihen mit 50 cm Abstand: alle 40 cm einige Samen streuen. Wenn die Pflänzchen vier bis fünf Blätter haben, nur das jeweils kräftigste stehen lassen. Oft geht die Herbstsaat besser auf und wird kräftiger.
Ballenteilung: Im Frühjahr werden die alten Ballen geteilt und die Stücke mit den genannten Abständen gepflanzt.
Wartezeit bis zur Ernte: Ein Jahr nach Aussaat und Ballenteilung.
Ernte: Vom Frühling bis zum Frost nach Bedarf.
Lagerung: Sofort verbrauchen. Lässt sich gut einfrieren.
Saatgutgewinnung:
Wenn die Ähren ausgetrocknet sind, schneidet man sie ab und lässt sie auf einem Tuch im Schatten trocknen. Nach dem Entkernen werden die Samen kühl und trocken in Tüten gelagert.

Verwendung

Die jungen, zarten Blätter lassen sich wie Spinat zubereiten: als Suppe, Püree, überbacken und roh als Salat. Die jungen Blütenstände und die zarten Triebe werden wie Spargel und Brokkoli gekocht mit Vinaigrette gereicht oder gebraten.
Geschmack: Sehr würzig, vor allem im Sommer. Sein Geschmack erinnert an Spinat.

Quinoa *Chenopodium quinoa*

Quinoakörner (Samen) sind bei den Indios schon seit Alters her beliebt, doch allmählich wird diese Pflanze auch bei uns als „Getreide" und Gemüse (die Blätter) bekannter; man findet sie vor allem in Reformhäusern und Bioläden.

Familie: Chenopodiaceae (Gänsefußgewächse).
Botanische Synonyme: *Chenopodium leucospermum, C. quinoa, C. punctulatum, C. nuttaliae.*
Weitere deutsche Namen: Reismelde, Reisspinat, Inkareis, Inkaweizen.
Herkunft: Peru, Chile.
Lebensdauer: einjährig

Beschreibung
Die Pflanze kann bis zu 2 m hoch werden. Ihre breiten gezahnten Blätter sind lanzettlich und wechselständig. Die kleinen Blüten bilden dicke Trauben. Die Früchte sind erst weiß, dann gelb, rot, orange, rosa, grün oder braun, je nach Sorte. Die Samen sind klein und gräulich weiß.

Kultur

Boden: Fruchtbar, humusreich, locker, leicht.
Klima: Gemäßigt bis warm.
Standort: sonnig
Vermehrung und Anbau:
Aussaat: Ein paar Tage vor dem Säen werden die Samen in den Gefrierschrank oder im Kühlschrank ins Eiswürfelfach gelegt, um sie „aufzuwecken". Anfang April streut man einige Samen bei 20 °C in Töpfe oder Kästen. Wenn die Jungpflanzen ein paar Blätter haben, jeweils nur die schönste stehen lassen; nach dem 15. Mai mit 40–50 cm Abstand ringsum auspflanzen und

abstützen, denn die zukünftigen Blütenstände sind schwer.
Wartezeit bis zur Ernte: Fünf bis sechs Monate nach der Aussaat.
Ernte: Die Blätter können in Maßen die ganze Wachstumszeit über gepflückt werden; die Samen erntet man reif, indem man die Triebe abschneidet und kopfüber aufhängt (August/September).
Lagerung: Bewahren Sie die Körner in Gläsern, Büchsen oder Tüten im Kühlschrank oder aber trocken auf.
Saatgutgewinnung:
Ziehen Sie nur eine Sorte, ernten Sie die Samen reif, trocknen Sie sie im Schatten und bewahren Sie sie kühl und trocken auf.

Verwendung
Die jungen Blätter werden wie Spinat zubereitet (gekocht). Die sehr saponinhaltigen Körner, ähnlich wie bei Buchweizen, mehrmals in Wasser einweichen (Wasser wechseln), das Kochwasser dann auch wechseln, wenn es kocht; anschließend wird in neuem Wasser 12–15 Minuten weitergekocht. Sie werden dann als Salat, Suppe oder überbacken zubereitet und schmecken zu Fleisch und Fisch.
Geschmack: Mild, leicht bitter.

Sorten
'Faro' (weiße Körner), 'Isluga' (gelb), 'Cahui' (hellgün), 'Red Faro' (rot), 'Témuco' (weiß), 'Real' (weiße Körner, milder/süßer), 'Cochabamba' (weiß).

Balsamkraut *Chrysanthemum balsamita*

Das auch Frauenminze genannte Gewächs ist eine große Pflanze, die man mitten in den Weg pflanzen sollte, denn ihre zerriebenen Blätter verströmen einen köstlichen Duft … nach Kaugummi!

Familie: Asteraceae (Korbblütler).
Botanische Synonyme: *Tanacetum balsamita, Balsamita major, B. suaveolens, B. vulgaris, Pyrethrum balsamita, P. balsamita* var. *tanacetum.*
Weitere deutsche Namen: Frauenminze
Herkunft: Indien, Iran.
Lebensdauer: mehrjährig

Beschreibung

Die krautige Würz- und Heilpflanze bringt zahlreiche aufrechte, 30 cm–120 cm hohe Triebe hervor. Oval, einfach und fein gezähnt sind die blassgrünen, stark duftenden Blätter. Die oberen sind stiellos, die unteren haben einen recht langen Stiel. Die blassgelben Zwitterblüten sitzen in Büscheln zusammen. Sie blühen von Juli bis Oktober.

Kultur

Boden: Locker, tiefgründig und fruchtbar.
Klima: gemäßigt
Standort: Warm und sonnig.
Vermehrung und Anbau:
Aussaat: Im Frühling ins Anzuchtbeet säen und im Juli ins Freiland pikieren. Diese Art der Vermehrung wird recht selten angewandt, denn die Samen reifen in unserem Klima kaum.
Ballenteilung: Im Frühjahr oder Herbst die alten Ballen teilen, indem Stücke von außen abgetrennt werden, die im Abstand von 80 cm (ringsum) gepflanzt werden. Diese Würz-Chrysantheme

kann nicht in großen Höhenlagen gezogen werden.
Wartezeit bis zur Ernte: Drei bis vier Monate nach der Teilung und etwa ein Jahr nach der Aussaat.
Ernte: Nach Bedarf; Blätter, die gelagert werden sollen, werden vor der Blüte geerntet: Sie werden auf einem Rost im Schatten zum zügigen Trocknen ausgebreitet.
Lagerung: Wenn die Blätter trocken sind, werden sie zerrieben und in luftdichten Behältern vor Licht und Feuchtigkeit geschützt aufbewahrt.
Saatgutgewinnung:
Die Kapseln ernten, wenn sie braun werden, im Schatten trocknen, entkernen und die Samen in luftdicht verschlossenen Beuteln im Kühlschrank aufbewahren.

Verwendung

Frisch oder getrocknet würzen die Blätter Rohkost, Salate, Füllungen, Suppen, Hammelfleisch. Die frischen Blätter helfen als Teeaufguss bei Verdauungsbeschwerden.
Geschmack: Erinnert an Minze, Kaugummi, deutlich etwas bitter.

Salatchrysantheme
Chrysanthemum coronarium

Die Blätter und Blüten dieser dekorativen Chrysanthemenverwandten mit ausgeprägtem Geschmack sind köstlich und würzen roh oder gegart zahlreiche Speisen. In China und Japan wird sie häufig verwendet.

Familie: Asteraceae (Korbblütler).
Botanische Synonyme: *Xanthophthalmum coronarium, Chrysanthemum rigidum, C. turreanum, Pyrethrum cinerariaefolium, Tanacetum cinerariaefolium, Pyrethrum villemoti.*
Weitere deutsche Namen: Speise-Chrysantheme, Kronenwucherblume, Garland-Chrysantheme, Goldblume.
Herkunft: Mittelmeergegenden, in China und Japan viel gezogen.
Lebensdauer: einjährig

Beschreibung
Die 60 cm bis 1 m hohe Pflanze wächst aufrecht und verzweigt. Ihre wechselständigen Blätter (die unteren mit kurzem Stiel) sind mehrfach gelappt, der äußere, größte Lappen schwach dreilappig. Die einzelnen gelben Blütenköpfchen stehen in Gruppen zusammen. Die kleinen Samen sind braun.

Kultur
Boden: humusreich
Klima: gemäßigt
Standort: sonnig
Vermehrung und Anbau:
Aussaat: Direktsaat im Mai : alle 15 cm einige Samen streuen bei einem Reihenabstand von 30 cm. Nach dem Aufgehen je ein Pflänzchen stehen lassen. Im März/April kann in Töpfe im Frühbeet oder Gewächshaus gesät werden. Im Mai mit dem Ballen auspflanzen.

Wartezeit bis zur Ernte: Zwei Monate nach der Aussaat.
Ernte: Die Blätter erntet man vor der Blüte, wenn sie 25 cm hoch sind; sie werden am Ansatz abgeschnitten, um den Neutrieb zu fördern.
Lagerung: Gleich verbrauchen.
Saatgutgewinnung: Lassen Sie die Pflanzen Samen ausbilden und ernten Sie diese ausgereift; sie werden im Schatten getrocknet und trocken aufbewahrt.

Verwendung
Die jungen zarten Blätter isst man roh als Salat. Gegart bereitet man sie süßsauer, gebraten, im Rindfleisch-Eintopf zu, sie begleiten Rinder- oder Schweinegeschnetzeltes ... Die Blüten dekorieren Speisen und würzen manche Suppen. Im japanischen Restaurant werden die Blätter gern zu rohem Fisch gereicht.
Geschmack: Würzig, erinnert etwas an Kresse und Wacholderbeeren.

Sorten
Im Fachhandel sind die Sorten 'Chop Suey', 'Tiger-Ear' und 'Garland Maiko' erhältlich.

Kichererbse *Cicer arietinum*

Sie wird in den Mittelmeerländern und in Asien kultiviert, es ist aber durchaus möglich, robuste Sorten an geschützten Standorten in nördlicheren Breiten zu ziehen. Ihre gerösteten Samen dienen auch als Kaffeeersatz.

Familie: Fabaceae (Schmetterlings-
blütler).
Botanische Synonyme: *Cicer sativum,
C. grossum, C. physodes, Nochotta
oleracea.*
Weitere deutsche Namen: Saatplatt-
erbse, Kicherling, Kicher, Gram, Cicerolle,
Bengalsamen.
Herkunft: Griechenland
Lebensdauer: einjährig

Beschreibung
Die krautige Pflanze wird 20–40 cm hoch
und hat verzweigte Triebe, die sich rau
anfühlen, denn sie sind mit aufgerichteten Härchen überzogen. Ihre für Schmetterlingsblütler typischen Blätter setzen
sich aus zahlreichen wechselständigen,
ovalen, gezähnten, flaumigen Einzelblättchen zusammen. Die Samen sind
faltig und sitzen paarweise in einer leicht
gekrümmten behaarten Hülse, die reif
rötlich ist.

Kultur
Boden: Tiefgründig, fruchtbar, locker,
kieselsäurehaltig.
Klima: warm
Standort: Sonnig und warm.
Vermehrung und Anbau:
Aussaat: In unseren Breiten sollte die Ki-
chererbse Ende März im warmen Frühbeet
(Mistbeet) oder wärmeren Gewächshaus
vorgezogen werden. Nach den Eisheiligen
werden die Pflanzen alle 25 cm mit einem
Reihenabstand von 40 cm gesetzt.

Wartezeit bis zur Ernte: Fünf bis sechs
Monate.
Ernte: Die Hülsen werden geerntet, be-
vor sie völlig reif, d. h. wenn sie trocken
sind (je nach Gegend und Witterungs-
verlauf von August bis Oktober).
Ziehen Sie die Pflanzen heraus, hängen
Sie sie umgedreht bundweise in einem
trockenen, luftigen Raum auf; die Kör-
ner werden durch Dreschen gewonnen.
Lagerung: Die Körner lagert man in
Leinensäcken kühl und trocken oder
in einem trockenen, luftigen Raum.
Kälte vernichtet Insekten.
Saatgutgewinnung:
Wenn die Hülsen trocken sind, werden
sie bei schönem Wetter gepflückt,
kopfüber an einem trockenen, luftigen
Ort aufgehängt, dann gedroschen.

Verwendung
Die Körner werden
12 Stunden in Wasser
eingeweicht, dann ge-
kocht. Man isst sie mit
Salatsoße, püriert, als
Suppe und als Beilage
zu Fisch. Unverzichtbar in Couscous
und Paella.
Geschmack: Mild, angenehm, mehlig.

Sorten
Die meisten Sorten haben gelblich
weiße Körner. Es gibt aber auch
schwarz- ('Black Kabuli') oder rot-
schalige Sorten ('Garbanzo Red').

Die Einzelblüten er-
scheinen im Juni/Juli
und reichen vom Rot
bis hin zu einem
bläulichen Farbton,
manchmal sind sie
jedoch auch weiß.

Krause Endivie *Cichorium endivia* var. *crispum*

Die Krause Endivie ist ein Salat mit allerlei Varietäten, die alle sehr beliebt sind. Wie die Glatte Endivie darf man sie nicht zu früh säen, da sie sonst bald ins Kraut schießt.

Familie: Asteraceae (Korbblütler).
Botanische Synonyme: *Cichorium endivia*
Weitere deutsche Namen: Frisee-Endivie
Herkunft: Westasien, Europa.
Lebensdauer: Ein- oder zweijährig.

Beschreibung

Die zahlreichen Blätter dieser Pflanze bilden eine schöne, auf dem Boden ausgebreitete, mehr oder weniger dichte Rosette. Sie sind eingeschnitten, gekräuselt, zerrissen, reichen je nach Sorte von gelblichem zu klarem Grün. Die Blütentriebe sind verzweigt und können über 1 m lang werden.

Die blauen Korbblüten dieses Salates sitzen einzeln in den Blattachseln.

Kultur

Boden: Tiefgründig, aufgelockert, fruchtbar und humusreich.
Klima: gemäßigt
Standort: sonnig
Vermehrung und Anbau:
Aussaat: Von Juni bis Mitte Juli werden ins Freiland mit 30 cm Platz zu allen Seiten einige Samen gestreut; sie gehen in zwei Tagen auf. Anschließend jeweils nur die kräftigste Pflanze mit dem genannten Abstand stehen lassen. Nicht vor Mitte April säen.
Wartezeit bis zur Ernte: Drei Monate nach der Aussaat.
Ernte: Je nach Bedarf und Wachstum der Pflanzen bis zum Frost. Die Varietät

Die kleinen gräulichen Samen sind eckig und länglich.

C. endiva var. *endivia* (Schnitt- oder Winterendivie) wird geerntet, indem man die Blätter dicht am Boden schneidet. So erhält man eine zweite Ernte.
Lagerung: Verbrauchen, sobald er gepflückt ist, damit er seinen Geschmacks- und Nährwert behält.
Saatgutgewinnung:
Wählen Sie für die Sorte typische Pflanzen aus und überwintern Sie sie. Im April mit ihrem Wurzelballen mit 50 cm Abstand ringsum auspflanzen, abstützen und die Enden der Blütentriebe pinzieren. Die Samen werden vor der völligen Reife geerntet. Die Stängel im Schatten auf einem Tuch trocknen, dreschen, die Samen kühl und trocken aufbewahren.

Verwendung

Die Krause Endivie schmeckt köstlich als Salat, mit geröstetem Knoblauchbrot, Greyerzerkäse, Speckwürfeln, ist Plattenverzierung und Salatbeilage, verträgt sich auch mit Ananas, Brustspeck und Champignons. Gegart wird sie geschmort, gedünstet, überbacken verzehrt.
Geschmack: Ganz leicht bitter, angenehm und erfrischend.

Sorten

'Fine de Louviers', 'Wallone', 'Très fine maraîchère', 'D'hiver de Provence', 'Saint Laurent'.

Glatte Endivie *Cichorium endivia* var. *latifolium*

Dieser knackige, leckere, erfrischende Salat ist leicht bitter und ein wunderbarer Salat für den Spätherbst und den Winteranfang!

Familie: Asteraceae (Korbblütler).
Weitere deutsche Namen: Breitblättrige Endivie, Escariol oder Escarol.
Herkunft: Europa, gemäßigtes Asien.
Lebensdauer: einjährig

Beschreibung

Eine Pflanze mit zahlreichen Blättern, die als niederliegende Rosette von der Wurzel ausgehen, mehr oder weniger gelappt, am Rand gezähnt, ganz, manchmal gewellt sind, zur Mitte hin aufrecht stehen und je nach Sorte mehr oder weniger natürlich bleichen. Der etwa 1 m hohe Blütentrieb ist hohl und verzweigt.

Kultur

Boden: Aufgelockert, tiefgründig und humusreich.
Klima: gemäßigt
Standort: sonnig
Vermehrung und Anbau:
Aussaat: Von Mitte Juni bis zum 15. Juli Direktsaat: mit 30 cm Abstand zueinander je drei bis vier Samen auslegen. Jeweils nur ein Pflänzchen stehen lassen.
Es ist möglich, ins Anzuchtbeet zu säen und die Jungpflanzen zu pikieren, wenn sie kräftig genug sind. Säen Sie nicht zu früh, denn wenn sie nicht innerhalb von 48 Stunden aufgehen, schossen sie bald.
Wartezeit bis zur Ernte: Drei Monate nach der Aussaat.
Ernte: Die Glatte Endivie wird hauptsächlich im Herbst je nach Bedarf geerntet (September bis Ende November). Endivien vertragen Frost bis zu −5 °C. Endivien stehen den ganzen Winter zur Verfügung, wenn sie ins kalte Frühbeet gepflanzt werden! Bei großer Kälte decken Sie die Frühbeetkästen mit Strohmatten ab.
Lagerung: Zwei bis drei Tage kühl.
Saatgutgewinnung:
Wählen Sie für die Sorte typische Pflanzen aus, die Sie überwintern. Im April werden sie mit Ballen ausgepflanzt, gestützt und die Spitzen pinziert. Die Samen werden vor der völligen Reife geerntet, die Stängel im Schatten auf einem Tuch getrocknet, gedroschen, die Samen trocken aufbewahrt.

Verwendung

Die Glatte Endivie wird roh hauptsächlich als Salat gegessen oder als Tellergarnierung gereicht. Gegart: gedünstet, gratiniert, geschmort.
Geschmack: Bitter, knackig, erfrischend.

Sorten

'Bubikopf 2', 'Diva', 'Kalinka' , 'Géante maraîchère', 'Blonde à cœur plein', 'Cornet d'Anjou', 'Cornet de Bordeaux', 'Cornet de la Loire' (die drei letztgenannten haben längliche, hohe Köpfe).

Die blaue Blüte ist charakteristisch für Endivien (Zichorien), deren Vorfahre die Wilde Wegwarte (*C. intybus*, siehe nächste Seite) ist.

1

Wegwarte, Wilde Zichorie
Cichorium intybus

Überall auf dem Lande leuchten den ganzen Sommer die himmelblauen Blüten dieser bitteren Pflanze. Aus ihr sind allerlei Spielarten hervorgegangen, die weitaus milder sind und in der kalten Jahreszeit gegessen werden.

1. 'Rouge de Vérone'

Familie: Asteraceae (Korbblütler).
Botanische Synonyme: *Cichorium glabratum, C. officinale, C. rigidum.*
Weitere deutsche Namen: Zichorie
Herkunft: Europa, Westasien.
Lebensdauer: Mehrjährig, als ein- oder zweijährige Pflanze gezogen.

Beschreibung
Die vierkantigen blaugrünen Triebe mit blauen Blüten werden bis zu 2 m hoch. Die Blätter variieren: mit wenig ausgeprägten, abgerundeten Ecken, mit spitz zulaufenden Lappen, eingeschnitten, gezähnt, pelzig, grün oder purpurrot.

Kultur
Boden: Tiefgründig, sandig-humos.
Klima: gemäßigt
Standort: sonnig
Vermehrung und Anbau:
Aussaat: Unterschiedlich je nach Sorten innerhalb der Varietät *C. i.* var. *foliosum*, immer in Reihen mit 25–30 cm Abstand:
– *Chicorée:* Mai bis Mitte Juni, drei bis vier Samen alle 12 cm.
– *Zuckerhut (Fleischkraut, Herbstzichorie):* April bis August, drei bis vier Samen alle 15 cm.
– *Radicchio, Blattzichorie:* Juni bis Juli, drei bis vier Samen alle 10 cm.
Wartezeit bis zur Ernte: Sechs bis acht

Monate bei Wilder Zichorie, drei bis vier Monate bei Zuckerhut.
Ernte: In der kalten Jahreszeit nach Bedarf, wenn sie gut entwickelt sind. Zuckerhut-Salate brauchen Schutz (Frühbeetkasten). Bei Chicorée werden die Wurzeln im Winter eingelagert und nach Bedarf zum Treiben gebracht.
Lagerung: Einige Tage im Kühlen.
Saatgutgewinnung:
Pflanzen auswählen, die charakteristisch sind, überwintern und im April mit Ballen auspflanzen, abstützen und die Spitzen pinzieren. Die Samen werden vor der völligen Reife geerntet.

Verwendung
Die Blätter der Wilden Zichorie und ihrer verwandten Zichorien-Salate isst man als Salat oder gedünstet, überbacken, geschmort, mit Sahnesoße, mit Schinken.
Geschmack: Bitter, knackig-frisch.

Sorten
Wilde Zichorien: 'Améliorée verte', 'Améliorée blonde'.
Chicorée: 'Focus', 'Vintor', 'Zoom'.
Radicchio: 'Indigo', 'Leonardo', 'Palla rossa 2', 'Rouge de Vérone' (1).
Zuckerhut: 'Uranus', 'Jupiter'.
Spargelzichorie, ähnelt Löwenzahn: 'Catalogna Frastagliata'

Wassermelone *Citrullus lanatus* var. *lanatus*

Wenn sie Sonne und Wärme bekommt, bringt diese Pflanze herrlich große Früchte hervor, die bis zu 20 kg wiegen können! Ihr farbenfrohes Fleisch ist saftig und erfrischend. Es zergeht auf der Zunge! Für kühlere Regionen gibt es inzwischen klimaangepasste Sorten, die deutlich kleinere Früchte entwickeln.

Familie: Cucurbitaceae (Kürbisgewächse).
Botanische Synonyme: *Citrullus lanatus, C. pastea, C. gigentea, C. edulis, C. amarus.*
Weitere deutsche Namen: Purgiergurke, Koloquinte, Pomaquinte.
Herkunft: Tropisches Afrika.
Lebensdauer: einjährig

Beschreibung
Die krautige Pflanze hat etwa 2,50 m lange dünne kriechende Triebe, die dicht mit grauen, weichen Haaren besetzt sind und Ranken aufweisen. Die unterteilten Blätter bestehen aus tief eingeschnittenen, ungleich großen, dreieckigen Lappen. Die fleischigen Früchte sind länglich, kugelig oder oval und wiegen 2 bis 20 kg. Ihre Außenhaut ist glatt, hell- bis dunkelgrün, schwarz geädert, mit grauen, grün marmorierten Streifen. Das Fruchtfleisch ist rot oder grün. Die Samen haben je nach Sorte unterschiedliche Farben (grau, schwarz, rosa, rot, gelb), sind flach und oval.

Kultur
Boden: Tiefgründig, locker, leicht und humusreich.
Klima: warm
Standort: Sonnig, geschützt.
Vermehrung und Anbau:
Aussaat: Im April je zwei bis drei Samen in Töpfe säen, im Gewächshaus bei 20 °C. Beim Aufgehen nur ein Pflänzchen pro Topf lassen. Mitte Mai in humus- und kompostreiche Erde setzen mit 1 m Abstand zu allen Seiten. In kühleren Gegenden den Boden etwa zehn Tage vor dem Pflanzen unter einer Folie anwärmen, dann Pflanzen im Folientunnel ziehen (tagsüber aufdecken, abends den Schutz wieder anbringen). Sicherer gelingt die Kultur im Gewächshaus.
Wartezeit bis zur Ernte: Vier bis fünf Monate nach der Aussaat.
Ernte: Die Früchte werden reif geerntet, wenn ihre Farbe etwas matter wird und der Fruchtstiel zu trocknen beginnt.
Lagerung: Einige Monate im Kühlen möglich.
Saatgutgewinnung:
Ziehen Sie nur eine Sorte oder bestäuben Sie manuell wie bei Kürbis. Ernten Sie die Früchte reif, nehmen Sie die Samen heraus, die Sie waschen, im Schatten trocknen, in Beutel füllen und kühl und trocken aufbewahren.

Verwendung
Die Früchte isst man roh: „nature", gesüßt, im Obstsalat oder gesalzen; manche Sorten ergeben leckere Marmelade.
Geschmack: Süß, wässrig, schmelzend, saftig, sehr erfrischend.

Sorten
'Sugar Baby', 'Crimson Sweet', 'Winter Queen', 'Moon and Stars' (selten), 'Jenny', 'Red Star', 'Sonja' (die letzten drei sind F_1-Hybriden).

Die grüngelben Kelchblüten leuchten von Mai bis September.

1. Französische Wassermelone für Marmelade: 'A graine rouge à chair verte'.
2. Wassermelone 'Moon and Stars'

Echtes Löffelkraut *Cochlearia officinalis*

Das Löffelkraut ist vor allem eine Heilpflanze, die Maßhalten verlangt. Früher wurde gegen Skorbut angewendet, heutzutage schätzt man die verdauungsregulierende Wirkung.

Familie: Brassicaceae (Kreuzblütler).
Botanische Synonyme: *Cochlearia groenlandica, C. renifolia, C. fragans, C. oblongifolia.*
Weitere deutsche Namen: Löffelkresse.
Herkunft: Nord- und Osteuropa.
Lebensdauer: Zwei- bis mehrjährig.

Beschreibung

Diese Pflanze mit ihren 25 cm hohen aufrechten Trieben ähnelt der Brunnenkresse. Sie besitzt nierenförmig abgerundete Blätter. Sie bilden eine kleine dunkelgrüne Rosette, die von der Wurzel ausgeht. Die kleinen rosé-weißen Blüten duften, sitzen in Rispen zusammen und blühen von März bis August. Die Samen haben die Form abgeflachter Eier.

Kultur

Boden: Fruchtbar, humusreich, leicht.
Klima: gemäßigt
Standort: schattig
Vermehrung und Anbau:
Aussaat: Von März bis September
Direktsaat: Alle 20 cm einige Samen; später nur eine Pflanze pro Horst mit einem Reihenabstand von 30 cm stehen lassen. Säen Sie regelmäßig neu, denn die Pflanze schosst schnell.
Wartezeit bis zur Ernte: Zwei Monate
Ernte: Die Rosetten werden dicht am Boden geschnitten, je nach Bedarf und Entwicklung der Pflanze.
Lagerung: So rasch wie möglich verbrauchen.

Saatgutgewinnung:
Lassen Sie einige schöne Horste Samen ausbilden; diese reif ernten, trocknen, herauslösen und kühl aufbewahren.

Verwendung

Die frisch geernteten Blätter werden als Salat zubereitet und würzen Suppen.
Geschmack: Scharf, erinnert an Teer und Senf.

Taro *Colocasia esculenta*

Das Rhizom dieser majestätischen Pflanze ist ein in tropischen Ländern gern gegessenes Gemüse.
Die jungen Blätter ist man ebenfalls, und zwar wie Spinat.

Familie: Araceae (Arongewächse).
Botanische Synonyme: *Arum colocasia,*
A. peltatum, A. esculentum, Colocasia
antiquorum.
Weitere deutsche Namen: Zehrwurzel
Herkunft: Indien, Sri Lanka.
Lebensdauer: Mehrjährig, aber nicht
winterhart.

Beschreibung
Die 1 m hohe Pflanze hat große herzförmige oder abgerundete Blätter. Sie
haben einen sehr langen Stiel, der sich
im Blatt nicht fortsetzt. Diese Pflanze
blüht nicht in unserem Klima. Die
leicht kugeligen eiförmigen Rhizome
haben eine violette, fast schwarze Epi-
dermis und weißes Fleisch.

Kultur
Boden: Humos, tiefgründig und locker.
Klima: warm
Standort: Sonnig und warm, geschützt.
Vermehrung und Anbau:
Rhizomteilung: Von Mitte März bis Anfang April legt man in Töpfe mit 15 cm
Durchmesser im Gewächshaus bei
20–30 °C je ein Rhizomstück mit Knospen in eine Mischung aus Erde, Sand,
Torf und Muttererde. Mitte Mai mit
Ballen an eine warme, geschützte Stelle
auspflanzen (Gewächshaus, an eine
sonnenbeschienene Mauer). Anfang Juli
leicht anhäufeln und um die Pflanzen
mulchen. Im Oktober schützen Sie die
im Freiland wachsenden Pflanzen unter
einem Folientunnel. Die Rhizome ent-

wickeln sich an kurzen Tagen. Damit sie
schöne Knollen bilden, wird künstlich
die Tageslänge verringert, indem man
sie vor der Nacht bis nach Sonnenaufgang mit schwarzer Folie bedeckt. In
unseren Breiten ist die Kultur nicht
immer erfolgreich, daher eher etwas für
experimentierfreudige Gärtner.
Wartezeit bis zur Ernte: Acht bis neun
Monate.
Ernte: Von Dezember bis März nach
Bedarf.
Lagerung: Sofort verbrauchen, ansonsten im Warmen in der Erde lassen oder
in trockenem Sand lagern.
Saatgutgewinnung: Bringt bei uns
keine Blüten und Samen hervor.

Verwendung
Die Rhizome werden wie Kartof-
feln zubereitet, in Dampf, im
Backofen, in der Glut. Sie be-
gleiten Fisch und Fleisch. Wäh-
rend des Kochens sollte das
Kochwasser gewechselt werden.
Die jungen, zarten Blätter wer-
den von den Einheimischen wie
Spinat verwendet.
Geschmack: Süß, mehlig, er-
innert durch die etwas teigige
Beschaffenheit an Esskastanien.

Sorten
In seiner Heimat und in tropischen Ländern gibt es mehrere
Dutzend Sorten, die bei uns
aber nicht im Handel sind.

Koriander *Coriandrum sativum*

Das Laub dieser Pflanze sieht dem der glatten Petersilie zum Verwechseln ähnlich. Koriander wird in der asiatischen Küche und im Nahen Osten häufig verwendet, was ihm die Namen „Persische" oder „Chinesische Petersilie" eingebracht hat.

Familie: Apiaceae (Doldenblütler).
Botanische Synonyme: *Selinum coriandrum, Coriandrum diversifolium, C. globosum, C. majus, C. testiculatum.*
Weitere deutsche Namen: Persische oder Chinesische Petersilie, Cilantro. Samen: Krapfen- oder Schwindelkörner, Stink- oder Wanzensamen.
Herkunft: Südeuropa, Westasien und Naher Osten.
Lebensdauer: Ein- oder zweijährig.

Beschreibung

Die krautige Würz- und Heilpflanze wird 30–80 cm hoch. Ihre Triebe sind verzweigt, zylindrisch und gerade. Die glänzend grünen, zusammengesetzten Blätter entspringen der Wurzel; die unteren ähneln denen der glatten Petersilie und sind weniger geteilt als die oberen. Sie riechen nach Wanzen. In Dolden stehen die kleinen rosé-weißen Blüten zusammen. Die hellbraunen Samennüsschen bilden paarweise angeordnet eine Halbkugel und sind sehr aromatisch.

Kultur

Boden: Leicht, kalkhaltig, trocken, locker, humusreich.
Klima: Gemäßigt und warm.
Standort: Sonnig, geschützt.
Vermehrung und Anbau:
Aussaat: Im April/Mai oder September alle 20 cm vier bis fünf Samen streuen, mit Reihenabstand von 30–40 cm.

Wenn die Jungpflanzen vier bis fünf Blätter haben, bei gleichen Abständen nur jeweils eine stehen lassen.
Wartezeit bis zur Ernte: Vier bis fünf Monate nach Frühlingssaat, zehn Monate nach Herbstsaat.
Ernte: Die frischen Blätter nach Bedarf; die Samen nach ihrer Reife ab August.
Lagerung: Blätter gleich verbrauchen. Die Früchte (Samen) halten sich in luftdichten Gefäßen ein Jahr.
Saatgutgewinnung:
Frühmorgens pflückt man die reifen Dolden, trocknet sie in einem luftigen Raum, entkernt sie, füllt die Samen in Beutel und bewahrt sie trocken und kühl in luftdichten Behältern auf.

Verwendung

Die frischen Blätter würzen fein gehackt Rohkost, Salate, Omelett, Fleisch und viele exotische Gerichte (erst am Ende der Kochzeit zugeben!). Die Samen verleihen z. B. Füllungen, Brühe, Ragouts, Bratfisch, Marinaden, Wild, Gemüse, Kantonreis, Kartoffeln, Huhn, Kuchen, Brot und Likören Pfiff.
Geschmack: Auch wenn die Blätter nach Wanzen riechen mögen, haben sie einen recht angenehmen Geschmack; die hübschen Samen sind sehr aromatisch, würzig und scharf.

Sorten

'Corry', 'Jantar', 'Sandra', 'Thüringer'.

Küsten-Meerkohl *Crambe maritima*

Man findet ihn noch wild an den Küsten der Bretagne und der Normandie, wo er unter Naturschutz steht. In englischen Gärten wird er traditionell kultiviert; auch bei uns hält er verstärkt Einzug.

Familie: Brassicaceae (Kreuzblütler).
Botanische Synonyme: *Caulis maritimus, Crucifera maritima, Cochleria maritima.*
Weitere deutsche Namen: See- oder Strandkohl, Englischer Kohl.
Herkunft: Westeuropäische Küsten.
Lebensdauer: mehrjährig

Beschreibung

Die dicken, verzweigten Triebe wachsen aufrecht und werden bis 60 cm hoch. Die blaugrünen Blätter sind fleischig, gewellt und am Rand tief eingeschnitten. Weiße Blüten bilden breite Rispen. Die Schoten umschließen nur ein Samenkorn, das fast kugelig ist und spitz zuläuft.

Kultur

Boden: Tiefgründig, locker, humusreich, sandig.
Klima: Gemäßigt, feucht, maritim.
Standort: sonnig
Vermehrung und Anbau:
Aussaat: Von März bis Juni ins Anzuchtbeet säen und mit fünf bis sechs Blättern ins Freiland vereinzeln. Direktsaat: Alle 40 cm zwei bis vier Samen versetzt in Reihen mit demselben Abstand. Nach dem Aufgehen, das recht unberechenbar ist, nur je eine Pflanze lassen.
Ballenteilung: Im Frühling die alten Pflanzen mit dem Spaten teilen und die Stücke mit 40 cm Abstand zueinander einsetzen.

Wurzelstecklinge: Im Frühling etwa 12 cm lange Wurzeln abtrennen, mit den genannten Abständen 20 cm tief einpflanzen. Entfernen Sie Blütentriebe, sobald sie erscheinen. Anfang März bedecken Sie jede Pflanze mit einem großen Topf, um sie zu bleichen. Nach der zweiten Ernte Ende April entfernen.
Wartezeit bis zur Ernte: Ab dem dritten Jahr nach der Aussaat, ab dem zweiten Jahr nach Stecklingen oder Teilung ist eine Ernte möglich.
Ernte: Von März bis April. Schneiden Sie die gebleichten Triebe kurz über dem Wurzelhals ab, wenn sie genügend entwickelt sind (drei bis fünf Wochen nach dem Bleichen).
Lagerung: Rasch verbrauchen.
Saatgutgewinnung: Lassen Sie einige schöne Pflanzen Samen bilden, ernten Sie die Schoten reif; sie werden im Schatten getrocknet und kühl in luftdichten Gefäßen aufbewahrt. Da die Schoten nur ein Samenkorn enthalten, werden sie komplett gesät.

Die Schoten des Meerkohls enthalten jeweils nur ein Samenkorn.

Verwendung

Die jungen Blattstiele isst man als Salat oder gegart wie Spinat: gedünstet, mit Vinaigrette oder mit heller Soße.
Geschmack: Liegt zwischen Wilder Artischocke (Cardy), Spargel und Blumenkohl mit einem Hauch Haselnuss.

Andere Arten

Die als Zierpflanze gezogene *Crambe cordifolia* ist ebenfalls essbar.

Kristallmittagsblume
Cryophytum cristallinum

Köstlich, eigenartig und dekorativ ist diese Pflanze. Sie braucht in Trockenzeiten Kühle, um zart zu bleiben.

Familie: Aizoaceae (Mittagsblumen-gewächse).
Botanische Synonyme: *Mesembryan-themum crystallinum, M. glaciale.*
Weitere deutsche Namen: Eiskraut
Herkunft: Kap der Guten Hoffnung.
Lebensdauer: In tropischen Ländern mehrjährig; als einjährige Pflanze gezogen.

Beschreibung

Die 30–40 cm hohe Pflanze hat nieder-liegende fleischige, glatte, rundliche Triebe, die sich allmählich verzweigen. Die gewellten dicken Blätter sind mit kleinen transparenten Erhebungen überzogen, die aussehen wie vereiste Wassertröpfchen. Roséweiße Blüten mit unzähligen zarten Blütenblättern blühen von Juli bis September, erschei-nen aber nicht jedes Jahr. Winzig und fünfeckig sind die glänzenden schwar-zen Samen.

Kultur

Boden: Leicht, humusreich.
Klima: Gemäßigt bis warm.
Standort: Sonnig, geschützt.
Vermehrung und Anbau:
Aussaat: Im März je einige Samen in Töpfe streuen, die warm und hell stehen, dann nur jeweils die schönste Jungpflanze lassen. Ins Freiland unter Frühbeetkasten oder Folientunnel mit 35 cm Platz zueinander pflanzen.

Von Mai bis Juli Direktsaat: alle 30 cm in Horste.
Wartezeit bis zur Ernte: Zwei Monate.
Ernte: Bis zum Frost nach Bedarf die beblätterten Triebe schneiden.
Lagerung: Sofort verbrauchen.
Saatgutgewinnung:
Bei schönem Wetter breiten Sie eine Folie auf dem Boden aus, um die reifen Samen aufzufangen, die auf der Trieb-unterseite sitzen, oder Sie sammeln sie frühmorgens ein. Im Schatten trocknen und kühl aufbewahren. Die Samenpflanzen müssen im März gesät werden, damit sie noch bis zum Herbst reife Samen entwickeln.

Verwendung

Die zarten Triebe und Blätter werden roh als Salat angemacht. Grob gehackt bereitet man sie wie Spinat zu (mit Butter oder Sahne, gedünstet, püriert).
Geschmack: Leicht säuerlich, ange-nehm und einzigartig.

Anguriagurke *Cucumis anguria*

Diese hübsche kleine Frucht sieht aus wie die stachelige Schale einer Indischen Rosskastanie. Sie schmeckt ähnlich wie die Gurke, ist aber süßer.

Familie: Cucurbitaceae (Kürbisgewächse).
Botanische Synonyme: *Cucumis anguroides, C. echinatus, C. parviflorus.*
Herkunft: Brasilien
Lebensdauer: einjährig

Beschreibung

Die kriechende Pflanze hat lange, dünne verzweigte Triebe, die mit steifen Haaren bedeckt sind. Aus drei rundlichen, gezähnten Lappen bestehen die handförmig gefiederten Blätter, deren Unterseite behaart ist und die sich rau anfühlen. Die kleinen einhäusigen Blüten (Juli bis September) sind gelb. Die zahlreichen Früchte besitzen zwar eine stachelige Schale, stechen aber nicht. Sie sind eiförmig, haben lange Stiele, unterschiedliche Farben, gelbe, grüne oder auch weiße oder elfenbeinweiße Längsstreifen. Die Samen sind weiß und an beiden Enden zugespitzt.

Kultur

Boden: Locker, humusreich.
Klima: Warm bis gemäßigt.
Standort: Geschützt und sonnig.
Vermehrung und Anbau:
Aussaat: Um den 15. April im Warmen zwei oder drei Samen pro Topf streuen. Wenn die Pflänzchen drei bis vier Blätter haben, nur je eines stehen lassen. Etwa Mitte Mai werden sie mit Ballen in mit Kompost angereicherten Boden gepflanzt. Die Pflanzen sollten in alle Richtungen 1,50 bis 2 m Platz haben. Diese Gurke verträgt keinen Dauerregen uns sollte in unseren Breiten im Gewächshaus kultiviert werden.
Wartezeit bis zur Ernte: Fünf Monate nach der Aussaat.
Ernte: Die Früchte werden geerntet, wenn sie noch jung und grün sind. Zum Einmachen ernten Sie sie, wenn sie die Größe einer kleinen Walnuss haben.
Lagerung: Einige Tage kühl und dunkel.
Saatgutgewinnung:
Wählen Sie die kräftigsten Pflanzen aus, lassen Sie schöne, frühe Früchte zur Reife gelangen; sie werden geerntet, die Samen herausgenommen, im Schatten getrocknet und dann kühl und trocken gelagert.

Verwendung

Die Früchte isst man roh mit Vinaigrette, gekocht begleiten sie Kabeljau zusammen mit Tomaten, Zwiebeln, Knoblauch und Suppenkraut. Junge Früchte werden in Essig eingelegt.
Geschmack: Ähnlich wie gewöhnliche Gurke, nur süßer und weniger bitter.

Igelgurke *Cucumis dipsaceus*

Die originellen blassgrünen, fast durchscheinenden, behaarten Früchte wirken wunderhübsch in Obstschalen oder -körben. Sie sind aber fade und haben keinerlei Geschmackswert.

Familie: Cucurbitaceae (Kürbisgewächse).
Botanische Synonyme: *Momordica dasycarpa*
Weitere deutsche Namen: Plüschgurke
Herkunft: Zentralafrika
Lebensdauer: einjährig

Beschreibung

Die rankende Kletterpflanze hat kantige, quadratische Triebe, an denen herzförmige, sehr fein gezähnte Blätter sowie von Juni bis September kleine gelbe Blüten sitzen. Die zahlreichen blassgrünen Früchte sind mit langen dünnen Haaren bedeckt und etwa 7 × 4 cm groß, die Samen sehen genauso aus wie bei *Melothria scabra*.

Kultur

Boden: Durchwärmt, aufgelockert, humusreich.
Klima: warm
Standort: sonnig
Vermehrung und Anbau:
Aussaat: Im Laufe des April werden je zwei bis drei Samen in Töpfe im warmen Gewächshaus gestreut; nach dem Auflaufen lassen Sie nur je ein Pflänzchen stehen. Auspflanzen, sobald kein Frost mehr zu befürchten ist oder unter Schutz (Haube, Folientunnel). Der Abstand zwischen den Einzelpflanzen beträgt 80 cm bis 1 m. Pflanzen Sie sie nahe an einen Zaun, eine besonnte Mauer, eine Laube, Veranda, vor allem aber

an einen geschützten, warmen Standort.
Wartezeit bis zur Ernte: Drei bis vier Monate.
Ernte: Der Reife entsprechend; je reifer sie geerntet werden, umso besser halten sie sich. Die Erntezeit ist September/Oktober.
Lagerung: Bei Zimmertemperatur ein paar Tage, regelmäßig kontrollieren.
Saatgutgewinnung:
Nehmen Sie die Samen aus den ersten reifen Früchten; sie werden gewaschen und im Schatten getrocknet, in Tüten gefüllt oder in luftdichten Behältern kühl und vor Feuchtigkeit geschützt aufbewahrt.

Verwendung

Die sehr hübschen Früchte sind lediglich dekorativ. Sie garnieren Obstschalen und Präsentkörbe zusammen mit Wassermelonen, allerlei Gurkenverwandten und diversen kleinen Zierkürbissen. Damit lässt sich eine exotische Atmosphäre zaubern.
Geschmack: Fade, geschmacklos; wird nicht gegessen.

Zuckermelone *Cucumis melo*

Die aromatischen, wohlschmeckenden Früchte dieser Pflanze lieben Wärme und zeigen sich in mannigfachen Formen. Man unterscheidet Cantaloupe-Melonen (warzenartige Schale), Netzmelonen (netzartige Schale) und Honigmelonen (glattschalig).

Familie: Cucurbitaceae (Kürbisgewächse).
Weitere deutsche Namen: Garten-, Netz-, Cantaloupe-Melone.
Herkunft: Asien oder tropisches Afrika.
Lebensdauer: einjährig

Beschreibung
Die krautige Pflanze hat lange, kriechende Triebe, die mit rauen Haaren bedeckt sind und Ranken bilden. Die leicht gelappten Blätter sind je nach Sorte anders geformt. Die häufig kugeligen Früchte sind zuweilen länglich oder oval, manchmal glatt, gerippt, mit Netzmuster oder schorfig und von unterschiedlicher Farbe (alle Grüntöne bis weiß). Sie haben lange Stiele.

Kultur
Boden: Durchwärmt, aufgelockert, tiefgründig, leicht kalkhaltig, humusreich.
Klima: Gemäßigt bis warm.
Standort: Sonnig, geschützt.
Vermehrung und Anbau:
Aussaat: Vom 15. März bis Mitte Mai einige Samen in einem Topf bei über 20 °C aussäen. Nach dem Keimen nur ein Pflänzchen pro Topf lassen. Mitte Mai je zwei Pflanzen zusammen mit Ballen auspflanzen (früher unter Haube oder in den Frühbeetkasten), in Horste, die mit Kompost angereichert wurden, mit 1 m Abstand zueinander, am besten versetzt. Wenn die Nächte kühl sind, die Pflanzen mit einem Folientunnel schützen, dabei lüften, sobald es das Wetter zulässt. Der Rückschnitt ist sehr wichtig: Wenn sie mehr als zwei Blätter haben (die Keimblätter werden nicht gerechnet), pinzieren Sie die Pflanzen über dem zweiten Blatt.
2. Schnitt: Die beiden Triebe oberhalb des dritten Blattes werden pinziert.
3. Schnitt: Neue Triebe über dem dritten Blatt werden abgeknipst. Danach pinziert man nur über den Blättern, die auf Früchte folgen, wobei sich die Anzahl der Früchte auf fünf oder sechs pro Pflanze beschränkt.
Ernte: Vier bis fünf Monate nach der Aussaat werden die Früchte reif geerntet, wenn sie zu duften beginnen und der Kreis um den Stiel zu platzen droht.

Verwendung
Die reifen Früchte werden roh gegessen. Als Vorspeise: „nature", mit Portwein gefüllt, mit rohem Schinken. Als Dessert, Salat, Sorbet, Fruchtsuppe. Gekocht isst man Melonen als Marmelade oder Kompott.

Sorten
Netzmelonen: 'Esmeralda', 'Blenheim Orange' (samenfest).
Cantaloupe-Melonen: 'Galoubet', 'Lunabel', 'Magenta', 'Troubadour' (samenfest).
Honigmelonen: 'Agora', 'Doral', 'Honey Dew' (samenfest).

Die kleinen gelben Blüten sind einhäusig, d. h. männliche und weibliche Blüten sitzen an derselben Pflanze. Sie blühen von Mai bis September.

Um Samen zu gewinnen, ziehen Sie nur eine Melonensorte (nur samenfeste Sorte) oder bestäuben Sie manuell wie bei Kürbissen. Die Samen werden den reifen Früchten entnommen, gewaschen, im Schatten getrocknet, in Tüten gefüllt, dann kühl und trocken aufbewahrt.

Armenische Gurke
Cucumis melo Flexuosus-Grp.

Eine sehr knackige Melonenform mit Gurkengeschmack.

Die kleinen einhäusigen Blüten leuchten gelb von Juni bis September.

Familie: Cucurbitaceae (Kürbisgewächse).
Botanische Synonyme: *Cucumis flexuosus, C. f.* var. *tarra, Melo flexuosus, Cucumis flexuosus.*
Weitere deutsche Namen: Schlangenmelone
Herkunft: Indien
Lebensdauer: einjährig

Beschreibung
An den dünnen zylindrischen, krautigen Trieben dieser kriechenden Pflanze sitzen große nierenförmige Blätter mit langem Stiel; sie sind abgerundet, gewellt und sehen denen mancher Melonen und Kürbisse (*Cucurbita maxima*) sehr ähnlich. Die bläulich grünen Früchte sind lang (bis 90 cm), haben eine Nervatur in Längsrichtung und ähneln Salatgurken. Die weißen Samen sind länglich und platt.

Kultur
Boden: Leicht, humusreich.
Klima: Warm bis gemäßigt.
Standort: Sonnig und geschützt.
Vermehrung und Anbau:

Aussaat: Anfang April im warmen Gewächshaus (20 °C) zwei bis drei Samen pro Topf streuen. Wenn die Jungpflanzen drei bis vier Blätter haben, die jeweils kräftigste lassen; um den 15. Mai, wenn kein Frost mehr zu fürchten ist, in zuvor mit Kompost angereicherte Pflanzlöcher mit 60–70 cm Ab-

stand voneinander und im Reihenabstand von 1 m auspflanzen. Im Sommer mulchen, damit die Früchte nicht faulen und der Boden feucht bleibt. Pinziert wird über dem zweiten Blatt (Keimblätter zählen nicht), dann nach dem dritten Blatt an den Trieben und schließlich an einem Blatt oberhalb jeder Frucht.
Wartezeit bis zur Ernte: Vier bis fünf Monate nach der Aussaat.
Ernte: Die Früchte werden geerntet, wenn sie sich gut entwickelt haben und bevor sie ganz ausgereift sind (sie werden weißlich).
Lagerung: Einige Tage im Kühlen.
Saatgutgewinnung:
Wenn keine Melonenkultur im weiteren Umkreis besteht, ernten Sie die Samen, ansonsten bestäuben Sie künstlich. Lassen Sie die Früchte reifen; die Samen werden entnommen, gewaschen, im Schatten getrocknet, in Beutel gefüllt und kühl sowie vor Feuchtigkeit geschützt aufbewahrt.

Verwendung
Roh als Salat, mit Sahnesoße, auf russische Art (mit Lachs, hartgekochten Eiern, Quark, Schnittlauch, Dill, abgeschmeckt mit Salz, Pfeffer und Mayonnaise). Gegart: gefüllt, mit heller Soße, überbacken …
Geschmack: Leicht süß und milder als die Gurke. Nach meiner Kenntnis die einzige Melone mit Gurkengeschmack.

Stachelbeergurke *Cucumis myriocarpus*

Diese seltsamen Früchte ähneln Stachelbeeren – essbar sind sie allerdings nicht. Sie sehen in einem Obstkorb sehr hübsch aus.

Familie: Cucurbitaceae (Kürbisgewächse).
Weitere deutsche Namen: Zierstachelgurke
Herkunft: Südafrika
Lebensdauer: einjährig

Beschreibung
Die mit Ranken versehenen Triebe dieser kriechenden Pflanze fühlen sich rau an, denn sie sind mit aufgerichteten Haaren bedeckt. Die Blätter sind tief dreilappig geteilt, deren Lappen ihrerseits wieder gelappt sind. Die zahlreichen Früchte ähneln Stachelbeeren. Sie sind länglich, manchmal rund, etwa 3 cm groß; sie tragen abwechselnd hell- und dunkelgrüne Streifen, wobei die Letzteren breiter und von biegsamen Stacheln bedeckt sind. Die kleinen einhäusigen Blüten leuchten gelb von Juni bis September. Die kleinen weißen Samen sind länglich und an den Enden zugespitzt.

Kultur
Boden: Fruchtbar, locker, humusreich.
Klima: Warm und gemäßigt.
Standort: Warm, geschützt und sonnig.
Vermehrung und Anbau:
Aussaat: Im April kommen in einem warmen (ca. 20 °C), hellen Raum je zwei bis drei Samen in Töpfe; beim Aufgehen je nur eine Pflanze lassen. An einen geschützten Platz ins warme Gewächshaus mit 80 cm Platz zu allen Seiten auspflanzen. In Gegenden mit warmem Klima werden sie im Freiland an einer Mauer gezogen, an der sie hochklettern können.
Wartezeit bis zur Ernte: Drei bis vier Monate.
Ernte: Sie werden reif im September und Oktober geerntet, damit sie sich länger halten.
Lagerung: Bei 20 °C mehrere Monate.
Saatgutgewinnung:
Lassen Sie einige schöne, frühe Früchte ausreifen. Die Samen werden entnommen, gewaschen, im Schatten getrocknet und in Tüten oder luftdichten Behältern kühl und vor Feuchtigkeit geschützt aufbewahrt.

Verwendung
Die nicht essbaren Früchte dekorieren Obstkörbe und -schalen und sind auch einfach so ein hübscher Zimmerschmuck.

Gewürz- und Salatgurke *Cucumis sativus*

Diese miteinander verwandten krautigen Gemüse- und Gewürzgurken klettern oder kriechen am Boden. In Asien wachsen sie wild.

Familie: Cucurbitaceae (Kürbisgewächse).
Botanische Synonyme: *Cucumis muricatus, C. esculentus, C. harwickii.*
Weitere deutsche Namen: Stachelgurke, Einlegegurken, Schlangengurke.
Herkunft: Asien, Indien.
Lebensdauer: einjährig

Beschreibung

Die krautige Kletter- oder Kriechpflanze hat lange kantige Triebe mit Ranken und rauen Haaren. Ihre Blätter haben drei bis fünf gezähnte Lappen und sitzen den Ranken gegenüber; sie sind oberseits dunkelgrün, unterseits silbrig. Von Juni bis September erscheinen die grüngelben Blüten. Die fleischigen, länglichen, ovalen oder runden Früchte sind je nach Sorte glatt oder stachlig, grün, gelb oder weiß.

Alte Sorten:
1. 'Rollison's Telegraph'
2. 'Chinese Long Green'
3. Gewürzgurke 'Fin de Meaux'

Kultur

Boden: Aufgelockert, tiefgründig, humusreich.
Klima: Gemäßigt bis warm.
Standort: Warm und sonnig.
Vermehrung und Anbau:
Aussaat: Für eine frühe Kultur werden im März/April im Warmen (20 °C) je zwei bis drei Samen pro Topf ausgesät; nach dem Keimen nur ein Pflänzchen lassen. Anfang Mai in vorbereitete Pflanzlöcher mit Kompost unter Folientunnel, Haube oder Frühbeetkasten setzen, der Schutz wird Mitte Mai entfernt. Zwischen den

Horsten sind 60 cm, zwischen den Reihen 1 m Abstand nötig (Gewürzgurken: 40 cm bzw. 80 cm). Oder um den 15. Mai Direktsaat: je zwei bis drei Samen in vorbereitete Beete, dann nur die schönste Pflanze lassen (Gewürzgurken: zwei bis drei Pflanzen pro Horst). Versetzt pflanzen. Gewürzgurken an gespannten Drähten in unterschiedlichen Höhen hochklettern lassen, den Wurzelbereich mulchen.
Ernte: Zwei bis drei Monate nach der Aussaat werden die schön grünen Früchte geerntet, bevor sie gelb werden. Gewürzgurken erntet man klein und jung.
Saatgutgewinnung: Führen Sie die manuelle Bestäubung durch. Ernten Sie die Früchte ausgereift; die Samen werden entnommen, gewaschen, im Schatten getrocknet und kühl aufbewahrt.

Verwendung

Salatgurken schmecken roh als Salat, ansonsten gedünstet, überbacken, gefüllt, als Suppe. Gewürzgurken legt man mit Gewürzen in Essig ein.
Geschmack: Erfrischend, Durst löschend, knackig und leicht bitter.

Sorten

Salatgurken: 'Rollison's Telegraph' (1), 'Chinese Long Green' (2), 'Marketer', 'White Wonder', 'Riesenschäl', 'Marketmore 76', 'Tanja', 'Heike' (F_1).
Gewürzgurken: 'Fin de Meaux' (3), 'Delikateß', 'Hokus', 'Serena' (F_1), 'Diamant' (F_1), 'Stimora' (F_1).

Russische Gurke
Cucumis sativus var. *sikkimensis*

Diese wohlschmeckende, knackige Gurke sieht aus wie eine dicke Gewürzgurke und hält sich mehrere Monate im Obstkorb.

Familie: Cucurbitaceae (Kürbisgewächse).
Weitere deutsche Namen: Saftgurke
Herkunft: Sikkim (Nordindien).
Lebensdauer: einjährig

Beschreibung
Die krautige Kriech- oder Kletterpflanze hat verzweigte Triebe mit Ranken sowie großen rauen Blättern, die regelmäßig gelappt (zwischen fünf und neun Lappen), gestielt und wechselständig sind und den Ranken gegenüber sitzen.
Die einhäusigen gelben Blüten erscheinen von Juni bis September. Die Früchte sind eiförmig bis länglich, an den Enden abgerundet, zu Beginn dunkelgrün, dann wird die Haut braun mit weißen Rissen, die wie die Maschen eines Netzes wirken. Die Samen sehen aus wie bei gewöhnlichen Gurken, nur kleiner.

Kultur
Boden: Humusreich, durchwärmt, tiefgründig, aufgelockert.
Klima: Gemäßigt und warm.
Standort: Warm und sonnig.
Vermehrung und Anbau:
Aussaat: Im April im Warmen je zwei bis drei Samen in Töpfe stecken, nach dem Aufgehen nur je eine Pflanze lassen. Um den 15. Mai mit Ballen in vorbereitete Beete/Pflanzlöcher (mit Kompost) auspflanzen, mit 1 m Abstand zwischen den Reihen. Direktsaat Anfang Mai unter Haube oder Folientunnel, mit gleichen Abständen.
Wartezeit bis zur Ernte: Drei bis vier Monate nach der Aussaat.
Ernte: Je nach Entwicklung nach Bedarf.
Lagerung: Mehrere Wochen, manchmal ein bis zwei Monate (z. B. in einer Obstschale).
Saatgutgewinnung:
Nehmen Sie künstliche Bestäubung vor, es sei denn, Sie sind weit von allen Nachbarn und Gurkenkulturen entfernt (2–3 km im Umkreis) und Sie haben nur eine Gurkensorte im Garten. Die ersten reifen Früchte werden gepflückt, die Kerne entnommen, gewaschen, im Schatten getrocknet, in Tüten gefüllt und in luftdichten Gefäßen kühl aufbewahrt.

Verwendung
Die geschälten Früchte isst man roh als Salat. Gekocht sind sie köstlich mit heller Soße, gefüllt oder gedünstet.
Geschmack: Wie Gurke, aber feiner und delikater.

Cushawkürbis *Cucurbita argyrosperma*

Manche Sorten dieser wärmebedürftigen Kürbisart wurden von den mexikanischen Indianern (Hopis, Pueblos usw.) angebaut.

1. 'Hopi Taos'
2. 'Striped Cochiti Pueblo'
3. 'Hermington Striped Cushaw'

Familie: Cucurbitaceae (Kürbisgewächse).
Botanische Synonyme: *Cucurbita mixta*
Weitere deutsche Namen: Ayote, Silbersamenkürbis.
Herkunft: Mexiko, Guatemala.
Lebensdauer: einjährig

Beschreibung

An den flaumigen, kriechenden Trieben der Pflanze von mehreren Metern Länge wachsen große, kaum gelappte Blätter, die leuchtend grün und weiß gefleckt sind. Die gelben einhäusigen Blüten sitzen an steifen Stielen. Die Früchte sind birnen-, ei- oder flaschenförmig, weiß, grün oder gelb, oft zweifarbig (weiß und grün, gelb und grün, hell- und dunkelgrün). Gelblich weiß, manchmal roséweiß ist das Fleisch. Die Samen sind oval und weiß oder ocker mit bläulich weißem Rand.

Kultur

Boden: Fruchtbar, durchwärmt, humos.
Klima: warm
Standort: sonnig
Vermehrung und Anbau:
Aussaat: Wie beim Moschuskürbis (Seite 93), aber bei über 20 °C. Um die Keimung zu erleichtern, legen Sie die Samen auf feuchte Watte in eine transparente Dose; sobald der Keim erscheint, den Samen in Töpfe pflanzen. Diese Kürbisart ist schwierig zu ziehen, da sie viel Wärme verlangt. Die Früchte werden oft nicht reif. In unseren Breiten

ist ihre Kultur eher als ein Experiment zu betrachten und nur für das Gewächshaus geeignet.
Wartezeit bis zur Ernte: Fünf bis sechs Monate nach der Aussaat.
Ernte: Pflücken Sie die reifen Früchte gegen Ende Oktober (vor dem Frost) mit ihrem Stiel.
Lagerung: Einige Monate bei 20 °C.
Saatgutgewinnung:
Die Sorten kreuzen sich leicht, führen Sie also künstliche Bestäubung durch. Ernten Sie die Samen der gut ausgereiften Früchte gegen Weihnachten; sie werden gewaschen, im Schatten getrocknet und vor Feuchtigkeit geschützt kühl aufbewahrt.

Verwendung

Die rohen Früchte isst man gerieben oder in Würfel geschnitten, gegart wie Zucchini: gedünstet oder überbacken.
Geschmack: Er ist bei jeder Sorte anders und schwierig zu beschreiben; manche haben wenig Eigengeschmack, andere erinnern an Haselnüsse.

Sorten

Birnenförmig und weiß: 'Jonathan Cushing White', 'Cochiti Pueblo', 'Hopi Taos' (1), 'Gila Cliff Dweller', 'Hindu'. Birnenförmig, weiß mit grünen Streifen: 'Santa Domingo', 'Hopi', 'Striped Cochiti Pueblo' (2), 'Hermington Striped Cushaw' (3), 'Mexican Solid Green'. Rund, flach, zweifarbig: 'Silver Edged'. Gelb und grün gestreift: 'Albina Pepita'.

Feigenblattkürbis *Cucurbita ficifolia*

Eigentlich schmeckt dieser hübsche Kürbis recht fad, erst durch die richtiger Begleitung wird er zur Köstlichkeit … und er hat einen riesigen Vorteil: Über zwei Jahre lang bleibt er essbar!

Familie: Cucurbitaceae (Kürbisgewächse).
Botanische Synonyme: *Cucurbita melanosperma*
Weitere deutsche Namen: Feigenblättriger Kürbis
Herkunft: Mexiko
Lebensdauer: Mehrjährig; bei uns einjährig.

Beschreibung

Diese äußerst kräftige Kletter- oder Kriechpflanze hat an den Trieben Ranken, die ihr das Klettern erleichtern. Sie wird 10–15 m lang und bildet von allein Absenker. Die Blätter sind in fünf abgerundeten Lappen unterteilt, sind dunkelgrün mit grüngelben Flecken. Ihre grünen Früchte mit weißer Maserung sind glatt, eiförmig und wirken wie lackiert. Die Außenhaut ist sehr hart. Das weiße, milde, faserige Fleisch verwandelt sich nach dem Kochen in Fäden, so dass es aussieht wie Fadennudeln. Jede Pflanze ergibt bis zu zehn Früchte, die je 2–6 kg wiegen. Die schwarzen Samen sind oval; dieser Kürbis kreuzt sich nicht mit anderen Kürbissarten.

Kultur

Boden: Humusreich, locker und leicht.
Klima: Gemäßigt bis warm.
Standort: sonnig
Vermehrung und Anbau:
Aussaat: Um den 15. April säen Sie zwei Kerne pro Topf bei einer Temperatur über 12 °C und lassen dann nur je eine Jungpflanze stehen. Nach dem 15. Mai werden sie in mit Kompost vorbereitete Pflanzlöcher mit 2 m Abstand zueinander gesetzt. Wenn man sie klettern lässt, kann der Abstand geringer sein. Oder Direktsaat Anfang Mai unter Haube oder Minitunnel. Oder Mitte Mai ins Freiland: 2–3 Samen pro Pflanzloch säen, dann nur eine Pflanze lassen.
Wartezeit bis zur Ernte: Sechs Monate nach der Aussaat.
Ernte: Die zarten Früchte werden nach Bedarf geerntet. Für die Lagerung ernten Sie so spät wie möglich (Oktober/November) die Früchte mit Stiel und bewahren sie vor Frost geschützt in einem luftigen Raum zwischen 10 und 25 °C auf.
Lagerung: Über zwei Jahre auf Stroh, in einem Regal, in einer Kiste, wenn sie keine Druck- oder Schadstellen haben.

Verwendung

Die jungen, zarten, reif geernteten Früchte werden wie Zucchini zubereitet: als Krapfen, mit Tomate, überbacken, gedünstet (vor allem zu Fisch!), als Marmelade (in Spanien ist die Engelshaarkonfitüre sehr bekannt).
Geschmack: Mild, neutral; die Begleitung bestimmt den Geschmack.

Sorten

Es gibt eine handelsübliche Sorte und die Sorte 'Albus': diese verlangt viel mehr Wärme und wird bei uns selten angebaut.

Samen gewinnt man folgendermaßen: Wählen Sie schöne reife Früchte an kräftigen Pflanzen aus, entnehmen Sie die schwarzen, vollen Samen; sie werden gewaschen, im Schatten getrocknet und in Tüten gefüllt, anschließend trocken und kühl aufbewahrt.

1

Riesenkürbis *Cucurbita maxima*

Ein wunderbares Gemüse sind diese Kürbisse mit ihren mannigfachen Formen und Geschmacksnoten; nach der Ernte gewinnen sie noch an Aroma.

2

3

4

1. Riesenkürbis 'Rouge Vif d'Etampes'
2. Bischofsmütze
3. Hokkaidokürbis
4. Hubbardkürbis 'Blue Hubbard'

Familie: Cucurbitaceae (Kürbisgewächse).
Botanische Synonyme: *Cucurbita pileiformis, C. andreana, Pileoculys elegans.*
Weitere deutsche Namen: Speisekürbis, Winterkürbis.
Herkunft: Südamerika
Lebensdauer: einjährig

Beschreibung

Die kriechenden Triebe dieser krautigen Pflanze mit Ranken sind mit geschmeidigen Haaren bedeckt und tragen große grüne Blätter. Diese sind herzförmig, steif und in fünf abgerundete Lappen unterteilt. Die Blüten sind gelb. Der Kelch der weiblichen Blüten ist zusammengewachsen und verjüngt sich nach oben. Die Früchte sind zuweilen sehr groß und haben äußerst unterschiedliche Formen: rund, flach, kreiselförmig, lang … Auch ihre Farbe variiert: Weiß, Creme, Rosa, Rot, Orange, Gelb, Blaugrün, Grün, Dunkelgrün. Der zylindrische Fruchtstiel ist schwammig, viel dicker als der Trieb, das Fruchtfleisch ist gelb bis ziegelrot.

Kultur

Boden: Humusreich, fruchtbar, aufgelockert, leicht, durchwärmt.
Klima: Gemäßigt bis warm.
Standort: sonnig
Vermehrung und Anbau:
Aussaat: Gegen Mitte April in Töpfe bei 20 °C aussäen. Lassen Sie nach der Keimung nur ein Pflänzchen pro Topf; um

den 15. Mai wird mit 2 m Abstand zu allen Seiten in mit Kompost vorbereitete Pflanzlöcher ausgepflanzt. Direktsaat: Anfang Mai unterm Folientunnel bzw. Mitte Mai ohne Schutz.
Ernte: Ende Oktober vor den ersten Frösten samt Stiel.
Lagerung: Vier bis fünf Monate bei 15–20 °C.
Saatgutgewinnung:
Die Sorten kreuzen sich leicht untereinander, bestäuben Sie also künstlich. Ansonsten wie auf S. 91 beschrieben.

Verwendung

Kürbis isst man gekocht als Püree, Krapfen, Suppe, überbacken, gefüllt, gebraten, gedünstet, als Marmelade, kräftigen und süßen Kuchen. Der milde 'Hokkaido' mit Kastaniengeschmack verwandelt sich in Kuchen oder Eis!
Geschmack: Jede Sorte hat ihren eigenen Geschmack (nach Esskastanien, süß, mild …).

Sorten

Kürbisse wiegen zwischen einigen bis zu mehreren Hundert Kilo (bis 500 kg!). Zu den interessantesten gehören: 'Atlantic Giant', 'Gelber Zentner', 'Rouge Vif d'Etampes', 'Flat White Boer', 'Olive', 'Red Kuri', 'Uchiki Kuri' (die beiden letztgenannten sind Hokkaidokürbisse). Die Kürbisse der Hubbard-Gruppe: 'Blue Hubbard', 'Green Hubbard', 'Baby Blue'. Bischofsmützen-Kürbisse: 'Alladin's Turban', 'Red Turban', 'Mini Red Turban'.

Moschuskürbis *Cucurbita moschata*

Der Moschuskürbis hat einen sehr feinen Geschmack und lässt sich auf tausenderlei Arten zubereiten.

Familie: Cucurbitaceae (Kürbisgewächse).
Botanische Synonyme: *Cucurbita macrocarpa, C. nippopera, C. spathularis, Gymnopetalum calyculatum.*
Weitere deutsche Namen: Butternusskürbis, Bisamkürbis.
Herkunft: Mittelamerika und Mexiko.
Lebensdauer: einjährig

Beschreibung
Lang und berankt sind die Triebe der kriechenden, krautigen Pflanze; sie sind mit weichen, samtigen Haaren bedeckt und tragen pelzig-weiche, herzförmige, dunkelgrüne Blätter mit weißer Marmorierung sowie gelbe Blüten, deren Blütenkelch-Teile fast bis zu den Kronblättern eingeschnitten sind. Die Früchte sind meist länglich, an einem Ende keulenförmig verdickt, manchmal rund, gerippt, abgeflacht, mit farbigen Warzen bedeckt. Der Blütenstiel hat fünf verbreiterte Rippen am Fruchtansatz. Das Fleisch variiert zwischen Rot und Orange. Die gräulich weißen Kerne sind schuppig, ihr Rand ist ausgeprägt und gewellt.

Kultur
Boden: Humusreich, aufgelockert, leicht, durchwärmt.
Klima: Gemäßigt bis warm.
Standort: sonnig
Vermehrung und Anbau:
Aussaat: Etwa Mitte April bei 20 °C hell aufstellen; zwei bis drei Samen säen, aber später nur ein Pflänzchen pro Topf lassen, Mitte Mai (nach dem letzten Frost) auspflanzen mit etwa 2 m Platz zu allen Seiten, in mit Kompost vorbereitete Pflanzlöcher. Direktsaat Anfang Mai unter Haube oder Folientunnel oder Mitte Mai ohne Schutz – dann ist aber die Entwicklung reifer Früchte bis zum Kälteeinbruch ungewiss.
Wartezeit bis zur Ernte: Drei bis fünf Monate nach der Aussaat.
Ernte: Die reifen Früchte werden gegen Ende Oktober mit Stiel geerntet.
Lagerung: 4–5 Monate bei 15–20 °C.
Saatgutgewinnung:
Da sich die Sorten leicht untereinander kreuzen, bestäubt man besser künstlich. Man entnimmt um Weihnachten die Samen vollreifer Früchte, wäscht sie, trocknet sie im Schatten und bewahrt sie trocken und kühl auf.

Verwendung
Diese Kürbisse kann man als Suppe, gebraten, gedünstet, gefüllt, püriert, überbacken, als Pudding, Marmelade oder Kuchen zubereiten. Manche Sorten sind köstlich roh und gerieben.
Geschmack: Sehr fein und zart.

Sorten
Butternusskürbisse (8): 'Bush Butternut', 'Early Butternut', 'Sonca', 'Waltham'.
Übrige Speisekürbisse: 'Longue de Nice' (5), 'Muscat de Provence', 'Lunga di Napoli' (7), 'Trompetta di Albenga', 'Sweet Berry' (6), 'Futsu Black Rinded', 'Bal Kabagi'.

5. 'Longue de Nice'
6. 'Sweet Berry'
7. 'Lunga di Napoli'
8. Butternusskürbis

Zucchini, Gemüsekürbisse, Patissons

Cucurbita pepo

So unterschiedlich sie im Aussehen und Geschmack auch sind, gehören Zucchini, Spaghettikürbis und Patissonskürbisse doch zur selben Kürbisspezies. Aufgrund ihrer zum Teil sehr interessanten Formen und Oberflächenstrukturen werden einige Sorten gerne zur Dekoration verwendet.

Familie: Cucurbitaceae (Kürbisgewächse).
Botanische Synonyme: *Cucurbita verrucosa, C. melopepo, C. fastuosa, C. venosa, C. mammosa, C. subverrucosa, C. pyxidaris.*
Weitere deutsche Namen: Fliegende Untertasse, Ufo.
Herkunft: Mexiko
Lebensdauer: einjährig

Beschreibung

Diese Pflanzen bilden Horste oder breiten ihre Triebe flach am Boden aus. Die kantigen Triebe sind mit stachligen Haaren besetzt. Die Kelchteile der gelben Blüten sind zusammengewachsen. Die Fruchtstiele haben reif fünf dicke Rippen, die am Ansatz nicht breiter werden, sondern sich an der Frucht fortzusetzen scheinen. Das Fleisch ist weiß bis orange getönt, die Farbe der Frucht hängt von der Sorte ab: Orange, Grün, Gelb, Weiß und zweifarbig.

Kultur

Boden: Humusreich, locker, fruchtbar, leicht, durchwärmt.
Klima: Gemäßigt bis warm.
Standort: sonnig
Vermehrung und Anbau:
Aussaat: Gesät wird um Mitte April in Töpfe im Warmen (etwa 20 °C); nach dem Keimen nur je ein Jungpflänzchen

lassen, um den 15. Mai auspflanzen (nach dem letzten Frost) mit etwa 2 m Abstand zueinander. Dafür die Pflanzlöcher mit Kompost anreichern. Direktsaat Anfang Mai unter Glas oder Folientunnel, ohne Schutz Mitte Mai.
Wartezeit bis zur Ernte: Zucchini zwei Monate, Kürbis drei bis fünf Monate nach der Aussaat.
Ernte: Kürbisse um Ende Oktober (vor dem Frost) reif mit Stiel ernten, Zucchini nach Bedarf und Wachstum pflücken, so lange sie noch jung und zart sind.
Lagerung: Kürbis vier bis fünf Monate bei 15–20 °C, Zucchini einige Tage kühl und vor Tageslicht geschützt.
Saatgutgewinnung:
Da die Sorten sich leicht untereinander kreuzen, bestäuben Sie künstlich. Die Samen werden um Weihnachten voll ausgereiften Früchten entnommen, gewaschen, im Schatten getrocknet, trocken und kühl aufbewahrt.

Verwendung

– Zucchini isst man jung und zart, roh als Salat, gekocht in Suppen, gebraten, gefüllt, überbacken, auf provenzalische Art oder ausgebacken. Sie gehören in Ratatouille und passen gut zu Reis und Couscous.
– Gartenkürbisse kann man auf vielerlei Art zubereiten: gedünstet, überba-

3. Die großen herzförmigen Blätter mit weißen Flecken sind in abgerundete Lappen unterteilt.
4. Noch geschlossene weibliche Blüte.
5. Die glatten ovalen Samen haben einen deutlichen Rand und sind blassbeige.

cken, als Suppe, Püree, gefüllt oder zu Marmelade verarbeitet. 'Sweet Dumpling', 'Delicata'; 'Ebony Acorn', 'Table King' sind köstlich als Sorbet und Pudding. Der Spaghettikürbis mit seinem fädigen Fruchtfleisch wird zu „Spaghetti" gekocht und mit Tomaten oder auch als Salat gegessen.

– Junge Patissons schmecken gekocht oder als Salat, gefüllt, in Essig eingelegt. 'Pomme d'Or' isst man gekocht wie Avocado, und auch seine Blüten sind gefüllt eine Delikatesse.

Geschmack: Je nach Sorte sehr unterschiedlich: nach Kastanien, Artischocke, Mandeln, Haselnuss.

Sorten

Zucchini: 'Albarello di Sarzana', 'Black Beauty', 'Ronde de Nice', 'Golden Zebra' (F_1), 'Goldfinger' (F_1).

Gartenkürbisse: 'Coutors d'Eté', 'Crown of Thorns' ,'Ebony Acorn', 'Table King', 'Table Gold', 'Sweet Dumpling', 'Delicata', 'Winter Luxury', 'Jack Be Little', 'Lady Godiva', 'Vegetable Spaghetti', 'Melonnette', 'Jaspée de Vendée', 'Pomme d'Or', 'Jack O'Lantern' (der Kürbis für Halloween-Laternen!).

Patissons: 'Custard White', 'Golden Marbre', 'Patisson Orange', 'Patisson Weiß', 'Patisson Jaune-Panaché'.

Gartenkürbisse:
1. 'Coutors d'Eté'
2. 'Winter Luxury'
6. 'Sweet Dumpling'
7. 'Delicata'
8. 'Vegetable Spaghetti' (Spaghettikürbis)

Patissons:
9. 'Jaune-Panaché'
10. 'Weiß'
11. 'Orange'

Kiwano *Cucumis metuliferus*

Diese wunderhübschen Früchte lassen sich mehrere Monate nach der Ernte zu dekorativen Zwecken verwenden. Sie schmecken köstlich nach einer Mischung aus Zitrone und Banane. Nur einen Fehler haben sie: unzählige Kerne!

Familie: Cucurbitaceae (Kürbisgewächse).
Weitere deutsche Namen: Horngurke
Herkunft: Kenia und Wüste Kalahari (ehemals Südafrika).
Lebensdauer: einjährig

Beschreibung

Die kletternde oder kriechende Pflanze verzweigt sich und wird 1,50 m lang. Geriffelte, mit steifen Haaren bewachsene dünne Ranken sitzen an den Trieben, dazu in breiter, leicht gelappter Herzform wechselständige Blätter, deren Rippen vom Stiel ausgehen. Die kleinen Blüten leuchten gelb von Juni bis September. Die kleinen weißen, länglichen Samen sind an den Enden spitz. Länglich sind die saftigen Früchte, 8–15 cm lang und vollständig bedeckt mit spitzen Erhebungen. Ihre sehr dünne gelbgrüne Haut nimmt beim Reifen einen Gelbton mit Tendenz zu Orange, Rot, Bronze und Braun an. Das Fruchtfleisch ist grün.

Kultur

Boden: Fruchtbar, humusreich, durchwärmt.
Klima: warm
Standort: Sonnig, geschützt.
Vermehrung und Anbau:
Aussaat: Im März/April ins warme Frühbeet, ins geheizte Gewächshaus in Töpfe oder Schalen säen. Mit 1 m Abstand im Gewächshaus auspflanzen,

wenn die Jungpflanzen drei oder vier Blätter haben. Nach dem 15. Mai Schutz entfernen.
Wartezeit bis zur Ernte: Vier bis fünf Monate nach der Aussaat.
Ernte: Man erntet die Früchte nach Bedarf und Reife, wenn sie die Farbe wechseln, sehr spät im Oktober. Im warmen Gewächshaus können sie früher gepflückt werden.
Lagerung: Mehrere Monate bei etwa 20 °C; sie bleiben dabei sehr dekorativ.
Saatgutgewinnung:
Die Samen entnimmt man vollreifen Früchten – wenn in der Umgebung weder Melonen noch Gurken vorhanden sind, denn dann besteht Kreuzungsgefahr! Kerne waschen, im Schatten trocknen, kühl und trocken aufbewahren.

Verwendung

Die Früchte werden wie Melonen pur gegessen oder in Obstsalat (gezuckert und mit etwas klarem Alkohol), in Fruchtsaft oder -suppe. Sie sind auch eine Augenweide; man kann sie vier bis sechs Monate bewundern, bevor man sie isst!
Geschmack: Sie haben einen überraschenden Geschmack: ein Hauch grüne Zitrone mit Banane.

Kreuzkümmel *Cuminum cyminum*

Hier werden die Samen gegessen – ganz oder gemahlen. Der herbe Geschmack verleiht zahlreichen Gerichten einen Hauch Exotik.

Familie: Apiaceae (Doldenblütler).
Botanische Synonyme: *Cuminum odorum, Cyminon longeinvolucellatum, Luerssenia cyminum, Selinum cuminum.*
Weitere deutsche Namen: Kumin, Pfefferkümmel, Römischer Kümmel, Haferkümmel, Wanzenkümmel.
Herkunft: Östliches Mittelmeerbecken.
Lebensdauer: einjährig

Beschreibung

Die verzweigte krautige Pflanze wird 25 cm groß, deren dünne Triebe feine, bandartige Blätter tragen. Ihre aromatischen roséweißen Blüten stehen in kleinen Dolden zusammen und blühen im Juni/Juli. Die ebenfalls aromatischen Samen sind länglich und haben je nach Sorte graue bis schwarze Rippen.

Kultur

Boden: Durchlässig, humusreich.
Klima: Gemäßigt bis warm.
Standort: Sonnig, geschützt.
Vermehrung und Anbau:
Aussaat: Im März je einige Samen in Töpfe streuen und nach dem Aufgehen jeweils nur ein oder zwei Pflänzchen lassen; man pflanzt sie mit Ballen draußen an einen günstigen Standort unter Hauben oder Folientunnel, wenn sie kräftig genug dafür sind. Der Abstand zwischen den Pflanzen sollte 10 cm, zwischen den Reihen 20–25 cm betragen. Oder Direktsaat ins Freiland im April/Mai unter Tunnel, im Mai Schutz entfernen.

Wartezeit bis zur Ernte: Drei bis vier Monate nach der Aussaat.
Ernte: Die reifen Samen im August/September absammeln (wenn sie sich graubraun tönen): Dolden abschneiden und in einem trockenen, luftigen Raum trocknen.
Lagerung: Die Samen werden kühl und trocken in luftdichten Gefäßen gelagert.
Saatgutgewinnung:
Frühmorgens die fast reifen, in Dolden zusammenstehenden Samen sammeln, im Schatten auf einem Tuch zum Trocknen ausbreiten. Die Samen werden kühl und trocken aufbewahrt.

Verwendung

Die Samen verleihen ganz oder gemahlen nordafrikanischen Gerichten die passende Note (Lamm am Spieß, Tagines, Couscous). Sie aromatisieren in Essig Eingelegtes und indonesische Reisgerichte, Käse, geräuchertes Fleisch, Liköre, Hülsenfrüchte, Soßen, Gebäck.
Geschmack: Bitter, warm, durchdringend, etwas herb, scharf oder pfeffrig.

Sorten

Bei uns nur die Art erhältlich.

Inkagurke *Cyclanthera pedata*

Diese seltsame, hübsche Kletterpflanze schmückt Pergolen, Gitter und Zäune. Ihre Früchte werden wie Gewürzgurken in Essig eingelegt.

Familie: Cucurbitaceae (Kürbisgewächse).
Botanische Synonyme:, *C. pedata* var. *edulis*, *C. digita*, *Anguria pedatisecta*, *Momordica pedisecta*, *M. pedata*, *Cyclanthera edulis*.
Weitere Namen: Caigua, Korila.
Herkunft: Mittelamerika und Mexiko.
Lebensdauer: einjährig

Beschreibung

Die Zier- und Gewürzpflanze streckt ihre zahlreichen berankten und verzweigten Triebe über 3–4 m aus. Ihre gezähnten Blätter sind in fünf fingerförmige Lappen unterteilt. Die kleinen grüngelben Blüten blühen und duften von Juli bis zum Frost: die männlichen stehen zusammen, die weiblichen einzeln. Blassgrün sind die mit weichen Stacheln überzogenen Früchte, reif dann gelb; sie haben eine spitz zulaufende Piroggenform (an den Enden mehr oder weniger verjüngt). Die schwarzen, platten Samen sind bizarr geformt.

Kultur

Boden: Humusreich, tiefgründig und durchwärmt.
Klima: Gemäßigt bis warm.
Standort: sonnig
Vermehrung und Anbau:
Aussaat: Anfang April in Töpfe säen, die warm und hell stehen. Wenn die Pflanzen einige Blätter haben, nur je eine lassen. Wenn kein Frost mehr zu

befürchten ist (Mitte Mai), die Jungpflanzen mit 1,50 m Platz zueinander ins Freiland setzen, an eine Wand oder Pergola am Spalier ranken lassen oder nahe an einen Baum pflanzen, den die Pflanze überwuchern wird. Im Mai Direktsaat in mit Kompost angereicherte Pflanzlöcher.
Wartezeit bis zur Ernte: Vier bis fünf Monate.
Ernte: Die jungen, kleinen, festen Früchte werden täglich geerntet.
Lagerung: In Essig eingelegt sind sie lange haltbar.
Saatgutgewinnung:
Einige Früchte lässt man reifen, pflückt sie, wenn sie gelblich weiß werden; die Samen werden entnommen, gewaschen, im Schatten getrocknet, dann an einem trockenen, kühlen Ort aufbewahrt.

Verwendung

Die jungen, reifen, festen Früchte werden in Essig eingelegt wie Gewürzgurken.
Geschmack: Ähnlich wie Gewürzgurken.

Weitere Arten

Es gibt in Südamerika zwei weitere Arten: *Cyclanthera edulis* mit dickeren, glatteren Früchten und *C. brachystachya* oder *C. explodens*, deren reife Früchte explodieren, wenn man sie berührt.

Westindisches Zitronengras

Cymbopogon citratus

Trotz seiner Empfindlichkeit gegenüber Frost verdient es das Zitronengras, bei uns kultiviert zu werden. Spendieren Sie ihm einen großen Topf und schützen Sie es im Winter vor der Kälte.

Familie: Poaceae (Gräser)
Botanische Synonyme: *Andropogon schoenanthus, A. citriodorum, A. ii, A. ceriferus, Schoenanthenum amboinicum.*
Weitere deutsche Namen: Zitronella-gras
Herkunft: Indien
Lebensdauer: Mehrjährig, aber bei uns nicht winterhart.

Beschreibung

Große Gräser mit sehr langen lanzett-lichen, spitz zulaufenden Blättern, die nach Zitrone duften und deren Ränder scharfkantig sind. Die Halme sind lang und besitzen z. T. leicht eingerollte Blattspreiten. Sie blühen in unserem Klima nicht.

Kultur

Boden: Locker, humusreich, durch-wärmt.
Klima: Mild und feucht.
Standort: Geschützter Halbschatten.
Vermehrung und Anbau:
Horstteilung: Im Frühling teilt man den alten Ballen und pflanzt die Stücke mit 80 cm Abstand zueinander ins Freiland oder in sehr große Töpfe. Wenn diese Pflanze im Freiland gezogen wird, topft man sie im Herbst ein und holt sie ins Haus. Für die Topfkultur mischen Sie Erde, Torf, Muttererde, Kompost und Flusssand.
Wartezeit bis zur Ernte: Einige Monate, wenn die Pflanze gut entwickelt ist.
Ernte: Ernten Sie etwa 10 cm lange Stücke vom unteren Teil der Halme. Zu harte Blätter werden entfernt.
Lagerung: Sofort verbrauchen.
Saatgutgewinnung:
In unserem Klima produziert die Pflanze keine Samen.

Verwendung

Kleingeschnitten aromatisieren die Halmstücke Salate, Rohkost, Marina-den, allerlei Suppen, indonesische und indische Gerichte (marinierte Ham-melkeule oder Huhn, Fleischkroket-ten …). Sie ersetzen in manchen Spei-sen Zitrone und sind lecker als Teeaufguss.
Geschmack: zitronig-erfrischend

Wilde Artischocke Cynara cardunculus

Natürlich ähnelt diese herrliche, große Pflanze der „normalen" Artischocke. Man kennt sie wegen ihrer Blattstiele, die gekocht gegessen werden, doch dass auch ihre Blütenköpfe essbar sind, ist weniger bekannt.

Um die Blüten-
köpfchen, die im
zweiten Kulturjahr
erscheinen, stehen
zugespitzte
Hüllblätter.

Die Samen sind
dunkelgrau,
länglich und
etwas abgeflacht.

Familie: Asteraceae (Korbblütler).
Botanische Synonyme: *Cynara corsica*,
C. humilis, *C. sylvestris*.
Weitere deutsche Namen: Kardy, Kardone, Kardonenartischocke, Spanische Artischocke.
Herkunft: Südeuropa (Spanien, Griechenland, Italien, Südfrankreich), Nordafrika.
Lebensdauer: Mehrjährig, oft als ein- oder zweijährige Pflanze gezogen.

Beschreibung

Nach ihrem zweiten Kulturjahr wird die Pflanze mit ihrem harten, dicken und verzweigten Stängel über 2 m hoch. Die Blattstiele sind lang, breit, fleischig und stark entwickelt – dies ist der essbare Teil. Die Wildform hat höhere Stängel und größere Blätter.

Kultur

Boden: Locker, tiefgründig, humos.
Klima: gemäßigt
Standort: sonnig
Vermehrung und Anbau:
Aussaat: Unter mitteleuropäischen Klimabedingungen empfiehlt sich eine Vorkultur ab Mitte Februar im Gewächshaus oder warmen Frühbeet (Mistbeet). Im Mai auspflanzen, wenn die Pflänzchen drei bis vier Blätter haben, in zuvor mit Kompost angereicherte Löcher mit 1 m Abstand. Später nur je eine Pflanze stehen lassen.
Wartezeit bis zur Ernte: Fünf Monate

nach der Aussaat für die Blattrippen, über ein Jahr für die Blütenköpfe.
Ernte: Die Rippen werden nach Bedarf und Reife geerntet, oft zuvor gebleicht (zwei Wochen vorher zusammenbinden). Die Blütenköpfe schneidet man, bevor die „Schuppen" des Blütenbodens auseinandergehen.
Lagerung: Rasch verbrauchen.
Saatgutgewinnung:
Wählen Sie im November schöne Exemplare aus, schneiden Sie die Blätter in 10 cm Höhe ab, bedecken Sie sie mit Stroh oder Laub. Im Frühjahr aufdecken und Samen bilden lassen. Nur die schönsten Blütenköpfe stehen lassen; wenn sie verblühen, mit einer Abdeckung vor Regen schützen, ausgereift schneiden und zum Trocknen aufhängen. Die Samen entnehmen, trocken und kühl aufbewahren.

Verwendung

Die gekochten Blattrippen schmecken überbacken, gedünstet, auf griechische Art, mit Sahne, Curry, heller Soße. Die Blütenköpfe sind kleiner und feiner als bei Gemüse-Artischocken und werden wie diese gegessen.
Geschmack: Ähnlich dem von Gemüse-Artischocken.

Sorten

In Frankreich kennt man einige Sorten, wie 'Vert de Vaulx-en-Velin', 'Blanc Amélioré', 'De Tours', 'Rouge d'Alger' und 'Argenté de Plainpalais'.

Gemüse-Artischocke
Cynara cardunculus Scolymus-Grp.

Es ist der Blütenboden der noch nicht geöffneten Knospe dieser majestätischen Pflanze, die (roh oder gekocht) verspeist wird! Artischocken sollte man nach dem Kochen gleich essen.

Familie: Asteraceae (Korbblütler).
Botanische Synonyme: *Cynara hortensis, C. esculenta.*
Herkunft: Mittelmeerraum
Lebensdauer: Mehrjährig, auch bei uns in milden Wintern.

Beschreibung
Diese Pflanze wird 1 m breit und hoch. Aufrechte, stabile Triebe tragen dicke grüne oder lila Blütenköpfe, die aus ovalen, am Blütenboden fleischigen „Schuppen" bestehen und von Juni bis September blühen. Die graugrünen Blätter sind sehr groß, breit, eingeschnitten und haben lange Stiele. Die Samen sind oval und tragen einen Haarbüschel, der sich leicht ablöst.

Kultur
Boden: Humusreich, tiefgründig, durchlässig, durchwärmt.
Klima: gemäßigt bis warm
Standort: sonnig
Vermehrung und Anbau:
Aussaat: Im März ins warme Frühbeet (Mistbeet) zwei bis drei Samen pro Pflanzloch streuen; beim Aufgehen je nur eine Pflanze lassen. Zwei Monate nach der Aussaat mit 80 cm Abstand auspflanzen. Man kann auch im April für das folgende Jahr säen. Pflanzen von Stecklingen: Nehmen Sie im März schöne bewurzelte und mit Blättern versehene Ableger ab; nach einem

Tauchbad mit Bewurzelungshormon pflanzt man sie zu zweit mit 8 cm Abstand. In milden Gegenden kann dies im September erfolgen. Schützen Sie die Pflanzen über den Winter mit einer Abdeckung (Folie, Fichtenreisig) vor Frost.
Wartezeit bis zur Ernte: Sechs Monate bei Saat im Februar, über ein Jahr bei Saat im April, vier Monate bei Ableger.
Ernte: Ernten Sie die Knospen, bevor sich die inneren „Schuppen" öffnen.
Lagerung: So schnell wie möglich verbrauchen, sonst den Stiel ein paar Tage kühl in Zitronenwasser stellen.
Saatgutgewinnung:
Lassen Sie an einer kräftigen Pflanze nur eine Blüte pro Stängel stehen. Wenn die Achänen zu reifen beginnen, die Blüte in eine Papiertüte stecken. Reif ernten, im Schatten auf einem Tuch trocknen, entkernen, dann die Samen trocken und kühl aufbewahren.

Verwendung
Der essbare Teil (Ansatz der Hüllblätter und Blütenboden) wird roh mit Salz gegessen, gekocht mit Vinaigrette oder ist Bestandteil raffinierter Gerichte.
Geschmack: Leicht bitter, süß, sehr delikat.

Sorten
'Green Globe' 'Madrigal' (F_1), 'Concerto' (F_1).

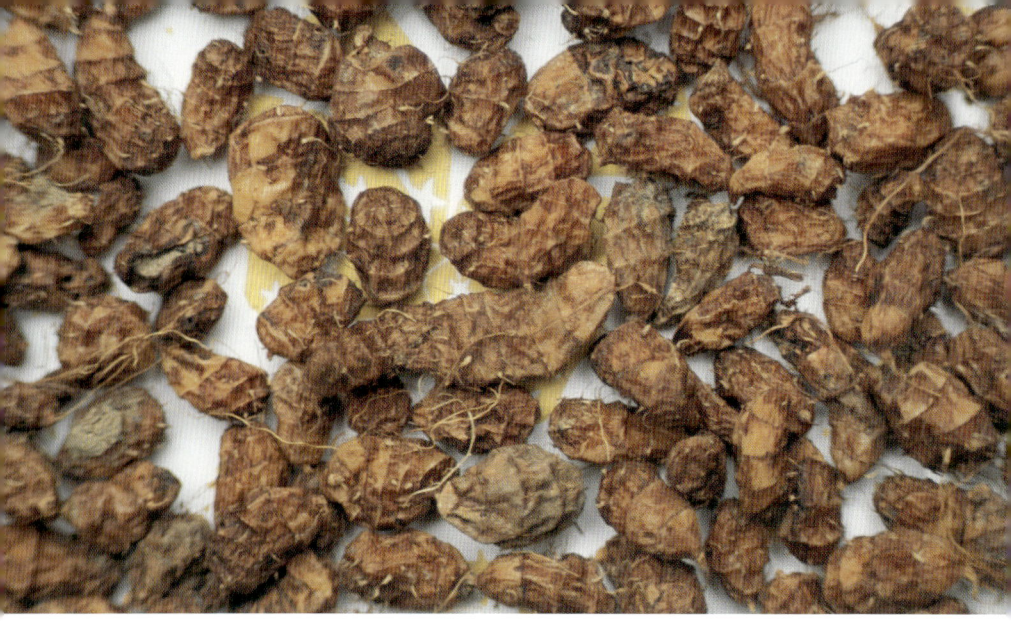

Erdmandel *Cyperus esculentus*

Die Verwandte des Papyrus hat ihre Schätze unter der Erde versteckt: köstliche Wurzelknollen mit Haselnussgeschmack, die noch besser schmecken, wenn sie nach der Ernte erst einmal ein paar Monate gelagert werden.

Familie: Cyperaceae (Riedgräser).
Botanische Synonyme: *Cyperus pallidus, C. tenorri, C. aureus, C. tenorianus.*
Weitere deutsche Namen: Chufa, Chufanuss.
Herkunft: Südeuropa, Afrika, Indien, Mexiko, Peru.
Lebensdauer: In den Ursprungsländern durch ihre Knollen mehrjährig, bei uns nicht winterhart, als einjährige Pflanze gezogen.

Beschreibung

Die krautige Pflanze wird 40 cm hoch und bildet mit ihren aufrechten, steifen Trieben ein Büschel grasähnlicher langer Blätter. Ihre Blüten mit flachen Ährchen sind gelb-braun und bilden keine Samen. Fast rund, etwas länglich, schuppig und mit deutlich sichtbarer kreisförmiger Zeichnung versehen sind die vielen kleinen bräunlichen Knollen.

Kultur

Boden: Durchwärmt, durchlässig, sandighumos.

Klima: Gemäßigt, warm und feucht.
Standort: sonnig
Vermehrung und Anbau:
Durch Pflanzen der Knollen: Anfang März Knollen im Warmen und bei Tageslicht in Töpfe pflanzen, mit 3 cm Erde bedecken.
Da ihr Aufgehen ungewiss ist, die Knollen vor dem Setzen als „Starthilfe" eine Nacht in Wasser einweichen. Später auf 40 cm Reihenabstand in Freiland auspflanzen.
Wartezeit bis zur Ernte: Sieben Monate nach dem Setzen der Knollen.
Ernte: Mit einer Grabegabel die Büschel herausheben, über einem feinmaschigen Sieb die Erde abschütteln, die Knollen waschen und zwei bis drei Tage zum Trocknen in der Sonne ausbreiten.
Lagerung: Wenn die Knollen gut getrocknet sind, vor Licht und Frost geschützt in Gefäßen, Papier- oder Stoffbeuteln lagern.
Saatgutgewinnung:
Bildet in unserem Klima keine Samen.

Verwendung

Die Knollen schmecken roh oder geröstet zum Aperitif, sie ersetzen bei Gebäck die Mandeln. In Spanien wird daraus ein Getränk bereitet: „horchata de chufa" (ähnlich wie Mandelmilch) und in Italien Tafelöl.
Geschmack: Liegt zwischen Erdnuss, Mandel und Haselnuss.

Baumtomate *Cyphomandra betacea*

Diese Pflanze wird rasch zum Strauch, dessen dicker Mitteltrieb sich stammähnlich entwickelt. Die säuerlichen Früchte sind sehr erfrischend. Vor dem Frost muss die Baumtomate ins Gewächshaus geholt werden.

Familie: Solanaceae (Nachtschatten-gewächse).
Botanische Synonyme: *Solanum beta-ceum, S. fragrans, S. crassifolium, S. insigne, Cyphomandra crassifolia.*
Weitere deutsche Namen: Tamarillo, Peruanische Baumtomate.
Herkunft: Südamerika
Lebensdauer: Bei uns nicht winter-harter Halbstrauch.

Beschreibung
3 m Höhe erreicht der Strauch mit sei-nem dicken Mitteltrieb, der aufrecht steht, sich ab 1,50 m Höhe verzweigt und wie ein Baumstamm aussieht. Sei-ne großen, gestielten Blätter haben eine langgezogene, leichte Herzform, sind fleischig und glänzend grün. Die duf-tenden grünen Blüten, die im zweiten Jahr von April bis Juni blühen, schim-mern rosa und sitzen in Trauben zusam-men. Die etwas länglichen, eiförmigen, glatten Früchte sind orange mit violet-ten oder purpurroten Längsstreifen.

Kultur
Boden: Locker, humos, durchwärmt.
Klima: warm
Standort: Sonnig, warm, gut geschützt.
Vermehrung und Anbau:
Aussaat: Im Februar/März im Warmen je ein paar Samen in Töpfe streuen, zu-nächst etwas kühl halten, um die Kei-mung zu fördern. Jeweils die schönsten Pflänzchen stehen lassen und bei

10–15 cm Größe mit Ballen an ge-schütztem Standort in große Töpfe pflanzen (70–80 cm Durchmesser), in eine Mischung aus Erde, Muttererde und Kompost.
Stecklinge: Im Frühjahr einige 15 cm lange Triebe schneiden, als Stecklinge unter Folie oder Glas setzen. Wenn sie bewurzelt sind, ins Freiland pflanzen, vor dem ersten Frost hereinholen.
Wartezeit bis zur Ernte: Zwei Jahre nach Aussaat o. Stecklingsvermehrung.
Ernte: Die reifen Früchte werden zwi-schen November und Januar geerntet, wenn sie violett oder orange werden.
Lagerung: An einem kühlen, trockenen Ort mehrere Wochen.
Saatgutgewinnung:
Die Samen den vollreifen Früchten ent-nehmen; waschen, abtropfen lassen, im Schatten auf Folie trocknen (sie kleben nicht). Kühl u. trocken aufbewahren.

Verwendung
Gekochte Baumtomaten werden ohne Schale und Kerne in Obstsalat, Marme-lade, Kompott, Chutney oder süßsaurer Soße genossen. Sie passen auch gut zu Fisch.
Geschmack: Erfrischend, säuerlich-süß, recht angenehm.

Sorten
Es gibt in Südamerika zahlreiche Sor-ten, die jedoch nicht bei uns im Handel sind.

Möhre *Daucus carota*

Wer kennt nicht dieses köstliche Gemüse, das sich auf 1001 Art zubereiten lässt? Die Wurzel ist orange, manchmal aber auch weiß, gelb oder violett, je nach Sorte. Das Laub wird gerne zum Würzen verwendet.

Familie: Apiaceae (Doldenblütler).
Botanische Synonyme: *Daucus gingidium, D. matthioli, D. communis.*
Weitere deutsche Namen: Mohrrübe, Gelbe Rübe, Wurzel, Karotte.
Herkunft: Europa oder Afghanistan, in Deutschland heimisch.
Lebensdauer: Zweijährig, als einjährige Pflanze gezogen.

Beschreibung

Die krautige Pflanze wird bis zu 70 cm hoch, besitzt leicht behaarte, fein zerteilte frisch-grüne Triebe, die sehr aromatisch schmecken. Die weißen Dolden stehen auf hohen, gerippten Stängeln; sie entwickeln sich und blühen im zweiten Jahr. Die lange fleischige Pfahlwurzel ist essbar.

Kultur

Boden: Humusreich, locker (damit die Wurzeln gerade wachsen).
Klima: gemäßigt
Standort: sonnig
Vermehrung und Anbau:
Aussaat: Frühe Möhren säen Sie Ende März bis Anfang April ins Freiland mit 15 cm Reihenabstand, dann die Pflänzchen auf 3 cm Abstand auslichten. Für eine Kultur zur Lagerung von Mitte Mai bis Ende Juni in Reihen mit 25 cm Abstand säen, wenn die Jungpflanzen vier bis fünf Blätter haben, auf 8 cm auslichten. Ziehen Sie abwechselnd je eine Reihe Möhren und Porree, der die Möhrenfliege fernhält.

Wartezeit bis zur Ernte: Zwei bis drei Monate bei frühen Möhren, fünf bis sechs Monate bei Lagermöhren.
Ernte: Je nach Wachstum bei den Frühmöhren; die zur Lagerung bestimmten Möhren an einem schönen Oktobertag ausziehen, zum Antrocknen auf dem Boden liegen lassen, ohne sie zu waschen. Das Kraut abschneiden.
Lagerung: Im Keller, im Silo, in trockenem Sand.
Saatgutgewinnung:
Eine Sorte auswählen, herausziehen, im Keller aufbewahren. Im April ins Freiland pflanzen. Im August die Blütendolden schneiden, im Schatten auf einem Tuch trocknen, dann zwischen den Händen reiben. Die Samen kühl und trocken aufbewahren.

Verwendung

Aus den Blättern lassen sich ausgezeichnete Suppen zubereiten, die Wurzeln isst man roh (gerieben) oder gekocht als Gemüse oder Püree. Sie sind Einlage in Gemüse- und Fleischeintöpfen, Gemüseallerlei und Suppen und passen gut zu Knoblauch und Kümmel.
Geschmack: Süß, mild, erfrischend.

Sorten

Frühe bis mittelfrühe Sorten: 'Decora', 'Gonsenheimer Treib', 'Juwarot', 'Nantaise 2', 'Pariser Markt', 'Rotin'.
Späte Sorten/Lagermöhren: 'Lange rote stumpfe ohne Herz 2', 'Rothild'.

Die Samen der Möhre haben kurze Stacheln. Im Inneren der Dolde sind sie steril.

Chinesische Yamswurzel
Dioscorea batatas

Es gibt unzählige Yamswurzelsorten und -arten mit oft eigentümlichen Namen. Dieses Gemüse eignet sich für viele Gerichte, genau wie die Kartoffel.

Familie: Dioscoreaceae (Schmerwurzgewächse).
Botanische Synonyme: *Dioscorea opposita, D. decaineana.*
Weitere deutsche Namen: Yam, Knollenbohne.
Herkunft: China
Lebensdauer: Mehrjährig, oft aber als einjährige Pflanze gezogen.

Beschreibung
Die krautige Kletterpflanze schlingt sich um Stangen und kann 3 m hoch werden. Ihre ganzen, gegenständigen Blätter sind herzförmig, leuchtend grün und laufen spitz zu. Die kleinen weißen Blüten bilden Trauben, sind meist steril und weichen in manchen Jahren in den Blattachseln kleinen schwärzlichen Brutknollen, mit denen die Pflanzung regeneriert werden kann.

Kultur
Boden: Fruchtbar, tiefgründig, aufgelockert und sandig-humos.
Klima: Gemäßigt, feucht und warm.
Standort: Geschützt und sonnig.
Vermehrung und Anbau:
Wurzelstecklinge/Rhizome: Ende April/Anfang Mai trennen Sie die Enden der Rhizome ab und pflanzen Sie diese 10 cm tief alle 40 cm bei einem Reihenabstand von 80 cm.
Brutknollen: Die Bulbillen, die sich in manchen Jahren in den Blattachseln bilden, werden im November abgenommen und den Winter über in trockenem Sand aufbewahrt. Im April pflanzt man sie ins Anzuchtbeet 2 cm tief mit 10 cm Abstand zueinander. Im Herbst haben sie sich zu kleinen Rhizomen entwickelt, die herausgezogen werden, um in trockenem Sand gelagert und im Frühling gesetzt zu werden.
Wartezeit bis zur Ernte: Bei Wurzelstecklingen oder Pflanzen von Rhizomen: sieben bis acht Monate; bei Setzen von Brutknollen: 21–22 Monate.
Ernte: Von November bis Ende März. Vorsicht: Beim Herausziehen zerbrechen Yamswurzeln sehr leicht! Stechen Sie über 50 cm tief in die Erde ein und heben Sie die Wurzeln heraus.
Lagerung: In unseren Breiten alle im November herausgeholten Wurzeln. Einige Stunden auf dem Boden liegenlassen und dann im Keller lagern. Ein Gewächs für Experimentierfreudige!
Saatgutgewinnung:
Bringt in unseren Breiten keine Samen hervor.

Verwendung
Siehe Bildunterschrift.

Sorten
Zahlreiche weitere *Discorea*-Sorten verschiedener Arten werden auf der ganzen Welt kultiviert, in unseren Gefielden jedoch nicht.

Die langen, fleischigen Rhizome sind faustdick und wiegen 300 bis 400 g, manchmal aber auch mehr als das Doppelte. Sie werden wie Kartoffeln zubereitet: frittiert, gebraten, gedünstet, als Kroketten, Püree, Soufflé oder Suppe. Ihr Geschmack ist leicht mehlig, angenehm und erinnert ein bisschen an Haselnüsse.

Spargelbohne *Dolichos sesquipedalis*

Wirklich hübsch ist diese Kletterpflanze. Ihre Schoten sind essbar; sie erinnern an grüne Bohnen, haben aber etwas weniger Geschmack.

1. Typisch sind violettrosa Kerne.
2. 'Tapir'

Familie: Fabaceae (Schmetterlings-blütler).
Botanische Synonyme: *Vigna ungeniculata* subsp. *sesquipedalis*
Weitere deutsche Namen: Langbohne
Herkunft: Südamerika
Lebensdauer: einjährig

Beschreibung

2–4 m groß wird die Kletterpflanze, deren Blätter sich in drei etwas längliche, leicht spitz zulaufende Fieder teilen. Die großen Blüten stehen einzeln oder zu zweit, sind gelb, lila angehaucht, und haben lange Stiele. Grün-weiß sind die Schoten, zylindrisch, recht dünn, hängend, erst bei 30 cm Länge essbar, bei stolzen 80 cm Länge reif; sie enthalten etwa zehn nierenförmige violettrosa Kerne, deren weißer Nabel schwarz umrändert ist. Es gibt auch eine Sorte mit rot-schwarzen Kernen.

Kultur

Boden: Durchwärmt, sandig, durchlässig, humusreich.
Klima: Gemäßigt bis warm.
Standort: Sonnig, geschützt.
Vermehrung und Anbau:
Aussaat: Anfang April zwei bis drei Samen pro Topf im Warmen säen, nach dem Aufgehen nur je ein Pflänzchen lassen. Anfang Mai unter Haube oder Folientunnel pikieren. Oder Direktsaat Anfang Mai an geschütztem Standort: Fünf Samen in Pflanzlöcher mit 50 cm

Abstand, Reihenabstand 1 m. Zur besseren Keimung mit Minitunnel oder -haube abdecken. Wenn die Pflanzen 15 cm groß sind, anhäufeln und Stangen aufstellen. Diese Bohnen können auch im Kalthaus oder auf einer Pergola nach Süden gezogen werden. Sie haben einen hohen Wasserbedarf.
Wartezeit bis zur Ernte: Bohnen drei Monate, als Trockenbohnen vier Monate.
Ernte: Die Schoten werden vom 15. August bis Ende Oktober geerntet, die Sorte 'Métro' mit 40 cm und 'Tapir' mit 60 cm Länge; die Zwergsorte 'Dall' Occhio' erntet man mit 25 cm Länge.
Lagerung: Ein bis zwei Tage kühl und vor Licht geschützt.
Saatgutgewinnung:
Ernten Sie die ausgereiften Schoten an früh gesäten Pflanzen; sie werden im Schatten getrocknet, herausgelöst, in Beutel gefüllt und kühl und trocken aufbewahrt.

Verwendung

Die jungen Schoten kocht man wie gewöhnliche Grüne Bohnen.
Die Samen werden selten verwendet – sie bereitet man wie andere Trockenbohnen zu.
Geschmack: Erinnert an Grüne Bohnen.

Sorten

Neben der handelsüblichen Sorte mit violettrosa Bohnen, sind in Frankreich die Sorten 'Métro' und 'Tapir' bekannt. Aus Holland stammt die Sorte 'Liane'.

Türkischer Drachenkopf
Dracocephalum moldavicum

Eine Wohltat für die Verdauung ist diese Aroma-, Würz- und Nektarpflanze!

Familie: Lamiaceae (Lippenblütler).
Botanische Synonyme: *Dracocephalum moldavica, Melissa romana, M. turcica.*
Weitere deutsche Namen: Moldawische Melisse
Herkunft: Sibirien und Himalayagebiet.
Lebensdauer: einjährig

Beschreibung
Zunächst wachsen die am Ansatz verzweigten Triebe in die Breite, dann aufrecht, wobei sie einen 20–50 cm hohen Busch mit länglichen, „stumpfzähnig" gezackten Blättern bilden. Die purpurfarbenen Blüten, die in langen Ähren angeordnet sind und von Juni bis Oktober blühen, ähneln denen des Löwenmauls. Die ganze Pflanze verströmt einen durchdringenden Geruch.

Kultur
Boden: Sandig, kalkhaltig, fruchtbar, durchlässig.
Klima: gemäßigt
Standort: sonnig
Vermehrung und Anbau:
Aussaat: Direktsaat im April/Mai. Auf 30–40 cm auslichten.
Wartezeit bis zur Ernte: Drei bis vier Monate
Ernte: Von Juni bis Oktober.
Lagerung: Pflücken Sie die Zweige kurz vor der Blüte, trocknen Sie sie auf einem Rost und bewahren Sie sie dann etwas gerebelt in luftdichten Behältern auf.

Saatgutgewinnung:
Lassen Sie einige Triebe Samen bilden, pflücken Sie die reifen Ähren; die Samen fallen durch Schütteln und Reiben heraus. Man bewahrt sie trocken und vor Licht geschützt in Tüten auf.

Verwendung
Die Blätter würzen Fleisch und Fisch. Sie werden bei der Likörherstellung verwendet und sind ein wohlschmeckender Teeaufguss. Der Türkische Drachenkopf ist aber auch eine schöne Pflanze mit blauen Blüten, die im Steingarten oder als Randbepflanzung Furore macht.
Geschmack: Nach Anis, Melisse, kräftig und angenehm.

Sorten
Neben der handelüblichen Sorte 'Arat' (purpurn) gibt es die weiß blühende Sorte 'Snow Dragon'.

Spritzgurke *Ecballium elaterium*

Essbar ist diese Pflanze nicht, sondern sogar bitter und leicht giftig. Dafür sind sie sehr eigenartig und ein Spaß für alle Besucher des Gartens: Wenn die Früchte reif sind, explodieren sie, sobald man sie berührt, und ihr Inhalt fliegt weit durch die Gegend …

Familie: Cucurbitaceae (Kürbisgewächse).
Botanische Synonyme: *Elaterium cordifolium, E. agreste, E. purgans, E. officiarum, Momordica elaterium.*
Weitere deutsche Namen: Springgurke, Eselsgurke.
Herkunft: Mittelmeergebiete
Lebensdauer: einjährig

Beschreibung

Die krautige Pflanze bildet kurze Ausläufer, ihre dicke Wurzel ist weiß und fleischig. Die bläulich angehauchten, graugrünen Blätter sind wechselständig, haben einen fein gewellten Rand sowie unterseits deutliche Nerven und biegen sich nach oben. Sie fühlen sich rau an, da sie mit kurzen, steifen, aufrechten Haaren bedeckt sind, und sie haben einen dreieckigen Stiel.
Die eiförmigen Früchte ähneln Oliven, sind 5 cm lang, 2 cm dick, stehen zunächst aufrecht, hängen reif etwas, sind graugrün, ausgereift dann gelbgrün. Reif platzen sie bei Berührung und schleudern ihre Samen mehrere Meter weit. Die Fluggeschwindigkeit der Samen beim Auswurf aus der Frucht ist auf 15 m pro Sekunde geschätzt worden. Nach der Explosion bleiben die Früchte weit geöffnet. Wenn sie nicht explodieren, fallen sie auf den Boden und platzen dort.
Die kleinen Samen sind schwarz, glänzend, etwas länglich.

Kultur

Boden: Fruchtbar, humos, durchlässig.
Klima: Gemäßigt und warm.
Standort: sonnig
Vermehrung und Anbau:
Aussaat: Im März/April in Töpfe säen und mit 1 m Abstand auspflanzen, wenn die Jungpflanzen kräftig genug dafür sind.
Dies ist die einzige Pflanze, die ich nie säe, denn ich spiele gern den Besuchern meines Gartens einen Streich: Sie fassen die reifen Früchte an, die dann ihre Samen bis zu 6 oder 8 m weit von der Pflanze schleudern – nach dem Auflaufen brauche ich nur noch die Sämlinge zu pikieren!
Vorsicht: Zupfen Sie die Pflanzen, die sich selbst versamt haben, recht jung aus, denn ihre Wurzeln werden ziemlich dick und sind schwer herauszuziehen.
Wartezeit bis zur „Ernte": Vier bis fünf Monate.
Saatgutgewinnung:
Die Früchte, die nicht explodiert sind, fallen zu Boden; einfach aufsammeln, die Samen herausnehmen, waschen, trocknen und kühl aufbewahren.

Verwendung

Die Spritzgurke ist nicht essbar, ihr einziger Sinn und Zweck ist das Streichespielen: Wer zu neugierig ist, bekommt einen Schwall von der dickflüssigen, klebrigen Flüssigkeit, gemischt mit Samenkörnern ab!

Rucola *Eruca sativa*

Die lange vergessene Rauke kommt wieder in Mode! Ihr würziger, sehr eigener Geschmack erinnert an Kresse und Haselnuss. Diese Pflanze ist leicht und schnell zu ziehen.

Familie: Brassicaceae (Kreuzblütler).
Botanische Synonyme: *Eruca grandi-flora, E. foetida, E. glabrescens, E. ruchetta, Sinapis eruca.*
Weitere deutsche Namen: Ölrauke, Senfrauke, Ruke.
Herkunft: Europa, Südasien, Nord-afrika.
Lebensdauer: Zweijährig, oft nur ein-jährig gezogen.

Beschreibung

Die krautige Pflanze wird 20–30 cm groß; ihr Trieb ist verzweigt, aufrecht und bis zu 80 cm hoch. Die manchmal behaarten, leicht verdickten Blätter sind länglich, unregelmäßig gelappt, wobei der Lappen an der Spitze größer ist. Sie bilden eine Rosette wie der Rettich. Die weißen oder gelben, violett geäderten Blüten mit vier Blüten-blättern blühen in Trauben von April bis September. Die Samen oder Früchte in kurzen, aufrechten Schoten sind glatt und rund.

Kultur

Boden: Fruchtbar, durchlässig.
Klima: Anspruchslos, sehr winterhart.
Standort: Sonnig, im Sommer Halb-schatten.
Vermehrung und Anbau:
Aussaat: Von März bis September lockere Direktsaat mit 25–30 cm Reihenabstand, die Samen kaum bedecken; auf 7–8 cm Pflanzen-abstand auslichten.

Wartezeit bis zur Ernte: Sechs bis acht Wochen nach der Aussaat.
Ernte: Die Blätter werden nach Bedarf dicht am Boden geschnitten.
Lagerung: Zwei bis drei Tage kühl.
Saatgutgewinnung:
Lassen Sie einige Exemplare von einer Spätsommer-Aussaat den Winter über stehen, schneiden Sie die Samen-stände, bevor sie ganz reif sind; sie werden auf einem Tuch zum Trocknen ausgebreitet, die Samen herausgelöst und in Tüten gefüllt.

Verwendung

Die zarten, milden, jungen Blätter isst man roh als Salat – allein oder zusam-men mit anderen Salaten. Sie gehören in die provenzalische Salatmischung und passen zu Fleisch und Geflügel. Gekocht würzen sie Soßen und Suppen. Die Italiener genießen sie – leicht in Olivenöl gedünstet – mit Nudeln. Die milderen Blüten schmecken unter Salate gemischt.
Geschmack: Scharf, würzig, herb, angenehm, erfrischend, erinnert etwas an Kresse und Hasel-nuss.

Gewürzfenchel
Foeniculum vulgare subsp. *vulgare* var. *dulce*

In Mittel- und Südeuropa, Westasien und Nordafrika wächst diese hübsche Aromapflanze wild. Achtung: Wenn sie sich wohlfühlt, sät sie sich üppig selbst aus!

Familie: Apiaceae (Doldenblütler).
Botanische Synonyme: *Foeniculum dulce, F. vulgare, F. officinale, F. azoricum, F. capillaceum, Anethum foeniculum.*
Weitere deutsche Namen: Staudenfenchel, Fehnkel, Fennekel, Brotanis.
Herkunft: Südeuropa
Lebensdauer: Zweijährig, bei guten Bedingungen auch mehrjährig.

Beschreibung
Ihre Stängel werden manchmal bis 2 m hoch. Sie sind verzweigt, stabil, geriffelt, rau, hohl, glatt und aromatisch. Die Blätter sind flaumig, zart eingeschnitten, fadendünn, länglich und lang bestielt. Im zweiten Kulturjahr blüht die Pflanze von Juli bis Oktober. Ihre Samen sind länglich, faltig, braungrau und duften nach Anis.

Kultur
Boden: Humusreich, aufgelockert, eher sauer.
Klima: gemäßigt
Standort: sonnig
Vermehrung und Anbau:
Aussaat: Im März/April oder August Direktsaat: einige Samen alle 20 cm bei einem Reihenabstand von 50 cm. Wenn die Sämlinge vier bis fünf Blätter haben, jeweils nur den schönsten lassen; Abstände einhalten.
Wartezeit bis zur Ernte: Drei Monate

nach Frühlingssaat, sieben bis acht Monate nach Spätsommersaat.
Ernte: Die Blätter werden einzeln und nach Bedarf die ganze Saison über gepflückt, die Samen erntet man reif.
Lagerung: Die Blätter sollten sofort verbraucht werden, die Samen lassen sich lagern.
Saatgutgewinnung:
Die Dolden werden gepflückt, wenn die Samen ausgereift sind, einige Tage im Schatten getrocknet, die Samen herausgelöst und dann in luftdichten Behältern kühl und trocken aufbewahrt.

Verwendung
Die fein geschnittenen Blätter aromatisieren Rohkost, Salate, Schalentiere, Fisch, Gemüse, Fleisch und Suppen und ergeben einen wohlschmeckenden Teeaufguss. Mit den Samen würzt man Fleisch, Soßen, Fisch und Gebäck, außerdem dienen sie der Likörherstellung.
Geschmack: Süß, nach Anis.

Sorten
'Berfena', 'Chumen', 'Magnafena', 'Großfrüchtiger'.

Gemüsefenchel
Foeniculum vulgare subsp. *vulgare* var. *azoricum*

Dieses wohlschmeckende Gemüse lässt sich leicht anbauen. Doch Vorsicht: in Perioden mit großer Hitze und fehlender Kühle schießt Fenchel zu früh ins Kraut.

Familie: Apiaceae (Doldenblütler).
Botanische Synonyme: *Foeniculum vulgare* var. *sativum*, *F. vulgare*, *F. vulgare* var. *dulce*.
Weitere deutsche Namen: Römischer, Bologneser, Italienischer, Zwiebel-, Finocchio-, Knollen-Fenchel.
Herkunft: Südeuropa oder Mittlerer Osten.
Lebensdauer: Zweijährig, als einjährige Pflanze gezogen.

Beschreibung
Die Blütenstiele entwickeln sich zuweilen schon im ersten Kulturjahr, meist aber im zweiten; sie werden 80 cm hoch. Die grundständigen Blätter mit dicken fleischigen Rippen (Stielen) sind am Ansatz dicker und so ineinander verschachtelt, dass sich eine faustgroße, flache Knolle ergibt, die zart, fest und grünlich weiß ist.

Kultur
Boden: Tiefgründig, sandig-humos, aufgelockert, durchlässig.
Klima: gemäßigt
Standort: sonnig
Vermehrung und Anbau:
Aussaat: Da Fenchel eine Langtagpflanze ist, kann er in unseren Breiten erst Ende Juni bis Anfang August ausgesät werden. Dazu werden alle 20 cm je einige Samen gestreut (Reihenabstand 40 cm); nach dem Aufgehen bleiben nur die kräftigsten Sämlinge stehen.
Wartezeit bis zur Ernte: Zwei Monate nach der Aussaat.
Ernte: Die „Knollen" werden nach Bedarf geerntet, wenn sie genügend entwickelt sind.
Lagerung: Drei bis vier Tage kühl.
Saatgutgewinnung:
Einige Pflanzen frostfrei in Töpfen überwintern. Im Frühjahr auspflanzen, abstützen und sie Samen bilden lassen; im Spätsommer werden die Dolden geschnitten, wenn die Samen grau werden, im Schatten auf einem Tuch getrocknet, gedroschen, dann kühl und trocken gelagert.

Verwendung
Man isst Fenchel gedünstet, als Soufflé, geschmort, überbacken, als Beilage zu Fisch, Fleisch, Geflügel. Roh ist er fein gewürfelt oder geschnitten eine Delikatesse als Salat.
Mit den Blättern lassen sich Salate, Suppen und Soßen aromatisieren.
Die Samen verfeinern Fleisch, Gebäck, Soßen, Liköre, Gemüse.
Geschmack: Süß, nach Anis.

Sorten
'Süße von Florenz', 'Zefa Fino', 'Zefa Tardo', 'Perfection', 'Latina', 'Albaro', 'Argo', 'Finale', 'Selma'.

Die grüngelben Blüten stehen in Dolden zusammen und blühen von Juli bis September.

Die Samen sind platt, etwas länglich und haben fünf gräuliche Rippen.

Knackerdbeere *Fragaria viridis* (1)

Nicht sehr ertragreich, aber leicht zu ziehen sind diese Erdbeeren, und sie sind süß und sehr aromatisch!

Weitere deutsche Namen: Weiße Erd-beere
Herkunft: Mitteleuropa
Lebensdauer: mehrjährig
Beschreibung: Die Früchte sind mittel-groß, weiß, auf der Sonnenseite rosé, in-nen weiß. Die Pflanze bildet Ausläufer.

Kultur
Boden: Leicht, aufgelockert und humus-reich.
Klima: gemäßigt
Standort: sonnig
Vermehrung: Durch Ausläufer (Juli bis September), die von der Mutterpflanze getrennt und mit 30 cm Abstand in Reihen mit 40 cm Abstand gepflanzt werden. Festdrücken und gießen.
Ernte: Nach etwa drei Wochen können die ausgereiften Früchte geerntet wer-den, wenn sie auf der Sonnenseite rosa werden.
Saatgutgewinnung: Schwierig, besser ist die Vermehrung durch Ausläufer.

Verwendung
„Nature", mit Zucker, Wein, Kirschwas-ser, Champagner, Crème fraîche. Sie passen zu anderen Früchten im Obst-salat und ergeben köstliche Marmela-de, Kompott, Torte und Sorbet.

Zimterdbeere *Fragaria moschata* (2)

Diese Erdbeere verdient es kultiviert zu werden, obwohl sie nur einmal im Jahr Früchte liefert.

Weitere deutsche Namen: Muskateller-erdbeere, Moschuserdbeere.
Herkunft: Mittel- und Osteuropa.
Lebensdauer: mehrjährig
Beschreibung: Die roten, fleischigen Früchte sind rund, eiförmig und verjün-gen sich zum Stiel hin birnenförmig. Die Pflanze bildet Ausläufer.

Kultur
Boden: Fruchtbar, aufgelockert, humus-reich, leicht, etwas kalkhaltig.
Klima: gemäßigt
Standort: sonnig
Vermehrung: Wie die vorangehende Art.
Lagerung: Möglichst rasch vernaschen; sonst verlieren sie bald an Aroma.

Verwendung
Die Früchte werden roh gegessen, pur oder mit Rotwein, Zucker, Champagner, Kirschwasser, Crème fraîche; sie sind lecker in Obstsalat, dienen zur Berei-tung von Sirup, Sorbet, Eis, Torten, Likören und leckeren Marmeladen.
Geschmack: Muskatgeschmack, süß, erinnert ein bisschen an Himbeeren.

Sorten
'Capron Royal'.

Kulturerdbeere *Fragaria × ananassa*

Sehr ertragreich sind diese Pflanzen, ihre Früchte sind jedoch weniger geschmacksintensiv als die der anderen Arten.

Familie: Rosaceae (Rosengewächse).
Botanische Synonyme: *F. grandiflora*, *F. × magna*.
Weitere deutsche Namen: Gartenerdbeere, Ananaserdbeere.
Herkunft: Die Wildarten aus denen diese Kulturform hervorgegangen ist, stammen aus Chile (*Fragaria chiloensis*) und aus Virginia (*F. virginiana*).
Lebensdauer: mehrjährig

Beschreibung

Bis zu 30 cm hoch wird diese krautige Pflanze, deren gezähnte, gestielte, oft pelzige Blätter aus drei Einzelblättern bestehen. Die nicht remontierenden Arten blühen weiß von April bis Juni, die anderen bis ans Saisonende. Die roten Früchte sind je nach Sorte entweder rund oder konisch. Die Pflanze bildet Ausläufer. Alle Sorten mit großen Früchten sind Kreuzungen unter Arten und anderen Sorten.

Kultur

Boden: Fruchtbar, leicht sauer, aufgelockert, humusreich.
Klima: gemäßigt
Standort: sonnig
Vermehrung und Anbau:
Von Juli bis Oktober durch Ausläufer, wenn diese weißliche Haarwurzeln aufweisen; mit einem Abstand von 30 cm × 40 cm pflanzen. Die Erde um die versetzten Ausläufer festdrücken und gut wässern.

Wartezeit bis zur Ernte: Sieben bis acht Monate.
Ernte: Die Früchte reif ernten, wenn sie schön rot sind. Bei remontierenden Sorten zieht sich die Ernte über mehrere Wochen hin.
Lagerung: Ein oder zwei Tage im Kühlschrank.
Saatgutgewinnung:
Schwierig und wegen der Kreuzungsrisiken zu vermeiden.

Verwendung

Die reifen Früchte isst man pur oder mit Rotwein, Zucker, Kirschwasser, Crème fraîche. Sie lassen sich zu Sorbet, Marmelade, Torte und Obstsalat verarbeiten.
Geschmack: süß bis säuerlich, je nach Sorte mehr oder weniger aromatisch.

Sorten

Remontierende Erdbeeren: 'Elan', 'Gento', 'Ostara', 'Mara des Bois', 'Temptation'.
Nicht remontierende Erdbeeren: 'Elvira', 'Korona', 'Elsanta', 'Senga Sengana', 'Symphony'.

Monatserdbeere
Fragaria vesca var. *semperflorens*

Die Kulturformen der Walderdbeere werden die ganze schöne Jahreszeit über gepflückt: von April bis zum Frost.

1. 'Reine des Vallées'
2. 'Blanche Alpine'

Familie: Rosaceae (Rosengewächse).
Botanische Synonyme: *Fragaria hortensis, F. vesca* var. *flagellis, F. semperflorens, F. flagellis.*
Weitere deutsche Namen: Kulturwalderdbeere, immertragende Erdbeere.
Herkunft: Europa
Lebensdauer: mehrjährig

Beschreibung
Die krautige Pflanze bildet einen recht hohen Horst ohne Ausläufer. Ihre gestielten Blätter sind oval und gezähnt. Sie blüht üppig von Ende April bis September. Die roten oder weißgelben Früchte sind rundlich oder länglich, je nach Sorte.

Monatserdbeeren sind rot oder gelblich weiß.

Kultur
Boden: Fruchtbar, eher sauer, humusreich.
Klima: gemäßigt
Standort: sonnig
Vermehrung und Anbau:
Ballenteilung: Säubern Sie Anfang September die alten Büschel, indem Sie die vertrockneten Blüten und Stängel entfernen. Häufeln Sie die Pflanzen leicht an, um die Bildung neuer Haarwurzeln anzuregen. Ende September zieht man die Büschel heraus, teilt sie, wobei die Exemplare ausgewählt werden, die eine Knospe und neue

Wurzeln haben; alte Wurzeln und Blätter schneidet man ab, gräbt mit einer Hacke alle 30 cm Löcher (Reihenabstand 40 cm), in die man die Pflanzen setzt, fest tritt und angießt. Um mehrere Monate lang problemlos Früchte ernten zu können, mit Rindenhumus mulchen, der die Kühle bewahrt und Unkraut am Wachsen hindert.
Wartezeit bis zur Ernte: Acht Monate nach dem Pflanzen.
Ernte: Die Früchte können ausgereift ab April bis zum ersten Frost geerntet werden.
Lagerung: Rasch verbrauchen. Halten sich ein bis zwei Tage im Kühlschrank.
Saatgutgewinnung:
Schwierig! Besser funktioniert Vermehrung durch Ballenteilung.

Verwendung
Die rohen Früchte schmecken pur, mit Zucker, Wein, Kirschwasser, Crème fraîche, in Obstsalat. Gekocht als Marmelade oder Kompott.
Geschmack: Aromatisch, süß, erinnert etwas an „richtige" Walderdbeeren; die Sorten mit gelben Früchten sind süßer und haben ein zarteres Aroma.

Sorten
'Reine des Vallées' (1), 'Blanche Alpine' (2), 'Mignonette', 'Bowlenzauber', 'Rügen'.

Sojabohne *Glycine max*

Diese sehr nahrhafte Pflanze ähnelt stark einer Buschbohne, sie ist allerdings wärmebedürftiger. Inzwischen gibt es Sorten, die eine kurze Entwicklungszeit haben und auch in unserem Klima kultiviert werden können.

Familie: Fabaceae (Schmetterlingsblütler).
Botanische Synonyme: *Glycine soja, G. hispida, G. maxima, G. ussuriensis.*
Weitere deutsche Namen: Erbsenbohne
Herkunft: China, Korea, Japan.
Lebensdauer: einjährig

Beschreibung

Die Pflanze wird über 1 m hoch, hat aufrechte oder liegende Triebe. Ihre wechselständigen Blätter weisen meist drei ovale Fieder auf, die leicht spitz zulaufen. Die spärlichen violetten oder gelben Schmetterlingsblüten bilden Trauben. Recht kurz und gekrümmt sind die Schoten, die zwei bis fünf fast runde weiße oder braune Kerne enthalten.

Kultur

Boden: Tiefgründig, humusreich, sandig.
Klima: Gemäßigt bis warm.
Standort: sonnig
Vermehrung und Anbau:
Aussaat: Ende April/Anfang Mai mit 5–8 cm Abstand in der Reihe und 30 cm zwischen den Reihen aussäen. Regelmäßig Unkraut jäten, da die Reihen sonst schließen.
Wartezeit bis zur Ernte: Drei bis fünf Monate.
Ernte: Ziehen Sie die ausgereiften

Pflanzen heraus und hängen Sie sie kopfüber auf. Die Schoten entkernen und die trockenen Samen kühl und vor Feuchtigkeit geschützt aufbewahren.
Lagerung: Die gut durchgetrockneten Samen werden kühl und trocken gelagert.
Saatgutgewinnung: Die reifen Pflanzen werden herausgezogen, kopfüber aufgehängt, dann die Schoten entkernt und die vollständig trockenen Samen kühl und trocken aufbewahrt.

Verwendung

Sojabohnen werden zu pflanzlichem Brotaufstrich verarbeitet, die Keime zu Salat. Auch püriert und als Suppe schmecken sie und oder als Kuchenbeigabe. Öl wird aus ihnen hergestellt und natürlich die berühmte Sojamilch. In China und Japan wird Soja auf allerlei Art verwendet: für Käse (Tofu), Soße, Miso (Würze), Nudeln und Desserts.
Geschmack: Angenehm, ähnlich der kleinen weißen Flageolettbohne, sehr fein, leicht mehlig mit Haselnussgeschmack.

Sorten

'Gallec', 'Pronto', 'Ustie', 'Ysuzumi'.

Gewöhnliche Sonnenblume
Helianthus annuus

Auch bei Vögeln sehr beliebt sind die nach Pinienkernen schmeckenden Samen dieser Riesenpflanze!

Familie: Asteraceae (Korbblütler).
Botanische Synonyme: *Helianthus indicus, H. pumilus, H. erythrocarpus, H. platycephalus.*
Weitere deutsche Namen: Sonnenrose, Indianische Sonne, Sonnenstern.
Herkunft: Mexiko, Kalifornien.
Lebensdauer: einjährig

Beschreibung

Die sehr schnell wachsende Pflanze kann 3 m oder höher werden. Sie hat dicke, runde, stabile, behaarte Stängel und sehr große herzförmige Blätter, die grün und gezähnt sind und drei Rippen aufweisen. Die einzige, meist gelbe Blüte besteht innen aus Röhren-, außen aus Zungenblüten; der (verblüht oft hängende) Kopf von 30–50 cm Breite blüht von Juli bis September. Die Kerne sind grau, länglich – und die Vögel lieben sie!

Kultur

Boden: Tiefgründig, aufgelockert, humusreich.
Klima: Gemäßigt bis warm.
Standort: sonnig

Vermehrung und Anbau:

Aussaat: Im April werden an einem warmen, hellen Ort zwei Samen pro Topf gesät. Nach dem Aufgehen nur je ein Pflänzchen lassen und, wenn es kräftig genug ist, mit Ballen in Pflanzlöcher setzen, die zuvor mit Kompost angereichert wurden; dabei 1,50 m Pflanzenabstand zu allen Seiten lassen. Direktsaat unter Glocke Ende April/ Anfang Mai. Nach dem Aufgehen Schutz entfernen.
Ernte: Im September/Oktober.
Lagerung: Die Samen werden auf einem Sieb getrocknet und in Gläser gefüllt.
Saatgutgewinnung:
Umhüllen Sie die Blüte mit Mousseline (Gaze), wenn die Kerne noch grün sind, um hungrige Vögel abzuwehren. Die reifen Kerne auf einem Sieb trocknen und in luftdichten Gefäßen aufbewahren.

Verwendung

Getrocknet oder geröstet schmecken die Kerne als Knabberei, in Öl eingelegt als Gewürz (zuvor leicht überbrühen). Vier Stunden in lauwarmem Wasser gekeimt, sind sie eine wunderbare Einlage für gemischte Salate.
Geschmack: Erinnert an Pinienkerne.

Sorten

'Abendsonne', 'Domino', 'Schnittgold', 'Uniflorus'.

Helianthi *Helianthus strumosus*

Helianthi ist eine über 2 m große Pflanze mit sehr dekorativen gelben Blüten. Der Geschmack ihrer Wurzeln erinnert an Haferwurzeln, Topinambur, Artischocken und Schwarzwurzeln.

Familie: Asteraceae (Korbblütler).
Botanische Synonyme: *Helianthus willdenowianus, H. mollis, H. strumosus* var. *sativus.*
Weitere deutsche Namen: Indianer-kartoffel
Herkunft: Nordamerika
Lebensdauer: Durch die Knollen mehr-jährig, wird aber einjährig gezogen.

Beschreibung

Über 2 m hoch werden die aufrechten, verzweigten Triebe; sie sind pelzig, kräftig, und der oberirdische Teil sieht fast genauso aus wie bei Topinambur. Die ovalen Blätter sind lanzettlich, gestielt, leicht gezähnt und fühlen sich rau an.
Die gelben Blüten in Einzelköpfchen bilden bei uns keine Samen aus. Die grauweißen Wurzeln oder Rhizome unterscheiden sich vom Topinambur durch ihre Länge und den dünnen Teil auf der Ansatzseite. Sie haben die Form glatter Spindeln, die am Ende verdickt sind.

Kultur

Boden: Humusreich, tiefgründig und leicht.
Klima: gemäßigt
Standort: sonnig
Vermehrung und Anbau:
Durch Rhizome: Von Mitte Februar bis Anfang April setzen Sie alle 50 cm ein Rhizom etwa 15 cm tief, bei einem Reihenabstand von 80 cm. Wenn die

Pflanzen etwa 15 cm hoch sind, anhäufeln, um sie windbeständiger zu machen. Die Pflanzen blühen nicht jedes Jahr.
Wartezeit bis zur Ernte: Sechs bis sieben Monate.
Ernte: Mitte November bis Ende März die Rhizome nach Bedarf ausgraben.
Lagerung: Die Rhizome sehr schnell verbrauchen oder in trockenem Sand lagern.
Saatgutgewinnung:
Diese Pflanze produziert in unserem Klima keine Samen.

Verwendung

Die gekochten Rhizome werden wie Haferwurzeln zubereitet: gebraten, frittiert, überbacken, püriert, mit Vinaigrette oder als Suppe. Roh isst man sie gerieben und als Salat.
Geschmack: Liegt zwischen Topi-nambur, Artischocke, Schwarz- und Haferwurzeln.

Topinambur *Helianthus tuberosus*

Lange wurde Topinambur stiefmütterlich behandelt, doch inzwischen bringen ihn die Küchenchefs wieder auf den Speiseplan und lassen uns seine Finesse und seinen artischockenähnlichen Geschmack wiederentdecken.

Familie: Asteraceae (Korbblütler).
Botanische Synonyme: *Helianthus mollissimus*
Weitere deutsche Namen: Erdbirne, Indianerknolle.
Herkunft: Nordamerika
Lebensdauer: mehrjährig

Beschreibung

Die Pflanze wird 2,50 m hoch und hat einjährige Triebe. Diese sind aufrecht, kräftig, an der Basis verzweigt. Die Blätter sind oval, spitz, gestielt, wechselständig und fühlen sich rau an. Wie Margeriten sehen die gelben Blütenköpfchen aus, die im September/Oktober blühen, aber in unseren Breiten keine Samen hervorbringen. Die Knollen sind unregelmäßig und unförmig, manche länglich und glatt, je nach Sorte gelb oder rot.

Kultur

Boden: Humusreich, nicht zu feucht.
Klima: anspruchslos
Standort: Sonne, Halbschatten.
Vermehrung und Anbau: Durch Pflanzen der Knollen: Anfang März bis Mitte April pflanzt man alle 60 cm (Reihenabstand 70 cm) die Knollen in 10 cm Tiefe ein. Anhäufeln, wenn die Pflanzen 15 cm hoch sind. Wenn Sie im nächsten Jahr keinen Topinambur möchten, müssen Sie die Rhizome vollständig entfernen!
Wartezeit bis zur Ernte: Sieben Monate
Ernte: Von November bis Ende März die Knollen nach Bedarf ernten.
Lagerung: Kühl lagern, nur vier bis fünf Tage haltbar.
Saatgutgewinnung: In unserem Klima erfolgt kein Samenansatz.

Verwendung

Diese große Pflanze wurde jahrzehntelang vernachlässigt, ja verschmäht, denn sie war in den Köpfen der Leute noch zu sehr mit dem Zweiten Weltkrieg verbunden, wo sie ein wichtiges Nahrungsmittel darstellte, da sie so leicht zu pflanzen war und sich so üppig vermehrte. Heute kommt das ehemalige „Arme-Leute-Essen" Topinambur wieder in Mode. Die rohen Knollen werden gerieben oder in feine Scheiben geschnitten und allein oder zusammen mit anderer Rohkost mit Vinaigrette genossen. Gegart isst man sie mit Sahnesoße, Vinaigrette, frittiert, püriert, überbacken, gebraten.
Geschmack: Der Artischocke sehr ähnlich.

Sorten

In Frankreich erhältlich: 'Commun Violet', 'Commun Blanc', 'Patate', 'Fuseau Rouge', 'Fuseau Blanc', 'Violet de Rennes'.

Currystrauch *Helichrysum italicum*

Diese gelbe Strohblume ist eine dekorative Pflanze, die einen aromatischen, curryähnlichen Duft verströmt.

Familie: Asteraceae (Korbblütler).
Botanische Synonyme: *Helichrysum angustifolium*
Weitere deutsche Namen: Italienisches Sonnengold, Italienische Strohblume, Mittelmeer-Strohblume.
Herkunft: Südeuropa
Lebensdauer: mehrjährig

Beschreibung

Die buschige Aromapflanze wird 50 cm hoch. Ihre Blätter sind schmal, silbrig grau, 3–12 mm lang, wobei die unteren kleiner und spärlicher wachsen als die oberen. Die zahlreichen, dicht gedrängten Blütenköpfchen bilden im Juni/Juli blassgelbe Sträußchen.

Kultur

Boden: Sehr durchlässig, leicht.
Klima: Gemäßigt bis warm.
Standort: sonnig
Vermehrung und Anbau:
Stecklinge: Im Frühling schneidet man Grünstecklinge, steckt sie in Töpfe mit einer Mischung aus Erde und Flusssand und stülpt eine Plastiktüte darüber. Im Mai werden sie mit 60 cm Platz zueinander ausgepflanzt. Im Sommer schneidet man Stecklinge aus jungen Trieben, holt sie sie im November zum Überwintern herein, um sie im folgenden Frühjahr auszupflanzen.
Schützen Sie die Pflanzen bei großer Kälte: Die Wurzeln werden mit Stroh, Laub, Leinstroh oder einer Folienhaube bedeckt.

Wartezeit bis zur Ernte: Ein Jahr nach der Stecklingsbildung.
Ernte: Das ganze Jahr nach Bedarf.
Lagerung: Ein paar Sträuße trocknet man hängend in einem schattigen, kühlen und luftigen Raum, anschließend werden sie in luftdichten Gefäßen aufbewahrt.
Saatgutgewinnung:
Trocknen Sie kopfüber hängend die Pflanzen, wenn die Samen reif sind. Diese werden geerntet und trocken, kühl und dunkel in Gläsern aufbewahrt.

Verwendung

Diese Pflanze wird zum Würzen der Speisen mitgekocht und vor dem Anrichten wieder entfernt. Dabei verleiht sie dank ihres Curryduftes zahlreichen Gerichten ein angenehmes Aroma. Wunderbar zu Geflügel, Marinaden, Gemüse und Reisgerichten.
Geschmack: Erinnert an Curry.

Duftendes Mariengras *Hierochloe odorata*

Die duftende Pflanze aromatisiert klaren Alkohol und bringt Duft in Wäscheschränke. Sie wuchert dermaßen, dass man sie im Auge behalten sollte, wenn sie nicht den Garten bevölkern soll.

Familie: Poaceae (Gräser).
Botanische Synonyme: *Holcus odoratus*, *Hierochloe borealis*.
Weitere deutsche Namen: Wohlriechendes Mariengras
Herkunft: Nord- und Mitteleuropa, Nordasien und Nordamerika.
Lebensdauer: mehrjährig

Beschreibung
Wie Gras sehen die langen, platten Blätter dieser 20–40 cm hohen Pflanze mit aufrechten Trieben aus. Sie haben Blattscheiden und laufen spitz zu. Die Blütenstände in lockeren, breiten Rispen sind braun oder gelbweiß mit gestielten Ährchen; sie blühen von Mai bis Ende Juli. Die unterirdischen Triebe bilden Ausläufer.

Kultur
Boden: Etwas feucht.
Klima: gemäßigt
Standort: Im Sommer schattig.
Vermehrung und Anbau:
Horstteilung: Im Frühling oder Herbst die Ballen in Stücke teilen und diese mit 50 cm Platz zueinander pflanzen. Da sich diese Pflanze rasch verbreitet, sollte man die Ausläufer regelmäßig entfernen.
Wartezeit bis zur Ernte: Zwei bis drei Monate bei Vermehrung im Frühjahr und über sechs Monate bei Vermehrung im Herbst.
Ernte: April bis Ende September.
Lagerung: Die Blätter werden zum Trocknen im Schatten auf einem Sieb ausgebreitet und dann in luftdichten Gefäßen aufbewahrt.
Saatgutgewinnung: Produziert in unserem Klima keine Samen.

Verwendung
Die getrockneten Blätter aromatisieren klaren Alkohol (hauptsächlich Wodka), außerdem lassen sie die Wäsche im Schrank duften.
Geschmack: Nach Heu.

Ysop *Hyssopus officinalis subsp. officinalis*

Der Ysop ist eine hübsche Gewürzpflanze für den Steingarten und zugleich eine gute Nektar- und Heilpflanze, die bei Verdauungsbeschwerden hilft. Er sollte jedoch maßvoll verwendet werden.

Familie: Lamiaceae (Lippenblütler).
Botanische Synonyme: *Thymus hyssopus*, *Hyssopus cinerascens*.
Weitere deutsche Namen: Isop, Bienenkraut, Ispenkraut, Eisenkraut, Josefskraut.
Herkunft: Mittel- und Südeuropa.
Lebensdauer: mehrjährig

Beschreibung

Der buschige kleine Halbstrauch wird mit seinen zahlreichen kantigen, holzigen Trieben 30–60 cm hoch. Die Blütenähren sind bei den meisten Sorten violett.

Kultur

Boden: Leicht, leicht kalkhaltig.
Klima: gemäßigt
Standort: Warm und sonnig.
Vermehrung und Anbau:
Aussaat: In unseren Breitengeraden sollte man die Aussaat erfahrenen Gärtnern mit beheizten Gewächshäusern überlassen. Erwerben Sie Ihre erste Pflanze aus einer Gärtnerei.
Horstteilung: Von Ende März bis Ende September die alten Horste teilen und die Stücke (mit Wurzeln und Trieben) mit 50 cm Platz zueinander pflanzen.
Stecklinge: Bei Frühjahrsbeginn oder im Herbst 12 cm lange Stecklinge schneiden, die Blätter des einzugrabenden Teils entfernen (zu 3/4) und ins Anzuchtbeet setzen. Wenn sie genug bewurzelt sind, auspflanzen. Regelmäßig die Blütenstiele abschneiden,

sobald sie erscheinen, damit die Blätter zart werden.
Wartezeit bis zur Ernte: Sechs bis sieben Monate nach Horstteilung im Herbst, einige Wochen nach der im Frühling, fünf bis acht Wochen nach Stecklingsvermehrung im Frühling, sechs bis sieben Monate nach Stecklingsvermehrung im Herbst.
Ernte: Die Triebe und Blätter werden nach Bedarf vor der Blüte geerntet.
Lagerung: Im Schatten rasch trocknen und in luftdichten Behältern trocken, kühl und vor Licht geschützt aufbewahren. Die Blüten werden im Juni gepflückt.
Saatgutgewinnung:
Da die Aussaat äußerst schwierig ist, lohnt es nicht Samen zu gewinnen.

Verwendung

Die jungen, zarten Blätter werden frisch oder getrocknet zum Würzen von Rohkost, Salat, Suppe und Soße verwendet, geben Fleisch und Hülsenfrüchten Pfiff, sind jedoch auch köstlich mit Desserts oder Kuchen auf Obstgrundlage.
Die Blüten aromatisieren Salate sowie Liköre und werden als Tee aufgegossen. Wunderbar sind sie in Blüten-Potpourris.
Geschmack: Erinnert etwas an Minze, mit leicht bitterem, herbem, scharfem Kampferaroma.

Sorten

'Blaublühender', 'De Giovanni', 'Florarot'.

Spargelsalat
Lactuca sativa var. *angustana*

*Eine Kuriosität für den Gemüsegarten ist diese Pflanze:
Sie bildet keinen Salatkopf, und gegessen wird hauptsächlich
der Blütenstiel!*

Familie: Asteraceae (Korbblütler).
Botanische Synonyme: *Lactuca sativa*
var. *asparagina, L. angustana.*
Weitere deutsche Namen: Garten-
lattich
Herkunft: Südeuropa und Asien.
Lebensdauer: einjährig

Beschreibung
Die langen, schmalen, lanzettlichen
Blätter der krautigen Pflanze bilden
keinen Salatkopf. Ihr verdickter Blütentrieb ist verzweigt, steht aufrecht und
trägt gelbe Blütenköpfchen; die Samen
sind länglich spitz.

Kultur
Boden: Fruchtbar und humusreich.
Klima: gemäßigt
Standort: sonnig
Vermehrung und Anbau:
Aussaat: Von März bis Juni ins An-
zuchtbeet säen oder direkt in Reihen

mit 25 cm Abstand; Platz zwischen den
Pflanzen: 20 cm.
Wartezeit bis zur Ernte: Acht bis zehn
Wochen nach der Aussaat.
Ernte: Die Blätter je nach Wachstum
recht jung ernten; den verdickten Stiel
vor der Blütenknospenbildung, wenn
er etwa 20–25 cm lang ist.
Lagerung: Zwei Tage im Gemüsefach
des Kühlschranks.
Saatgutgewinnung:
Da Salat zu den selbstbefruchtenden
Pflanzen gehört, ist die Gefahr einer
Kreuzung mit anderen Sorten gering.
Sicherheitshalber kann man die Blüten
in ein Gazetuch einwickeln.
Für Frühlings- und Sommersorten
werden im März gesäte schöne Exemplare ausgewählt und mit Ballen mit
50 cm Abstand zueinander wieder
ausgepflanzt. Samen bilden lassen und
abstützen. Ende Juli schneidet man
die Stängel vor der völligen Reife,
trocknet sie im Schatten und bewahrt
die Samen kühl und trocken auf. Für
die Herbstsorten wird dieser Vorgang
Mitte September durchgeführt.
Wintersorten werden vor Kälte
geschützt und am Frühlingsanfang
verpflanzt, zunächst unter Hauben,
dann ins Freiland; das Vorgehen ist wie
bei Frühjahrs- und Sommersorten.

Verwendung
Die Blätter bereitet man wie bei allen
Kopfsalaten zu. Die Stängel werden in
Wasser gekocht, von der holzigen Hülle
befreit und wie Spargel zubereitet:
hauptsächlich mit Vinaigrette, gedüns-
tet oder überbacken.
Geschmack: Recht delikat, erinnert an
Spargel, Sellerie und Haselnuss.

Sorten
'Celtuce', 'Laitue-asperge du Pamir'.

Kopfsalat *Lactuca sativa* var. *capitata*

Dieser Kopfsalat wird seinem Namen gerecht: Er bildet einen dicken, runden, kompakten Kopf. Wie alle Kopfsalate sollte er schnell verbraucht werden: Nach der Ernte verliert er etwa 25 % an Vitamin C.

Familie: Asteraceae (Korbblütler).
Botanische Synonyme: *Lactuta capitata*
Herkunft: Südeuropa, Nepal, Indien.
Lebensdauer: einjährig

Beschreibung
Die jungen Blätter bilden einen schönen rundlichen, kompakten Kopf. Seine Farben sind je nach Sorte unterschiedlich: gelb, blass- oder dunkelgrün, rot oder gefleckt. Die Samen sind länglich, gefurcht, spitz, schwarz oder weiß.

Kultur
Boden: Fruchtbar, humusreich.
Klima: gemäßigt
Standort: sonnig
Vermehrung und Anbau:
Aussaat: Sommer- und Herbstsalat: Im Februar/März unter Glas ins Frühbeet oder ins sonnige Anzuchtbeet. Wenn die Sämlinge einige Blätter haben, auf 20 cm Abstand ins Freiland verpflanzen (Frühjahrssalat). Alternative: Von März bis Juni direkt ins Freiland säen (bis Juni mit Folie schützen), auf 25 cm vereinzeln oder alle 25 cm je zwei bis drei Samen streuen und anschließend nur je einen Sämling stehen lassen Wintersalat: Vom 15. August bis 15. September: Ins Anzuchtbeet säen, in sonniges Beet verpflanzen, mit 15 cm Abstand zwischen den Pflanzen und 25 cm zwischen den Reihen.
Wartezeit bis zur Ernte: Zwei Monate bei Frühjahrs-, Sommer- und Herbst-

salat, sieben bis acht bei Wintersalat.
Ernte: Je nach Wachstum und Bedarf. Rasch verwenden!
Saatgutgewinnung:
Wie Spargelsalat vorangehende Seite.

Verwendung
Roh als Salat, gekocht in Suppen, gedünstet oder überbacken.

Sorten
Frühling, Sommer und Herbst: 'Micha', 'Robinson', 'Gémini', 'Maeva', 'Elenas', 'Camaro', 'Sioux', 'Kagraner Sommer 2', 'Dynamite', 'Fiorella', 'Brauner Trotzkopf', 'Merveille des Quatre Saisons'.
Winter: 'Passion', 'Merveille d'Hiver', 'Brune d'Hiver', 'Rougette de Montpellier', 'Mai Wunder', 'Winter Butterkopf'.

Die kleinen gelben Blütenköpfchen erscheinen von Juni bis September.

Schnitt- und Pflücksalat
Lactuca sativa var. *crispa*

Dieser Salat bildet Rosetten, deren Blätter man nach Bedarf pflückt. Er wächst mehrmals im Jahr nach.

1. 'Amerikanischer Brauner'
2. 'Feuille de Chêne blonde'

Familie: Asteraceae (Korbblütler).
Botanische Synonyme: *Lactuca intybacea, L. laciniata, L. crispa.*
Weitere deutsche Namen: Blattsalat
Herkunft: Südeuropa und Asien.
Lebensdauer: einjährig

Beschreibung
Statt eines Kopfes bildet die krautige Pflanze mit aufrechten, verzweigten Trieben aus ihren jungen Blättern einen Horst oder eine lockere Rosette. Die Blätter sind je nach Sorte schraffiert, ganz, eingeschnitten, mehr oder weniger ausgebreitet, grün oder rot. Die kleinen Blütenköpfchen sind gelb, die Samen weiß oder schwarz.

Kultur
Boden: Fruchtbar, locker, humusreich.
Klima: gemäßigt
Standort: sonnig
Vermehrung und Anbau:
Aussaat: Von März bis August Direktsaat in Reihen mit 20 cm Abstand. Durch Ernte der jungen, zarten Pflänzchen nach und nach auf 10 cm Abstand zwischen den Pflanzen auslichten.
Wartezeit bis zur Ernte: Vier bis fünf Wochen nach der Aussaat.
Ernte: Die Blätter werden je nach Wachstum und Bedarf geschnitten.
Lagerung: Ein Tag kühl.
Saatgutgewinnung:
Da Salat Selbstbefruchter ist, ist die Gefahr einer Kreuzung mit anderen Sorten gering. Zur Sicherheit kann man den Blütenstand in Gaze wickeln. Bei den Frühjahrs- und Sommersorten im März gesäte schöne Exemplare auswählen, mit Ballen in 50 cm Abstand zueinander pflanzen, Samen bilden lassen, abstützen. Ende Juli werden die Stängel vor völliger Reife geschnitten, im Schatten getrocknet und die Samen kühl und trocken aufbewahrt. Bei Herbstsorten erfolgt die Prozedur Mitte September; die Wintersorten werden vor Kälte geschützt und am Frühlingsanfang umgesetzt, zuerst unter Hauben, dann frei; ansonsten Vorgehen wie bei den Frühlings- und Sommersorten.

Verwendung
Blattsalat isst man vorwiegend roh als Salat. Gegart schmeckt er als Suppe, gedünstet, überbacken, mit Sahne.

Sorten
'Lollo Rosso', 'Lollo Bionda', 'Smile', 'Amerikanischer Brauner' (1), 'Feuille de Chêne blonde' (2), 'Krauser Gelber', 'Grünetta', 'Smile', 'Bentley', 'Flamenco' (die drei letztgenannten Sorten sind Eichblatt-Salate).

Römischer Salat *Lactuca sativa* var. *longifolia*

Dick und fest ist dieser Salat und er ist einer der nahrhaftesten Kopfsalate!

Familie: Asteraceae (Korbblütler).
Botanische Synonyme: *Lacturia romana, L. sativa* var. *crispa*.
Weitere deutsche Namen: Sommerendivie, Koch-, Binde- oder Romanasalat.
Herkunft: Südeuropa und Asien.
Lebensdauer: einjährig

Beschreibung
Der Blütentrieb der krautigen Pflanze ist aufrecht und verzweigt. Ihre jungen aufrechten Blätter sind blasig, spatelförmig, ganz, am Ende leicht umgeknickt, und sie bilden einen dicken, festen Kopf in Gelb, Grün oder Rot, je nach Sorte. Die Blütenköpfchen sind gelb, die kleinen Samen länglich, spitz, gefurcht, weiß oder schwarz.

Kultur
Boden: Fruchtbar, aufgelockert, humusreich.
Klima: gemäßigt
Standort: sonnig
Vermehrung und Anbau:
Aussaat: Von März bis Juni ins Anzuchtbeet oder direkt ins Freiland vier bis fünf Samen alle 25 cm säen. Beim Auslichten dann nur jeweils eine Jungpflanze lassen.
Wintersorten sät man Ende August ins Anzuchtbeet und setzt sie dann an einen sonnigen, geschützten Standort. Wenn es sehr kalt wird, die Pflanzen mit Frühbeetkasten oder Hauben schützen.
Wartezeit bis zur Ernte: Sommer- und Herbstsorten: Sechs bis acht Wochen nach der Aussaat, Wintersorten: Sieben Monate.
Ernte: Nach Bedarf und Entwicklung der Pflanzen.
Lagerung: Ein bis zwei Tage in einer Papiertüte im Gemüsefach des Kühlschranks lagerfähig.
Saatgutgewinnung:
Wie Pflücksalat vorangehende Seite.

Verwendung
Die frischen rohen Blätter ergeben einen knackigen Salat. Sie lassen sich für eine Suppe garen, ansonsten auch überbacken köstlich.

Sorten
'Baby Star', 'Goodison', 'De Morges', 'Little Leprechaun', 'Valmaine'.

Gewöhnlicher Flaschenkürbis
Lagenaria siceraria

Ebenso dekorativ im Garten, wo er Lauben und Spaliere ziert, wie im Haus, und sogar als Musikinstrument zu gebrauchen – als Gemüse allerdings ist die Kalebasse recht fad bzw. nicht essbar.

Familie: Cucurbitaceae (Kürbisgewächse).
Botanische Synonyme: *Lagenaria vulgaris, L. leucantha, Cucurbita lagenaria, C. siceraria, C. hispida, C. leucantha.*
Weitere deutsche Namen: Kalebasse, Trompetenkürbis.
Herkunft: Afrika und Asien.
Lebensdauer: einjährig

Beschreibung

Die Pflanze klettert oder kriecht, die verzweigten Triebe besitzen Ranken, die den Blättern gegenüber sitzen. Ihre Einzelblüten sind weiß. Die eigenartigen apfel- oder hellgrünen Früchte weisen zwei Verdickungen auf; beim Trocknen nimmt die Oberhaut eine Haselnusstönung mit Flecken. Das Fruchtfleisch ist weiß und weich.

Kultur

Boden: Locker, humusreich.
Klima: Warm bis gemäßigt.
Standort: sonnig
Vermehrung und Anbau:
Aussaat: Ab dem 15. April zwei Samen pro Topf in eine Mischung aus Erde und Sand. In einem hellen Raum bei 20 °C halten, nach dem Aufgehen je nur eine Pflanze lassen. Ab dem 15. Mai mit Ballen in zuvor mit Kompost angereicherte Pflanzlöcher (mit 2 m Abstand zueinander) setzen. Oder Direktsaat Ende April: Zwei bis drei

Samen pro Loch; bis 15. Mai mit Hauben schützen.
Ziehen Sie Kalebassen vor einem Zaun oder einer Wand zum Hochklettern. Mit Stroh o. Rasenschnitt mulchen.
Ernte: Die jungen, zarten Früchte werden zwei Monate nach der Aussaat geerntet; die zum Trocknen bestimmten Früchte erntet man so spät wie möglich kurz vor dem Frost.
Lagerung: Früchte zur Dekoration lagert man den ganzen Winter bei 8–10 °C, damit sie sich leeren und trocknen.
Saatgutgewinnung:
Bestäubt wird am besten abends zwischen 19 und 21 Uhr, die männlichen und weiblichen Blüten werden morgens, bevor sie sich öffnen, geschützt. Entnehmen Sie die Samen den ausgereiften Früchten; sie werden gewaschen, im Schatten getrocknet und vor Feuchtigkeit geschützt und kühl aufbewahrt.

Verwendung

Viele Sorten sind aufgrund ihrer Bitterstoffe nicht essbar. Die getrockneten Früchte dienen als Gefäß oder zum Bau von Musikinstrumenten.
Geschmack: Neutral bis fad.

Sorten

'Apache Dipper', 'Apple Small', 'Bushel Indian', 'Calabsh', 'Cobra', 'Marenka', 'Schlangenkürbis'.

Große Klette *Lappa major* var. *edulis*

Diese kraftvolle Nektarpflanze mit ihren großen „Rhabarberblättern" ist eine Pracht! Ihre fleischigen Wurzeln werden wie Schwarzwurzeln gegessen und die sehr jungen Triebe wie Spargel.

Familie: Asteraceae (Korbblütler).
Botanische Synonyme: *Arctium lappa, Arctium edule, Lappa edulis.*
Weitere deutsche Namen: Rossklettenwurz
Herkunft: Naher Osten, Mittelasien, China.
Lebensdauer: Zweijährig, oft einjährig gezogen.

Beschreibung

Die nektarreiche Pflanze kann über 2 m hoch werden. Ihr stark verzweigter Stängel ist kräftig, mehr oder weniger behaart, aufrecht, rötlich, die langstieligen Blätter sind groß, herzförmig und wechselständig. Im Juli/August erscheinen die Blüten in Form kugeliger lila Einzelköpfchen, die manchmal in Trauben zusammen sitzen; sie haben Schuppen mit Widerhaken, die leicht an der Kleidung hängen bleiben und bei Kindern beliebt sind! Die grauen, länglichen Samen sehen Artischockensamen ähnlich. Sehr lang und fleischig ist die spindelförmige Pfahlwurzel; sie kann in lockerem Boden bis zu 50 cm lang werden.

Kultur

Boden: Tiefgründig, gut aufgelockert, fruchtbar.
Klima: gemäßigt
Standort: sonnig
Vermehrung und Anbau:
Aussaat: Anfang Juni alle 20 cm jeweils einige Samen streuen, Reihenabstand

30 cm. Wenn die Sämlinge ein paar Blätter haben, nur je einen stehen lassen.
Diese Pflanze darf ihren ganzen Zyklus über keinerlei Wachstumsstopp erleiden; der Boden muss also stets etwas feucht gehalten werden.
Wartezeit bis zur Ernte: Etwa drei bis vier Monate nach der Aussaat.
Ernte: Von Mitte Oktober bis Ende November. Danach werden sie holzig und weniger zart.
Lagerung: Lässt sich nicht lagern.
Saatgutgewinnung: Entnehmen Sie die Samen den ausgereiften Blütenköpfchen und bewahren Sie sie getrocknet kühl und trocken in luftdichten Behältern auf.

Verwendung

Die zarte, fleischige Wurzel wird wie Schwarz- und Haferwurzeln zubereitet: in Fett ausgebraten, überbacken, frittiert oder auch roh (gerieben) gegessen. Die jungen, zarten Triebe kocht man wie Spargel.
Geschmack: Erinnert etwas an den Geschmack der Wilden Artischocke.

Saatplatterbse *Lathyrus sativus*

Setzen Sie diese alte Kulturpflanze nicht neben Knoblauch, Zwiebel oder Schalotte. Wie alle Schmetterlingsblütler stört sie das Wachstum der Zwiebelgewächse, indem sie den Boden mit Stickstoff anreichert.

Familie: Fabaceae (Schmetterlingsblütler).
Botanische Synonyme: *Cicercula sativa, C. alata, Pisum lathyrus.*
Weitere deutsche Namen: Essbare Platterbse, Kicherling.
Herkunft: Westasien
Lebensdauer: einjährig

Beschreibung

Krautige Pflanze mit dünnen, glatten, verzweigten Trieben, die 50 cm lang werden und Ranken aufweisen. Aus zwei schmalen Einzelblättern bestehen die geflügelten, gestielten Blätter in Form spitzer Florette. Ihre Nebenblätter (blattartige Bildungen am Ansatz des Blattstiels) sind lanzettlich. Die weißen, rosa oder malvenfarbenen Blüten haben lange Stiele. Weiß, platt und mehr oder weniger quadratisch sind die in Schoten eingeschlossenen Samen.

Kultur

Boden: Leicht, humusreich.
Klima: gemäßigt
Standort: sonnig
Vermehrung und Anbau:
Aussaat: Anfang März bis Ende April die Samen alle 4–5 cm (Reihenabstand 40 cm) aussäen. Wenn die Jungpflanzen 15 cm groß sind, diese anhäufeln und aus Ästen oder gespanntem Maschendraht Kletterhilfen bilden.
Wartezeit bis zur Ernte: Drei Monate nach der Aussaat.
Ernte: Ernten Sie volle, noch grüne Schoten (die Früchte müssen gut ausgebildet sein).
Saatgutgewinnung: Ziehen Sie sicherheitshalber nur eine Sorte. Trockene Schoten von kräftigen Pflanzen pflücken, im Schatten trocknen, entkernen und die Samen kühl und vor Feuchtigkeit geschützt aufbewahren.

Verwendung

Die Platterbsen sind nur gekocht genießbar (bitte das Kochwasser dabei einmal erneuern), denn sie enthalten das giftige Lathyrin. Diese Substanz wird bei 100 °C zerstört. Bereiten Sie die gekochten Platterbsen mit Speck, Butter und Sahne als Suppe (wie Erbsen und Bohnen) zu. In Maßen essen!
Geschmack: Ähnlich wie dicke Bohnen und Erbsen.

Sorten

'Große Weiße', 'Rheinland'.

Echter Lavendel
Lavandula angustifolia subsp. *angustifolia*

Aroma-, Heil-, Würz-, Nektar- und Zierpflanze in einem: Lavendel hat viele gute Eigenschaften! Der Sud aus eingeweichten Blättern wirkt sogar gegen Blattläuse und Ameisen.

Familie: Lamiaceae (Lippenblütler).
Botanische Synonyme: *Lavandula officinalis, L. vulgaris, L. pyrenaica, L. delphinensis, L. vera.*
Weitere deutsche Namen: Narde, Kleiner Speik, Lafengel.
Herkunft: Südeuropa
Lebensdauer: mehrjährig

Beschreibung
Der Halbstrauch wird 60–70 cm hoch. Seine verholzten, aufrechten Triebe bilden zahlreiche krautige Verzweigungen. Die graugrünen stiellosen Blätter sind schmal, länglich, gegenständig und spitz. In langen Ähren sitzen die bläulichen (auch weißen oder rosa, je nach Sorte) Blüten zusammen; Blütezeit ist von Juni bis September. Die Samen sind braun und glänzend.

Kultur
Boden: Leicht, etwas kalkhaltig, trocken, durchlässig.
Klima: Gemäßigt bis warm.
Standort: sonnig
Vermehrung und Anbau:
Aussaat: Von April bis Juni ins Frühbeet/Gewächshaus. Im Herbst mit 60 cm Pflanzenabstand und einem Reihenabstand von 1 m auspflanzen.
Horstteilung: Im März werden die alten Horste geteilt und bewurzelte Stücke mit den genannten Abständen gepflanzt.

Stecklinge: Von Juli bis September 15 cm lange junge Triebe schneiden, mit 15 cm Abstand zu allen Seiten setzen. Im Herbst oder am Frühlingsanfang ins Freiland.
Wartezeit bis zur Ernte: Ein Jahr nach Aussaat, vier Monate nach Horstteilung, acht bis zehn Monate nach Stecklingsvermehrung.
Ernte: Die Blüten werden von Juni bis September gepflückt. Blätter für die Küche erntet man im Mai.
Lagerung: Im Mai werden die Blätter im Schatten getrocknet, dann dunkel und trocken aufbewahrt.

Verwendung
Mit den Blättern und Blüten würzt man Salate, Wild, Fisch, Fleisch, Suppen und Essig. Sie parfümieren Eis, Marmelade, Torte und gehören in die „Kräuter der Provence". Lavendelblüten finden sich auch in Blüten-Potpourris und halten Motten fern.
Geschmack: Bitter, aromatisch, ausgeprägt, nach Kampfer.

Sorten
'Hidcote Blue', 'Lady', 'Rosea', 'Royal Purple', 'Miss Katherine'.
Lavandin, der typische französische Duftlavendel, ist eine Hybride zwischen dem Echten und dem Speicklavendel (*L. latifolia*). Lavandin-Sorten: 'Abrialis', 'Dutch', 'Blue Dwarf'.

Um Samen zu gewinnen, pflücken Sie die reifen Blütenähren und breiten Sie sie auf einem Tuch im Schatten aus. Nach dem Trocknen werden sie gedroschen und die Samen in Tüten gefüllt, dann trocken und kühl aufbewahrt.

Linse *Lens culinaris*

Diese niedrige Pflanze legt sich leicht auf den Boden. Hält man sie mit einem gespannten Draht auf 20–25 cm Höhe, ist die Ernte leichter.

Die kleinen Blüten mit langem Stiel sitzen in den Blattachseln und sind bläulich weiß; oft sitzen bis zu vier von ihnen zusammen. Sie blühen von Mai bis August.

Familie: Fabaceae (Schmetterlingsblütler).
Botanische Synonyme: *Lens sativa, L. nummularia, L. esculenta, L. vulgaris, L. abyssinica, Lathyrus lens.*
Weitere deutsche Namen: Erve, Linsenerve.
Herkunft: unbekannt
Lebensdauer: einjährig

Beschreibung

Die krautige Pflanze hat dünne, kantige, stark verzweigte Triebe, die einen 20–40 cm hohen Busch bilden. Aus kleinen länglichen Einzelblättern setzen sich die hellgrünen Blätter zusammen. Der Blattstiel endet in einer Ranke. Die flachen, kurzen, elliptischen Schoten enthalten zwei rundliche, platte, leicht gewölbte Kerne in Hell- oder Dunkelgrün oder auch violetter Tönung.

Kultur

Boden: Leicht, sandig, etwas kalkhaltig, vulkanisch und eher trocken.
Klima: gemäßigt
Standort: Sonnig, geschützt.
Vermehrung und Anbau:
Aussaat: Säen Sie Ende April je fünf bis sechs Kerne in versetzte Löcher mit 40 cm Platz zueinander. Häufeln Sie die Pflanzen an, bis die Pflänzchen 15 cm hoch sind. Dann benötigen sie eine Kletterhilfe.
Bei dieser selten angebauten Pflanze muss eine lange Fruchtfolge von fünf bis sechs Jahren eingehalten werden.
Wartezeit bis zur Ernte: Vier bis fünf Monate nach der Aussaat.
Ernte: Ernten Sie die Schoten fast ausgereift im August. Ziehen Sie die Pflanzen bei schönem Wetter heraus, trocknen Sie sie einen Tag auf dem Boden und hängen Sie sie anschließend bundweise in einem luftigen Raum an schattiger Stelle auf.
Lagerung: Man lässt die Linsen in der Schote in einem luftigen Raum oder füllt die Samen in Beutel, die man im Kühlschrank aufbewahrt, um Samenkäfern vorzubeugen.
Saatgutgewinnung:
Wählen Sie schöne, ertragreiche Pflanzen aus; sie werden gepflückt, bevor sie reif sind, im Schatten aufgehängt, getrocknet und entkernt. Die Samen in Beuteln bewahrt man im Kühlschrank auf.

Verwendung

Linsen isst man gekocht als Salat, Suppe, Püree, als Beilage zu Schweine- oder Hammelfleisch und Wurst. Sie machen den Ruf berühmter Gerichte aus, wie die schwäbischen Linsen mit Spätzle oder Linseneintopf.
Geschmack: Leicht mehlig, nahrhaft, zart, delikat und charakteristisch.

Sorten

In Frankreich im Handel: 'Verte du Puy', 'Large Blonde', 'Verte du Berry', 'Lentillon de Champagne'.

Gartenkresse *Lepidium sativum*

Kinderleicht zu ziehen ist diese köstliche Pflanze – sogar für Ungeduldige: Knapp einen Monat nach der Aussaat wird schon geerntet!

Familie: Brassicaceae (Kreuzblütler).
Botanische Synonyme: *Lepidium hortense, Thlaspi nasturtium, T. pollichii, Nasturtium sativum, Lepia sativa, Cardamon sativum, Thaspidium sativus, Arabis chinensis.*
Weitere deutsche Namen: Kresse, Kressekraut, Pfefferkraut.
Herkunft: Mittlerer Osten.
Lebensdauer: einjährig

Beschreibung

Die Pflanze mit dem rasanten Wachstum wird 30–50 cm hoch. Der Trieb ist aufrecht und verzweigt. Zahlreiche, an der Basis stark unterteilte Blätter bilden eine Rosette; die oberen Blätter sind ganz, schmal und wechselständig. Die Samen sitzen aufrecht an der Achse; jede Kapsel enthält ein längliches, braunes, fast rostrotes Samenkorn.

Kultur

Boden: Humusreich, feucht.
Klima: gemäßigt
Standort: Halbschatten
Vermehrung und Anbau:
Aussaat: Von März bis September sät man in Reihen mit 15 cm Abstand und lichtet auf 3 cm in der Reihe aus, wenn die Sämlinge vier bis fünf Blätter haben.
Kresse schosst schnell, säen Sie also gestaffelt alle drei bis vier Wochen.
Wartezeit bis zur Ernte: Drei bis vier Wochen nach Aussaat.
Ernte: Pflücken Sie die Blätter dicht am Boden, wenn die Pflanze 6–8 cm hoch ist. Es ist möglich, ein zweites Mal zu ernten.
Lagerung: Rasch verbrauchen.
Saatgutgewinnung:
Einige schöne Pflanzen lässt man stehen und lässt sie Samen bilden (etwa zwei Monate nach der Aussaat). Die Stängel werden geschnitten, wenn die Samen fast trocken sind, und auf einem Tuch im Schatten ausgebreitet. Die kleinen Kapseln, die jede ein Samenkorn enthalten, werden entkernt, die Samen in Tüten gefüllt, dann kühl und trocken aufbewahrt.

Verwendung

Die Blätter isst man roh im Salat oder würzt und garniert mit ihnen diverse Speisen, wie Rohkost, Salate, Gemüse und manche Fleischgerichte. In letzter Minute gibt man sie an Suppen. Sie verleihen Soßen Aroma und schmecken köstlich zu Frischkäse oder aufs Butterbrot.
Geschmack: Scharf, würzig.

Sorten

'Cresso', 'Presto', 'Policress', 'Cressida', 'Spurt'.

Von Juni bis September erscheinen die kleinen weißen Blüten, die endständige Büschel bilden.

Liebstöckel *Levisticum officinale*

Sehr dekorativ ist diese beeindruckende große Pflanze. Ihre Blätter sind aromatisch, aber auch sehr scharf. Man sollte sie sparsam verwenden.

Familie: Apiaceae (Doldenblütler).
Botanische Synonyme: *Levisticum vulgare, L. levisticum, Angelica paludafolia, Selinum levisticum.*
Weitere deutsche Namen: Liebstock, Lebensstock, Laubstock, Leberstock, Maggikraut.
Herkunft: Iran
Lebensdauer: mehrjährig

Seine Blüten sind gelb mit bräunlichem bis purpurrotem Grund; sie sitzen einzeln in den Blattachseln.

Beschreibung

Die Pflanze wird 2 m hoch, wenn sie ins Kraut schießt. Der Trieb ist kräftig und robust. Ihre großen, glänzend dunkelgrünen Blätter, die in große Einzelblätter geteilt sind, erinnern an Sellerieblätter. Die kleinen gelben Blüten bilden Dolden. Klein und braun sind die ebenfalls essbaren Samen.

Kultur

Boden: Leicht kalkhaltig, tiefgründig, humusreich.
Klima: gemäßigt
Standort: Sonne, Halbschatten.
Vermehrung und Anbau:
Aussaat: Im August wird ins Anzuchtbeet gesät und die Pflanzen werden im Frühjahr ausgepflanzt, wenn sie 15 cm hoch sind. Von März bis Juni Direktsaat: alle 40–50 cm je vier bis fünf Samen bei einem Reihenabstand von 60 cm. Anschließend jeweils nur eine Pflanze mit den genannten Abständen stehen lassen. Da die Samen oft steril sind, ist die Aussaat weniger gebräuchlich.

Horstteilung: Ende März/Anfang April die alten Ballen teilen und die äußeren Stücke mit Knospe und einigen Wurzeln wieder einpflanzen.
Wartezeit bis zur Ernte: Ein Jahr nach der Aussaat, zwei Monate nach der Teilung.
Ernte: Laufend nach Bedarf.
Lagerung: Im Laufe des Mai oder Juni die Blätter vor der Blüte pflücken, im Schatten trocknen, zu Pulver zerreiben und kühl in luftdichten Behältern aufbewahren.
Saatgutgewinnung:
Sammeln Sie die Samen ein, wenn sie braun werden (im August oder September), indem Sie die Dolden schneiden, im Schatten trocknen, reiben, die Samen säubern und eintüten. In einem dunklen, kühlen, trockenen Raum aufbewahren.

Verwendung

Die jungen, zarten Blätter werden frisch oder getrocknet zum Würzen von Suppen, Füllungen, Eintopfgerichten, Salaten, Gemüse und fettem Fisch verwendet. Sie ergeben einen wohlschmeckenden Teeaufguss. Mit den Samen aromatisiert man Gebäck, Marinaden und Soßen. Sparsam verwenden! Bei Schwangerschaft oder Nierenproblemen wird vom Gebrauch stark abgeraten.
Geschmack: Erinnert an Sellerie, nur kräftiger. Achtung, nicht überdosieren!

Zitronenstrauch *Lippia citriodora*

Wegen ihres feinen, duftenden Zitronenaromas verdient es diese, nicht winterharte, holzige Pflanze, dass wir sie kultivieren. Auch Blüten-Potpourris verleiht sie frischen Duft.

Familie: Verbenaceae (Eisenkraut-gewächse).
Botanische Synonyme: *Aloysia triphylla*, *A. citriodora*, *Verbena triphylla*, *Verbena citriodora*.
Weitere deutsche Namen: Zitronen-verbene, Punschkraut, Citronelle.
Herkunft: Chile
Lebensdauer: Mehrjährig, aber nicht winterhart.

Beschreibung

Der kleine Strauch bzw. die holzige, ver-zweigte Pflanze, die bei uns 1 m hoch wird, wirft ihr Laub im Winter ab. Ihre hellgrünen Blätter sind schmal, lang, nicht gezähnt und laufen spitz zu. In unserem Klima bildet sie keine Samen.

Kultur

Boden: Leicht, humusreich, durch-wärmt.
Klima: warm
Standort: Sonnig, geschützt.
Vermehrung und Anbau:
Aussaat: Im Frühling im Warmem in Schalen säen. Wenn die Sämlinge kräf-tig genug sind, in Töpfe mit 10 cm Durchmesser verpflanzen, die mit einer Mischung aus Flusssand, Torf, leichter Erde und Rindenhumus gefüllt sind. Nach zwei Jahren kann ins Freiland ge-setzt werden. Diese Vermehrungsme-thode wird selten angewandt, weil sie langwierig ist und die Samen, die aus tropischen Ländern stammen, schwer zu bekommen sind.

Stecklinge: Im Spätsommer 10 cm lan-ge Stecklinge von neuen Frühjahrstrie-ben oder verholzten Trieben schneiden. Die Blätter vom einzugrabenden Teil entfernen, die Stecklinge in eine Mi-schung aus Erde und Flusssand, mit or-ganischem Dünger angereichert, ste-cken. Die ersten beiden Kulturjahre im Gewächshaus lassen, dann im Mai mit 1 m Abstand zueinander auspflanzen. Vor dem Frost hereinholen. Im März werden abgestorbene Äste sowie der Haupttrieb etwa 30 cm über dem Bo-den gekappt. Entfernen Sie auch die Triebspitzen, damit sich die Pflanze ver-zweigt.
Wartezeit bis zur Ernte: Drei Jahre nach Aussaat, zwei Jahre nach Stecklingsvermehrung.
Ernte: Nach Bedarf während des Sommers.
Lagerung: Die Blätter schnell trocknen und dann in luftdichten Behältern auf-bewahren.
Saatgutgewinnung:
Entwickelt bei uns keine Samen.

Verwendung

Die frischen oder getrockneten Blätter aromatisieren Fisch, verleihen Soßen, Marinaden, Geflügel, Fleisch, Kuchen, Obstsalat und Eis eine zitronige Note, bringen Öl und Essig zum Duften und sind köstlich als Teeaufguss.
Geschmack: Zitronenaroma und -duft.

Die winzigen weißen oder helllila Blüten bilden im Sommer blühende Ähren.

Gerippte Schwammgurke *Luffa acutangula*

Familie: Cucurbitaceae (Kürbisgewächse).
Weitere deutsche Namen: Luffagurke, Flügelgurke.
Herkunft: Indien und Pakistan.
Lebensdauer: einjährig

Beschreibung

Mit ihren mehrere Meter langen berankten Trieben klettert oder kriecht die Pflanze, deren breite, gestielte Blätter leicht in fünf schmale Lappen geteilt sind, die etwas spitz zulaufen. Ihre gelben Blüten sind einhäusig. Die grünen Früchte haben zehn tief gekerbte Rippen und werden etwa 50 cm lang und dabei 8–10 cm dick.

Kultur

Boden: Leicht, humusreich.
Klima: warm
Standort: Sonnig, warm geschützt.
Aussaat: Ab April zwei Samen pro Topf bei über 20 °C im Gewächshaus aussäen. Wenn die Sämlinge vier bis fünf Blätter haben, je nur einen lassen, gegen Mitte Mai mit Ballen im Gewächshaus mit etwa 1 m Abstand zueinander auspflanzen und für eine Kletterhilfe sorgen.

Ernte: Drei Monate nach der Aussaat können die jungen, zarten Früchte für den Verzehr geerntet werden. Früchte, die wegen ihrer Fasern gezogen werden, pflückt man so spät wie möglich.
Lagerung: Zwei bis drei Tage kühl im Dunkeln und vor Luft geschützt. Die wegen ihrer Fasern gezogenen Früchte erntet man vor dem Frost und hängt sie dann zum Weitertrocknen in einem frostfreien Raum auf.
Saatgutgewinnung:
Lassen Sie einige Früchte ausreifen. Im selben Jahr nicht *Luffa cylindrica* ziehen, um kreuzweise Bestäubung zu verhindern.

Verwendung

Die jungen Früchte isst man wie Zucchini. Die reifen Früchte dienen als Schwamm zum Rückenschrubben, wie man ihn in der Apotheke oder Drogerie findet. Ihre Fasern werden unter der Bezeichnung „Luffa" gehandelt. In Brasilien wird die Pflanze massenhaft angebaut, um Styropor für Verpackung und Kälteisolierung zu ersetzen.
Geschmack: Delikat, angenehm, doch wenig ausgeprägt.

Schwammgurke *Luffa cylindrica*

Diese Pflanzenart wird wie die vorangehende verwendet und kultiviert.

Weitere deutsche Namen: Luffagurke
Herkunft: Südasien, Zentralafrika und Australien.

Lebensdauer: einjährig

Beschreibung: Die grünen Früchte sind glatt, ganz leicht gerippt, 30–40 cm lang und 10–12 cm im Durchmesser.
Kultur: Wie die vorangehende Art.

Tomate *Lycopersicon esculentum*

Tomaten sind köstlich und nahezu unverzichtbar in unserer Ernährung. Die Vielzahl an Sorten weckt bei manchem Gärtner die Sammelleidenschaft.

Familie: Solanaceae (Nachtschatten-gewächse).
Botanische Synonyme: *Lycopersicon pomumamoris, L. solanum, L. lycopersi-con, L. macrophyllum, Solanum esculentum, S. lysopersicon.*
Weitere deutsche Namen: Österreich: Paradeisapfel, Paradeiser; früher: Gold-, Liebesapfel.
Herkunft: Peru.
Lebensdauer: einjährig

Beschreibung

Die krautige Pflanze hat aufrechte Triebe, die mehr oder weniger dick, verzweigt, auch flaumig sind und zuweilen über 1 m hoch werden. Ihre Blätter sind mehr oder weniger lang, gefiedert, behaart, lanzettlich, gelb- oder dunkelgrün, manchmal bläulich. Die gelben Einzelblüten sitzen in Trauben zusammen, sind selbstbefruchtend, sternförmig und blühen von Ende Mai bis September. Die Früchte, die korrekt „Beeren" heißen müssten, sind unterschiedlich schwer (von einigen Gramm bis an die 2 kg), unterschiedlich geformt (kugelig, länglich, abgeflacht, herzförmig) und unterschiedlich gefärbt (weiß, rosa, gelb, orange, rot, grün, schwarz oder zwei-farbig). Die Samen sind grau-weiß, eiförmig, flach, behaart und narbig.

Kultur

Boden: Aufgelockert, leicht.
Klima: Gemäßigt bis warm. Empfind-lich bei starken Temperaturschwan-kungen. Ideale Temperatur zwischen 15 und 27 °C.
Standort: sonnig
Vermehrung und Anbau:
Aussaat: Im Februar/März einige Samen pro Topf aussäen (warm, bei 20 °C), im Gewächshaus oder Frühbeet. Sämlinge ungefähr acht Tage nach Keimblattstadium entwirren und in Töpfe pflanzen. Mitte Mai setzt man sie mit Ballen ins Freiland, alle 50 cm, mit einem Reihenabstand von 80 cm, ab-stützen. Ab Mitte April können eventuell auch ein paar Exemplare unter der Haube, dem Folientunnel oder anderem Schutz ausgepflanzt werden.
Stecklinge: Man schneidet einige Triebe früh gesäter Tomaten und setzt sie mit den gleichen Abständen ein. Kühl halten, damit sie sich rasch bewurzeln. Die Früchte erscheinen erst im September/Oktober.
Schnitt und Stütze: Strauchig und gedrungen wachsende, kleinfrüchtige Sorten (wie Balkontomaten): Sie brauchen selten gestützt und zurück-geschnitten zu werden, haben aber gern Mulch.
Stabtomaten, höher wachsende Sorten: Entfernen Sie die Geiztriebe in den Blattachseln und die Spitze des Haupt-triebes beim fünften oder sechsten Seitentrieb.
Pflege: Arbeiten Sie gehackte Brenn-nesselblätter unter jede Tomatenpflan-ze oberflächlich in den Boden ein, denn

Tomaten-Sorte 'Corne d'Abondance'

sie sind ein guter Dünger und halten Schädlinge fern. Um Krankheitsrisiken bei Tomaten zu minimieren, spannen Sie eine Folie über die Pflanzen. So sind die Blätter vor Regen geschützt. Wenn die Tomate nicht krank ist, kann sie lange am selben Platz gezogen werden.

Wartezeit bis zur Ernte: Vier bis fünf Monate nach der Aussaat.

Ernte: Die Früchte erntet man reif, nach Bedarf. Manche Sorten schmecken besser in nicht sehr reifem Zustand (Sorten mit schwarzen Früchten), andere bei hohem Reifegrad.

Lagerung: Einige Tage auf einer Fensterbank.

Saatgutgewinnung:
Wählen Sie die schönsten, ausgereiften Früchte der ausgewählten Sorte aus, schneiden Sie sie in Stücke, füllen Sie die Kerne und den Saft in ein Glas. Nach zwei bis drei Tagen bildet sich weißer Schimmel, der weggeschüttet wird. Kerne und Saft durch ein feines Sieb gießen, Kerne abschrubben, abtropfen lassen, abtrocknen, im Schatten zum Trocknen ausbreiten. Wenn sie richtig trocken sind, voneinander lösen, trocken und kühl in Tüten aufbewahren.

Verwendung

Rohe Früchte schmecken „nature", einfach so mit Salz, im Salat. Gegart isst man sie gefüllt, gebraten, frittiert oder geschmort, als Suppe, Soße oder im Soufflé. Sie begleiten zahlreiche Gerichte: Ratatouille, Omelett, Fisch, Fleisch oder verwandeln sich in Marmelade (rote oder grüne Tomaten), Saft oder Torte. Die kleinen Früchte eignen sich zum Garnieren.

Geschmack: Süß, mild; manchmal sauer, knackig oder butterweich, erfrischend.

Sorten

Es gibt über 2500 Tomatensorten unterschiedlichster Wuchs- und Fruchtform:

Weiße Früchte: 'Cherry Ghost', 'Weißer Pfirsich', 'Weiße Schönheit'.

Rosa Früchte: 'Berner Rose', 'Dutchman', 'Thai Pink', 'Anna Russia', 'Pink Peach'.

Gelbe Früchte: 'Golden Jubilée', 'Yellow Pear', 'Goldene Königin', 'Golden Sunrise', 'Cream Sausage', 'Talent'.

Orange Früchte: 'Auriga', 'Orange Queen', 'Ida Gold', 'Caro Rich', 'Carotina', 'Corse Parigot', 'Sungella'.

Rote Früchte: 'Große Patate du Portugal', 'Cerise', 'Frühzauber', 'Hoffmanns Rentita', 'Cerise Olive Rouge', 'Chinese OP', 'Rayon de Soleil', 'Harzfeuer', 'Maestria', 'Maranello', 'Vitella' (die vier letztgenannten Sorten sind F_1-Hybriden).

Grüne Früchte: 'Evergreen', 'Green Zebra', 'Green Grape'.

Schwarze Früchte: 'Black Russian', 'Black Prince', 'Purple Calabash', 'Charbonneuse', 'Northern Light'.

Gestreifte oder zweifarbige Früchte: 'Ananastomate', 'Tonnelet', 'Ponderosa', 'Golden', 'Big Rainbow'.

Linke Seite:
Tomatensorten:
1. 'Yellow Pear'
2. Johannisbeertomate
3. 'Chinèse OP'
4. 'Caro Rich'
5. 'Cherry Ghost'
6. 'Green Zebra'
7. 'Rayon de Soleil'
8. 'New Zealand Pear'
9. 'Corse Parigot'
10. 'Berner Rose'
11. 'Ananastomate'
12. 'Black Russian'
13. 'Blanche à fleur de Patate'
14. 'Big Rainbow'
15. 'Große Patate du Portugal'
16. 'Thai Pink'
17. 'Cerise Olive Rouge'

18. Samen einer Johannisbeertomate.
19. Samen einer Riesentomate.

Tagetes halten Nematoden von Tomatenpflanzen fern.

Schneckenklee *Medicago scutellata*

Diese Pflanze ist nicht essbar, aber lustig. Sie zieht man wegen ihrer erstaunlich geformten Schoten –
nur so zum Spaß!

Familie: Fabaceae (Schmetterlings-
blütler).
Botanische Synonyme: *Medicago
orbicularis*
Weitere deutsche Namen: Schild-
Schneckenklee
Herkunft: Südeuropa, Asien und Afrika.
Lebensdauer: einjährig

Beschreibung

Die krautige Pflanze kriecht und wird
40–50 cm hoch. Ihre schlanken, verzweigten Triebe sind über und über mit
Haaren bedeckt. Die Blätter mit drei
Einzelblättern sind oval, geflügelt,
zur Spitze hin gezähnt. Kleine gelbe
Schmetterlingsblüten sitzen in den
Blattachseln und blühen von April bis
August. In Schoten, die die Form einer
sechsfach gewundenen Spirale haben
und aussehen wie kleine Schnecken,
sitzen die Samen.

Kultur

Boden: fruchtbar
Klima: Gemäßigt bis warm.
Standort: sonnig
Vermehrung und Anbau:
Aussaat: Im April/Mai alle 3 cm je ein
Korn streuen, bei einem Reihenabstand
von 20–25 cm. Den Boden bis zum
Aufgehen kühl halten, dann auf 5 cm
Abstand auslichten.
Wartezeit bis zur Ernte: Drei Monate.
Ernte: Nach Lust und Laune.
Lagerung: In luftdichten Gefäßen.

Saatgutgewinnung:
Die schönsten Schoten werden reif gesammelt, wenn sie dunkelgrau werden.
Wenn sie reif sind, fallen sie oft zu
Boden, man braucht sie also nur auf-
zuheben. Im Schatten auf einem Tuch
trocknen und in luftdichten Behältern
aufbewahren.

Verwendung

Diese Pflanze ist nicht essbar. Ihre
Schoten sind eine scherzhafte Bereiche-
rung für Salate!

Zitronenmelisse *Melissa officinalis*

Dieses dekorative Gewächs ist zugleich eine Heil- und Würzpflanze. Es gedeiht problemlos und hält durch seinen Zitronenduft manche Insekten fern.

Familie: Lamiaceae (Lippenblütler).
Botanische Synonyme: *Melissa taurica*, *Mutelia officinalis*.
Weitere deutsche Namen: Zitronenkraut, Melisse.
Herkunft: Südeuropa, Naher und Mittlerer Osten.
Lebensdauer: mehrjährig

Beschreibung

Die Zitronenmelisse bildet mit ihren zahlreichen kantigen, aufrechten Stängeln einen bis zu 80 cm hohen Busch. Die dunkelgrünen, gelben oder zweifarbigen Blätter duften stark und sind gezähnt. In den Blattachseln sitzen von Juni bis September die kleinen weißen, gelben oder rosa Blüten in Büscheln zusammen. Die Samen sind eiförmig, schwarz und glänzend.

Kultur

Boden: Fruchtbar, leicht, lehmig, tiefgründig.
Klima: gemäßigt
Standort: Sonne oder Halbschatten.
Vermehrung und Anbau:
Aussaat: Im Mai wird ins Anzuchtbeet gesät, die Jungpflanzen werden im September mit 60 cm Abstand zueinander ausgepflanzt.
Horstteilung: Im Herbst oder Anfang April werden die alten Horste geteilt, Randstücke mit einigen Knospen und Wurzeln pflanzt man wieder ein.
Wartezeit bis zur Ernte: Sechs Monate nach Aussaat, zwei Monate nach Teilung im Frühling, sechs Monate nach Teilung im Herbst.

Ernte: Die Blätter werden von Mai bis zum Frost nach Bedarf gepflückt.

Lagerung: Pflücken Sie die knospenden Triebe vor der Blüte, hängen Sie sie zum Trocknen in einem luftigen Raum auf und füllen Sie dann die getrockneten Blätter in luftdichte Gläser. Kühl und vor Tageslicht geschützt aufbewahren.
Saatgutgewinnung:
Die Zitronenmelisse blüht im zweiten Kulturjahr. Lassen Sie sie Samen bilden. Von Ende August bis Oktober werden im Morgentau die Blüten mit ausgereiften Samen geerntet und im Schatten getrocknet. Anschließend in Tüten füllen und kühl aufbewahren.

Verwendung

Die zarten, kleingehackten Blätter aromatisieren frisch oder getrocknet Kräutersoßen, Fisch, Salat, Rohkost, Marinade, Geflügel, Fleisch, Pilze, Obstsalat und Marmelade. Köstlich als Teeaufguss. Sie dienen der Herstellung von Likör und dem berühmten „Klosterfrau Melissengeist".

Sorten

Sorten mit grünem Laub: 'Citronella', 'Lemona', 'Erfurter Aufrechte'. Zwei sehr korative Formen sind 'Aurea' mit goldenem und 'Variegata' mit panaschiertem Laub.

Mexikanische Minigurke
Melothria scabra

Dies ist eine originelle Rankepflanze – wegen ihrer Früchte in Form großer Oliven, die man wie Gewürzgurken verwendet.

Familie: Cucurbitaceae (Kürbisgewächse).
Botanische Synonyme: *Zehneria scabra, Z. suavis, Malothria pendula.*
Herkunft: Mexiko
Lebensdauer: Mehrjährig, aber nicht winterhart.

Beschreibung
Die Kletterpflanze hat dünne, über 1 m lange Triebe mit feinen kurzen Haaren und Ranken. Ihre Blätter sind mehr oder weniger tief in Lappen eingeschnitten und mit kurzen Stacheln umgeben, die aber nicht stechen; sie sind herzförmig, gestielt, wechselständig und fühlen sich rau an. Einhäusig sind die kleinen gelben Blüten, die an ihren Stielen herabhängen. Die männlichen Blüten bilden Trauben. Dicken, saftigen Oliven ähneln die Früchte; sie sind dunkelgrün und haben blassgrüne, flockige Streifen. Die kleinen Samen sind weiß und genauso geformt wie bei unserer Salatgurke. Die Wurzel ist knollig, lang und weiß.

Kultur
Boden: Locker, humusreich.
Klima: warm
Standort: Sonnig und warm.
Vermehrung und Anbau:
Aussaat: Im April sät man einige Samen pro Topf ins Warme (Gewächshaus, warmes Frühbeet); dann nur je einen Sämling lassen. Um den 15. Mai mit Ballen in Löcher mit 60 cm Abstand auspflanzen, die zuvor mit Kompost angereichert wurden. Man kann sie im Kalthaus kultivieren und an einem gespannten Draht hochklettern lassen oder an einem geschützten Zaun, an einer Süd-Palisadenwand oder unter einer Pergola.
Wartezeit bis zur Ernte: Drei bis vier Monate.
Ernte: Je nach Reife von Juli bis Ende Oktober. Die Früchte nicht überreif ernten.
Lagerung: Mehrere Tage kühl oder in Essig eingelegt.
Saatgutgewinnung:
Heben Sie die ersten reif gewordenen Früchte auf, lösen Sie die Samen heraus. Sie werden gewaschen, im Schatten getrocknet, in Tüten gefüllt, kühl und vor Feuchtigkeit geschützt aufbewahrt.

Verwendung
Die unreif geernteten Früchte werden in Essig eingelegt. So sind sie Beilage zu kaltem Fleisch oder Wurst und Zutat für scharfe Soßen.
Geschmack: Ähnlich wie Gewürzgurken.

1
2

Minze *Mentha* spec. (mehrere Arten)

In sehr unterschiedlicher Form zeigt sich diese Aroma-, Würz- und Heilpflanze: kriechend, aufrecht oder als Bodendecker. Sie mag kühle Böden und schattige Gartenecken und wuchert häufig sehr stark.

Familie: Lamiaceae (Lippenblütler).
Herkunft: Europa, Nordafrika und gemäßigtes Asien.
Lebensdauer: mehrjährig

Beschreibung
Die Größe der krautigen Pflanze schwankt je nach Art zwischen 10 cm und über 1,50 m. Sie sind fast alle aufrecht und verzweigt; die Blätter sind gegenständig, oval, länglich, zuweilen rund, meist gezähnt. Minze bildet selten Früchte.

Kultur
Boden: Locker, fruchtbar, humusreich.
Klima: gemäßigt
Standort: Sonne oder Halbschatten.
Vermehrung und Anbau:
Horstteilung: Im April die alten Horste teilen und die Stücke mit 40 cm Abstand zueinander pflanzen.
Stecklinge von Wurzeln mit Ausläufern: Im März oder Oktober an den alten Horsten 5 cm lange Stücke der unterirdischen Triebe abnehmen und drei bis vier davon zusammen in 8 cm tiefe Löcher setzen.
TriebStecklinge: Im August Stecklinge von den Triebspitzen schneiden, am einzupflanzenden Teil die Blätter entfernen; alle 10 cm in ein schattiges Anzuchtbeet setzen. Im folgenden Frühjahr auspflanzen. Nach der Blüte die Triebe abschneiden, um den Neuaustrieb anzuregen.
Wartezeit bis zur Ernte: Acht bis zehn

Wochen nach einer Teilung, acht bis neun Monate nach dem Setzen von Wurzelstecklingen, ein Jahr nach der Vermehrung über Triebstecklinge.
Ernte: Vom Frühjahr bis zum Herbst.
Lagerung: Die Triebe schneiden, im Schatten trocknen und in luftdichten Behältern lichtgeschützt, kühl und trocken lagern.
Saatgutgewinnung: Zur Samenreife kommt es selten. Außerdem kreuzen sich die verschiedenen Minzearten leicht untereinander.

Verwendung
Die Blätter und Blüten aromatisieren Salate, Rohkost, Gemüse, Fisch, Omelett, Hammel, Geflügel und Soßen. Köstlich im Dessert (Obstsalat, Sorbet). Mit Schokolade zusammen: köstlich!

Arten und Sorten
Im Garten wird hauptsächlich Ährige Minze (*Mentha viridis*) und Pfefferminze-Varietäten (*M.* × *piperita* var. *piperita*) gezogen, außerdem die weniger aromatische Rundblättrige Apfelminze (*M.* × *rotundifolia*). Doch man findet auch Poleiminze (*M. pulegium*), Marokkanische (*M. spicata* var. *crispa* 'Maroccan'), Zitronen- (*M.* × *piperita* var. *citrata*), gelb panaschierte Ingwerminze (*M.* × *gracilis* 'Variegata'), weiß panaschierte Rundblättrige Minze (*M. suaveolens* 'Variegata'), die polsterbildende Korsische (*M. requienii*) und die Krause Minze (*M. spicata* var. *crispa*).

Pfefferminzblüte

1. Marokkanische Minze
2. Pfefferminze

Austernpflanze *Mertensia maritima*

In einem großen Topf sieht diese ungewöhnliche Pflanze mit ihren sukkulenten, aber sehr zarten Blättern sehr dekorativ aus. Sie überrascht durch ihren delikaten Geschmack nach Austern. Lassen Sie sie Gartenbesucher mit verbundenen Augen probieren!

Familie: Boraginaceae (Boretschgewächse).
Herkunft: Küsten in Europa, Sibirien und dem Fernen Osten.
Lebensdauer: mehrjährig

Beschreibung
Diese Pflanze breitet sich als lockerer Busch von 45–80 cm aus. Sie ist bläulich grün, die Triebe sind heller. Die länglichen, oft löffelförmigen Blätter sitzen an Stielen. Von Juni bis Oktober trägt sie blaue Blüten an kriechenden Zweigen. Die schwarzen Samen laufen spitz zu.

Die kleinen blauen Blüten zeigen sich im Frühsommer und werden eifrig von Bienen besucht.

Kultur
Boden: Sandig, mit Kompost angereichert.
Klima: gemäßigt
Standort: Sonne, Halbschatten.
Vermehrung und Anbau:
Aussaat: Setzen Sie spontan angesiedelte Sämlinge um. Ansonsten im Herbst oder Frühlingsanfang in mit Flusssand gefüllte Töpfe säen, nach Norden stellen. Die Jungpflanzen auspflanzen, wenn sie das Umsetzen vertragen.

Stecklinge: Setzen Sie junge Triebe im Frühling oder Wurzelstücke im Spätwinter draußen in Töpfe, die mit Flusssand und Erde gefüllt sind. Kühl halten. Ins Freiland pflanzen, wenn die Pflänzchen kräftig genug sind.
Wartezeit bis zur Ernte: Zwei bis drei Monate nach dem Pflanzen.
Ernte: Nach Bedarf.
Lagerung: Sofort verbrauchen.
Saatgutgewinnung:
Die auf den Sand gefallenen Samen werden täglich aufgesammelt, im Schatten getrocknet, dann kühl und trocken aufbewahrt.

Verwendung
Die frischen Blätter verwendet man in provenzalischen Salatmischungen oder im Salat mit Schalentieren, zu Gemüse oder in Tomaten-Mozzarella-Salat. Sie dekorieren Meeresfrüchte-Gerichte.
Geschmack: Erinnert eigenartig an Austern.

Gewöhnliche Bärwurz
Meum athamanticum

Diese hübsche Pflanze mit dem duftigen Laub kann statt des Dills zum Würzen von Fisch verwendet werden.

Familie: Apiaceae (Doldenblütler).
Botanische Synonyme: *Ligusticum capillaceum, Athamanta meum, Seseli meum.*
Weitere deutsche Namen: Beerenfenchel
Herkunft: Bergregionen West- und Mitteleuropas.
Lebensdauer: mehrjährig

Beschreibung
Die 20–50 cm hohe Pflanze mit durchdringendem Geruch besitzt hohle, gestreifte Stängel. Die zahlreichen länglichen Blätter laufen spitz zu. Sie haben stark unterteilte gegenständige Einzelblättchen mit sehr feinen Fiedern, die zur Spitze hin immer kürzer werden und dicke Büschel bilden. Die cremeweißen Blüten, die zuweilen purpurrot durchsetzt sind, blühen in Dolden von Juni bis August. Die Früchte oder Samen sind faltig, länglich und stromlinienförmig gerippt.

Kultur
Boden: Leicht, kalkhaltig, humusreich.
Klima: gemäßigt

Standort: sonnig
Vermehrung und Anbau:
Horstteilung: Am Frühlingsanfang werden die alten Horste geteilt und die Stücke mit 50 cm Abstand zueinander gepflanzt.
Wartezeit bis zur Ernte: Einige Monate.
Ernte: Die Blätter nach Bedarf und Reife pflücken.
Lagerung: Rasch verbrauchen.
Saatgutgewinnung:
Wird durch Horstteilung vermehrt.

Verwendung
Die fein geschnittenen Blätter würzen Fisch, aromatisieren Salate, Rohkost, Fischsuppen und Gemüse.
Geschmack: Leicht nach Anis; zwischen Fenchel und Dill.

Die kleinen cremeweißen Blüten blühen in Dolden von Juni bis August.

Amerikanische Bittergurke
Momordica charantia

Auf der Insel Réunion und im Südosten der USA wird diese Speise- und Zierpflanze viel angebaut.
Die Bittergurke lässt sich auf vielerlei Weise zubereiten.

Zur Saatgutgewinnung die Samen der schönsten Früchte ernten, wenn diese beinahe reif sind (dazu Tüten über die Früchte stülpen, denn sie können platzen). Durch Waschen die Kerne von ihrem karminroten Fruchtfleisch befreien, trocknen und kühl und vor Feuchtigkeit geschützt aufbewahren. Die hübschen Samen sind bei *M. charantia* weiß und braun, platt, wie geschnitzt, länglich, und bei *M. balsamina* schwarz.

Familie: Cucurbitaceae (Kürbisgewächse).
Botanische Synonyme: *Momordica muricata, M. operculata, M. elegans, M. jagorana, M. indica, Cucumis africanus, Sicyos fauriei.*
Weitere deutsche Namen: Balsambirne, Bittermelone, Ampalaya, Kurela.
Herkunft: Tropen
Lebensdauer: einjährig

Beschreibung

Etwa 2 m lang werden die schlanken Triebe, die klettern und mit einfachen Ranken in den Blattachseln versehen sind. Die Blätter sind handförmig und in fünf bis sieben tiefe Lappen eingeschnitten. Die kleinen gelben Blüten haben fünf Blütenblätter; sie sind einhäusig und blühen von Juni bis Ende September. Die reizvollen Früchte sind je nach Sorte mehr oder weniger lang (8–20 cm), fleischig, kantig und mit warzigen Linien überzogen. Sie sind grün, reifend orange, dann rot. Sie platzen auf und lassen die Kerne frei, die in scharlachrotes Fruchtfleisch eingebettet sind.

Kultur

Boden: Humos, locker, leicht.
Klima: Warm bis gemäßigt.
Standort: Sonnig, geschützt.
Vermehrung und Anbau:
 Aussaat: Im März/April zwei bis drei Samen pro Topf ins geheizte Gewächs-

haus (25–30 °C) säen. Dann nur eine Pflanze pro Topf lassen. Ab Mitte April im Gewächshaus mit einem Pflanzabstand von 80 cm zueinander auspflanzen und auf einer Rankhilfe klettern lassen. Die wärmebedürftigen Pflanzen kann man ggfs. auch im Kalthaus ziehen.
Wartezeit bis zur Ernte: Vier bis fünf Monate nach der Aussaat.
Ernte: Die Früchte noch grün pflücken, sonst sind sie bitter.
Lagerung: Zwei bis drei Tage kühl.

Verwendung

Die sehr jungen, kleinen Früchte legt man in Essig ein wie Gewürzgurken. Die noch grünen, geschälten, in dünne Scheiben geschnittenen Früchte werden mit Knoblauch und Zwiebeln angebraten; am Ende der Garzeit kommt Weißwein hinzu; köstlich mit Fisch, Schwein, Hühnerfrikassee. Auf der Insel Réunion bereitet man sie folgendermaßen zu: roh geschält und geviertelt, dann in lange Scheiben geschnitten, zerdrückt, 20 Minuten mit Salz entwässert, abgetropft, dann mit gewürzter Vinaigrette abgeschmeckt.
Geschmack: Bitter, sehr eigen, angenehm.

Weitere Arten

In den tropischen Ländern wird auch der Balsamapfel (*Momordica balsamina*) angebaut.

Scharlach-monarde
Monarda didyma

Meist wird die Monarde zur Dekoration gepflanzt, doch ist diese Pflanze mit ihren zerzausten Blüten auch sehr aromatisch.

Familie: Lamiaceae (Lippenblütler).
Botanische Synonyme: *Monarda coccinea*
Weitere deutsche Namen: Scharlach-Indianernessel, Indianernessel, Bergamottemonarde, Goldmelisse.
Herkunft: Nordamerika
Lebensdauer: mehrjährig

Beschreibung
Die Monarde ist 50–90 cm hoch und hat kantige oder verzweigte Triebe. Die gegenständigen Blätter sind leicht eingeschnitten, oval, lanzettlich und behaart. Unzählige „strubbelige", quirlständige Blüten in Scharlachrot (zuweilen auch violett) ragen aus den Büscheln. Sie sind nektarreich und blühen von Juni bis September.

Kultur
Boden: Tiefgründig, durchlässig, humusreich.
Klima: gemäßigt
Standort: Sonne oder Halbschatten.
Vermehrung und Anbau:
Aussaat: Im Frühjahr ins Anzuchtbeet säen, im September mit 50 cm Pflanzenabstand zu allen Seiten auspflanzen.
Stecklinge: Diese Vermehrungsmethode wird selten angewandt. Vor der Blüte nimmt man einige etwa 10 cm lange Stecklinge von jungen Trieben ab, entfernt die unteren Blätter auf etwa 5 cm. Ins Anzuchtbeet setzen und im Herbst oder nächsten Frühling auspflanzen.
Horstteilung oder Wurzelschösslinge: Bei leichter Erde im Herbst, bei lehmiger, schwerer Erde im Frühling die Wurzeln in Stücke teilen und diese mit 50 cm Platz zueinander pflanzen.
Wartezeit bis zur Ernte: Nach Horstteilung zwei bis sieben Monate, bei Stecklingsvermehrung drei bis zwölf Monate, nach Aussaat ein Jahr.
Ernte: Blätter und Blüten erntet man die ganze Vegetationszeit über.
Lagerung: Frisch verbrauchen oder gleich nach der Ernte im Schatten trocknen (oder besser noch im Backofen bei

geringer Hitze). Kühl und trocken in luftdichten Gläsern aufbewaren.
Saatgutgewinnung:
Die vertrockneten Blüten pflücken, im Schatten ausbreiten und die Samen einsammeln. Wenn Ihnen diese Art oder eine bestimmte Sorte wichtig sind, pflanzen Sie keine verwandten Arten oder andere Sorten, denn sie kreuzen sich leicht untereinander.

Verwendung
Die frischen Blätter und Blüten aromatisieren fein geschnitten Salate, Rohkost, Fleisch und Gemüse. Sie parfümieren Marmelade und Erfrischungsgetränke. Aus den Blättern lässt sich nach einem indianischen Rezept Oswego-Tee zubereiten. Monarden bereichern Blüten-Potpourris.
Geschmack: Kräftig, erinnert an Kölnischwasserminze und Bergamotte.

Sorten
'Marshalls Delight', 'Trinity Purple'.

Winterportulak *Montia perfoliata*

Saure, humusreiche Böden liebt diese kleine Pflanze. Sie ist köstlich als Salat oder wie Spinat gekocht.

Familie: Portulacaceae (Portulak-gewächse).
Botanische Synonyme: *Claytonia perfoliata, Linnia perfoliata, Claytonia cubensis.*
Weitere deutsche Namen: Winter-postelein, Tellerkraut.
Herkunft: Nordamerika
Lebensdauer: einjährig

Beschreibung
Winterportulak wird nur 20 cm hoch. Gegenständig, gestielt, an der Spitze tütenförmig sind die dicken Blätter ohne Nerven. Die kleinen weißen Blüten stehen von Mai bis August in Trauben zusammen. Schwarz und glänzend sind die sehr feinen Samen.

Kultur
Boden: Humusreich, kalkfrei, leicht.
Klima: gemäßigt
Standort: sonnig
Vermehrung und Anbau:
Aussaat: Von Juli bis Ende August sehr locker in flache Rillen mit 25 cm Abstand säen. Wenn die Sämlinge vier bis fünf Blätter aufweisen, auf 10 cm auslichten. Vor der Blüte die Blätter in ein paar Zentimetern Abstand vom Boden pflücken. Sie wachsen nach. Als Wachstumstemperatur reichen 4–8 °C.
Wartezeit bis zur Ernte: Zwei bis drei Monate nach der Aussaat.
Ernte: An milden Wintertagen bis zum Frühjahr. Winterportulak ist frostfrei bis −20 °C.

Lagerung: Möglichst bald nach der Ernte verbrauchen.
Saatgutgewinnung:
Einige schöne Exemplare stehen lassen, die Samen fast ausgereift ernten (sehr oft überprüfen, da sie leicht abfallen; am praktischsten ist es, bei schönem Wetter Folie um die Pflanzen auszubreiten, um die feinen Samen aufzufangen.) Manchmal ist das Herabfallen der Samen durchaus erwünscht, da sie im Spätsommer wieder keimen und so für eine neue Ernte sorgen.

Verwendung
Die Blätter und Stiele isst man roh als Salat. Gegart werden sie wie Spinat zubereitet: mit Butter, überbacken oder gebraten.
Geschmack: Zart, angenehm.

Süßdolde *Myrrhis odorata*

Diese große Staude ist reizvoll – und köstlich! Sie fühlt sich im Halbschatten auf kühlem Gelände wohl. Da sie sich sehr leicht ziehen lässt, findet sich sicher ein geeigneter Platz in allen Gärten.

Familie: Apiaceae (Doldenblütler).
Botanische Synonyme: *Selinum myrrhis, Scandix odorata, Lindera odorata, Chaerophyllum odoratum.*
Weitere deutsche Namen: Aniskerbel, Spanischer Kerbel, Myrrhenkerbel.
Herkunft: Mittel- oder Südeuropa.
Lebensdauer: mehrjährig

Beschreibung
Diese Pflanze bildet einen 50 cm bis 1 m hohen Busch. Ihre hohlen, aufrechten, verzweigten Triebe tragen große Blätter.

Kultur
Boden: humusreich
Klima: Gemäßigt und kühl.
Standort: Halbschatten
Vermehrung und Anbau:
Aussaat: Im September nach der Ernte der Samen gleich ins Anzuchtbeet säen. Die Sämlinge ins Freiland setzen, wenn sie vier bis fünf Blätter haben.
Horstteilung: Im Frühling oder Herbst alte Ballen teilen und die Stücke einpflanzen. Um zarte Blätter zu erzielen, die Blütentriebe entfernen, sobald sie sich zeigen.
Wartezeit bis zur Ernte: Über ein Jahr nach Aussaat, einige Monate nach Teilung.
Ernte: Die Blätter werden vom Frühling bis zum Frost nach Bedarf gepflückt.
Lagerung: Man verwendet die Blätter sehr frisch oder friert sie ein.

Saatgutgewinnung:
Lassen Sie einige Blüten Samen bilden; diese werden geerntet, wenn sie schwarz und glänzend sind (im Juli/ August), getrocknet und bald gesät.

Verwendung
Die rohen Blätter parfümieren gehackt Rohkost, Salate, Suppen, Omelett, Soßen, Gemüse und Fleisch. Die Samen kann man wie Lakritzbonbons lutschen; sie aromatisieren Desserts, bei denen sie (zerstoßen) den Zucker ersetzen und werden für diverse Liköre verwendet.
Geschmack: Süß, nach Anis.

Echte Brunnenkresse *Nasturtium officinale*

Eigentlich ist sie eine Wasserpflanze, doch sie wächst auch in ständig feucht gehaltenem Boden mit viel Humus. Die Gabe von reichlich Kompost verhindert das Erscheinen des Großen Leberegels, eines Parasiten.

Die kleinen weißen Blüten sitzen im Juni/Juli in dichtgedrängten Trauben.

Familie: Brassicaceae (Kreuzblütler).
Botanische Synonyme: *Crucifera fontana, Cardamine fontana, C. nasturtium, C. nasturtium-aquaticum*
Weitere deutsche Namen: Bach-, Wasser-, Brunnenkresse.
Herkunft: Alle gemäßigten Regionen.
Lebensdauer: mehrjährig

Beschreibung
Der fleischige, kriechende Trieb dieser Wasserpflanze schlägt leicht Wurzeln. In mehrere längliche, fast runde Lappen unterteilt sind die dunkelgrünen Blätter mit langem Stiel. Die kleinen, rötlich braunen, leicht ovalen Samen sitzen in einer kurzen, gebogenen Schote.

Kultur

Boden: Fließendes Gewässer oder nasse und humusreiche Erde.
Klima: gemäßigt
Standort: Halbschatten
Vermehrung und Anbau:
Aussaat: Ab Anfang März 2–3 g Saatgut ins Frühbeet in ein Substrat mit hohem Anteil an Muttererde aussäen; ständig feucht halten. Beim Aufgehen der Saat tagsüber den Frühbeetkasten öffnen. Wenn die Sämlinge 3 cm groß sind, mit möglichst viel Erde entnehmen und an eine schattige Ecke im Garten mit viel Muttererde verpflanzen, dabei einen Pflanzenabstand von 12 cm und einen Reihenabstand von 15 cm einhalten. Täglich reichlich mit Regenwasser gießen. Pro Pflanze brau-

chen Sie ein leicht schräg stehendes, 40 cm hohes Gefäß, das Wasser zurückbehält. Auf den Boden kommt 15 cm humusreiche Erde, die mit Wasser bedeckt wird, auf den Grund feiner Maschendraht. Die bewurzelten Jungpflanzen werden eingesetzt, täglich Wasser nachgießen. Viel leichter und erfolgversprechender ist allerdings die Vermehrung durch Stecklinge!
Stecklinge: Die Brunnenkresse bildet am Grund eines Gewässers Ausläufer. Diese nutzt man zur vegetativen Vermehrung der Pflanzen durch Stecklinge.
Wartezeit bis zur Ernte: Zwei Monate nach der Aussaat, einen Monat nach dem Verpflanzen der Jungpflanzen.
Ernte: Die Triebe fast ständig (außer bei Frost) je nach Entwicklung und Bedarf pflücken, dabei die Zweige einzeln schneiden.
Lagerung: Sofort verbrauchen.
Saatgutgewinnung:
Man lässt einige Pflanzen Samen ausbilden und pflückt die Triebe, wenn die Schoten fast reif sind (September). Anschließend diese auf einem Tuch ausbreiten, die Samen herauslösen und sie trocken und kühl aufbewahren.

Verwendung

Die Zweige schmecken roh im Salat oder garnieren Speisen (Geflügel, Braten, Grillfleisch, Gemüse, Omelett); gegart ergeben sie Suppe oder werden wie Spinat zubereitet.
Geschmack: Scharf und würzig.

Jungfer im Grünen *Nigella damascena*

Hübsche blaue, weiße oder rosafarbene Blüten und hauchzartes Laub: Diese filigrane Blume lockert die Beete auf!

Familie: Ranunculaceae (Hahnenfußgewächse).
Weitere deutsche Namen: Braut in Haaren, Gretel im Busch, Damaszener Schwarzkümmel.
Herkunft: Mittelmeerregionen
Lebensdauer: einjährig

Beschreibung

Die krautige Pflanze mit aufrechten, verzweigten Trieben wird bis zu 50 cm hoch. Ihre Blätter sind sehr tief eingeschnitten, zart, fiedrig und sitzen verschlungen um die Blüten herum. Diese stehen einzeln, haben fünf meist blassblaue Blütenblätter und blühen von Juni bis September. Die kleinen Samen sind in Kapseln eingeschlossen. Sie sind schwarz, aromatisch und sehen aus wie bei Porree.

Kultur

Boden: Aufgelockert, fruchtbar, humusreich.
Klima: gemäßigt
Standort: Sonnig und geschützt.
Vermehrung und Anbau:
Aussaat: Direktsaat von März bis Mai in Reihen mit 30 cm Abstand, die Samen kaum bedecken; nach dem Auflaufen auf 10 cm auslichten.
Wartezeit bis zur Ernte: Vier Monate.
Ernte: Im August die reifen Kapseln ernten und die Samen auffangen.
Lagerung: Die Samen vor Licht geschützt, trocken und kühl in luftdichten Behältern aufbewahren.

Saatgutgewinnung:
Die rundlichen Kapseln werden im August gepflückt, wenn sie fast ausgereift sind, und auf einem Tuch im Schatten zum Trocknen ausgebreitet. Die Samen bewahrt man dann in luftdichten Behältern auf.

Verwendung

Die reifen Samen werden ganz oder gemahlen geröstet und sind (in Maßen!) ein Gewürz für Bohnen, Rohkost, Salat, Reis, Geflügel, helles Fleisch und Hammel. In Brot und Gebäck schmecken sie köstlich. Die Samen des Echten Schwarzkümmels (*Nigella sativa*) werden genauso verwendet.
Die dekorativen Kapseln der Jungfer im Grünen werden gerne für Trockensträuße genutzt.
Geschmack: Herb und scharf, erinnert leicht an Haselnuss.

Sorten

Im Handel sind häufig Samenmischungen aus verschiedenfarbig blühenden Sorten erhältlich.

Die ursprüngliche Farbe von *N. damascena* ist blau. Es gibt aber auch weiß blühende wie diese gefüllte Sorte.

Basilikum *Ocimum basilicum*

Eigentlich braucht diese Würzpflanze, die so vielen Speisen den richtigen Pfiff verleiht und Zutat des berühmten Pesto ist, gar nicht vorgestellt zu werden. Es gibt zahlreiche Sorten mit unterschiedlichem Geschmack.

1. Griechisches Buschbasilikum
2. Mexikanisches Gewürzbasilikum
3. Rotblättrige Sorte 'Rubin'

Familie: Lamiaceae (Lippenblütler).
Weitere deutsche Namen: Basilien- oder Königskraut, Königsbalsam.
Herkunft: Subtropen, wohl Indien.
Lebensdauer: einjährig

Beschreibung

Die krautige Gewürzpflanze von 30–40 cm Höhe ist nektarreich und verströmt einen durchdringenden Geruch. Die Farbe ihrer Blätter reicht von Blass- bis Dunkelgrün, manchmal Purpurrot (je nach Sorte). Die Blätter sind gestielt, oval, oft lanzettlich und gezähnt. Aufrecht, verzweigt und kantig sind die Triebe. Von Juni bis September stehen die Blüten in Trauben. Die schwarzen Samen sind fein und länglich.

Kultur

Boden: Locker, humos, fruchtbar.
Klima: Warm oder gemäßigt.
Standort: Sonnig und geschützt.
Vermehrung und Anbau:
Aussaat: Von März bis Ende April ins Gewächshaus (Topf, Schale) bei einer Temperatur von 20 °C aussäen. (Lichtkeimer, nicht mit Erde bedecken). Eine Direktaussaat ins Freiland ist erst ab Ende Mai möglich! In Anzuchtbeet oder Kiste verpflanzen, wenn die Sämlinge vier bis fünf Blätter haben. Vom 15. Mai bis Anfang Juni können die Jungpflanzen mit 25 cm Abstand zueinander ins Freiland verpflanzt werden. Basilikum wächst sehr gut zwischen Tomatenpflanzen und hat gern den „Kopf" in der Sonne, die „Füße" aber kühl.

Saatgutgewinnung: Wenn die Ähren sich rötlich färben, schneiden, in leichter Sonne auf einem Tuch ausbreiten, die Samen herauslösen, in Tüten füllen, kühl und trocken aufbewahren.
Wartezeit bis zur Ernte: Drei bis vier Monate nach der Aussaat.
Ernte: Die Blätter werden nach Bedarf abgezupft. Nicht schossen lassen!
Lagerung: Da Basilikum sehr schnell sein Aroma verliert, muss er schnell bei 30–35 °C getrocknet werden (z. B. im Backofen); er wird dann in ein Glas gefüllt und mit Öl bedeckt im Kühlschrank gelagert. Lässt sich gut einfrieren.

Verwendung

Frisches Basilikum würzt Salate, Gemüse, Olivenöl, Essig und Soßen. Basilikum ist die Grundlage von Pizza- und Tomatensoßengewürz.
Geschmack: Subtil, kräftig und scharf, je nach Sorte sehr unterschiedlich.

Sorten

Grünblättrig: 'Balkonstar', 'Genua Star', 'Green Ruffles', 'Lemon', 'Salatblättriges'.
Rotblättrig: 'Dark Opal', 'Oman', likum (1), *O. basilicum* var. würzbasilikum (2) hat rote Stängel und Zimtaroma.

Gewöhnliche Nachtkerze
Oenothera biennis

Diese hübsche zweijährige Pflanze mit zitronengelben Blüten ist bei uns vielfach heimisch geworden. Doch Achtung, sie kann ziemlich wuchern, denn sie sät sich leicht selbst aus!

Familie: Onagraceae (Nachtkerzengewächse).
Botanische Synonyme: *Oenothera communis, O. graveolens, Onagra biennis, O. vulgaris.*
Weitere deutsche Namen: Rapunzel, Rapontika, Schinkenwurzel; Rapontikawurzel, Schinkenkraut.
Herkunft: Nordamerika, wohl Virginia.
Lebensdauer: zweijährig

Beschreibung
Der kräftige Blütentrieb der Nachtkerze erscheint im zweiten Kulturjahr und wird etwa 1 m hoch; er ist aufrecht, samtig und verzweigt. Daran sitzen von Juni bis Oktober blattdurchsetzte Ähren aus großen zitronengelben, duftenden Blüten. Vom Wurzelhals geht die breite Rosette aus ganzen, gezähnten Blättern aus; diese sind flaumig, länglich und gestielt. Die vielen kleinen Samen sind verschieden geformt und schwarz. Die fleischige Pfahlwurzel ist gelblich weiß mit einem violetten Hauch.

Kultur
Boden: Locker, tiefgründig, humos.
Klima: gemäßigt
Standort: Sonne, Halbschatten.
Vermehrung und Anbau:
Aussaat: Im April oder September Direktsaat möglich: einige Samen alle 15 cm mit Reihenabstand von 35 cm aussäen. Wenn die Sämlinge ein paar

Blätter haben, die kräftigsten behalten und die übrigen auszupfen. Ende März bis 15. April ins Frühbeet säen, im Mai ins Freiland verpflanzen, wenn sie vier bis fünf Blätter haben.
Wartezeit bis zur Ernte: Sieben bis acht Monate bei Frühjahrssaat, ein Jahr bei Herbstsaat.
Ernte: Man erntet die Wurzeln von Ende Oktober bis März. Pflücken Sie die Blätter, nachdem sie nach Bedarf unter einem Topf gebleicht wurden.
Lagerung: Möglichst schnell verbrauchen.
Saatgutgewinnung:
Man lässt einige schöne Pflanzen Samen bilden und erntet die Kapseln nach und nach, wenn sie reif sind. Die Samen werden gesammelt, im Schatten getrocknet, dann trocken und kühl aufbewahrt. Diese Pflanze produziert Unmengen von Samen.

Verwendung
Die gekochten Wurzeln werden wie Schwarzwurzeln gegessen: in dünnen Scheiben gebraten, geschmort, überbacken oder als Salat. Die gebleichten Blätter isst man roh als Salat. Aus den Samen wird Nachtkerzenöl hergestellt, das in der Küche und vor allem in der Naturmedizin Verwendung findet.
Geschmack: Die Wurzeln haben einen recht ausgeprägten Geschmack, der etwas an Rüben erinnert; die Blätter schmecken ähnlich wie die Rapunzel-Glockenblumen.

Dost *Origanum vulgare*

Der Dost ist eine hübsche Nektarpflanze, die ihren Platz unter den Zier- wie den Würzpflanzen hat. Er wirkt stark antiseptisch und vertreibt Insekten.

Familie: Lamiaceae (Lippenblütler).
Botanische Synonyme: *Origanum anglicum, O. creticum, O. orientale, O. officinale, O. floridum, Thymus origanum.*
Weitere deutsche Namen: Oregano, Wilder Majoran.
Herkunft: Südeuropa und Westasien.
Lebensdauer: mehrjährig

Beschreibung

Die 30–80 cm hohe Pflanze bildet einen verzweigten Busch mit krautigen, aufrechten, verzweigten Trieben, die je nach Sorte mehr oder weniger behaart sind und manchmal rot. Oval sind die Blätter, am Ansatz etwas abgerundet, gestielt, leicht gezähnt oder glattrandig, gelb, dunkelgrün oder panaschiert. Die Blüten sind rosa oder purpurrot, zuweilen weiß, sie bilden kurze, kleine Ähren, die sich an den Triebspitzen zu Dolden vereinigen. Sie blühen von Juli bis September. Die glatten Samen sind eiförmig bis länglich.

Kultur

Boden: Humusreich, leicht, aufgelockert.
Klima: gemäßigt
Standort: sonnig
Vermehrung und Anbau:
Aussaat: Im Frühling oder Herbst ins Anzuchtbeet säen, mit 30 cm Abstand zueinander auspflanzen, wenn die Sämlinge ein paar Blätter haben.
Horstteilung: Im Frühling oder Herbst die alten Horste teilen und die kleineren Stücke einpflanzen.
Wartezeit bis zur Ernte: Drei Monate nach der Aussaat, acht bis zehn Wochen nach einer Teilung.
Ernte: Von Mai bis November, nach Bedarf.
Lagerung: Schneiden Sie die Triebe zu Beginn der Blütezeit dicht über dem Boden ab, trocknen Sie sie im Schatten. Anschließend vor Feuchtigkeit geschützt in luftdichten Behältern aufbewahren.
Saatgutgewinnung:
Die Samen werden im August/September geerntet, im Schatten getrocknet und in luftdichten Gläsern trocken aufbewahrt.

Verwendung

Die frischen oder getrockneten Blätter aromatisieren Soßen, Wild, Suppen, Fleischeintopf, Fleisch, Pizza, Gemüse, Nudeln, Reis, Marinaden, Öl, Essig und Salate. Roh oder gegart gehören sie zu den Zutaten für Liköre und ergeben wohlschmeckenden Tee. Die Blüten eignen sich für Blüten-Potpourris und Parfüms und sehen hübsch in Trockensträußen aus.
In Maßen verwenden, vor allem bei Bluthochdruck!
Geschmack: Bitter, aromatisch, angenehm scharf; pfeffriger Duft.

Sorten

'Laurie' und 'Carva'. Die weißblühende Sorte 'Vulkan' ist besonders aromatisch.

Peruanischer Sauerklee *Oxalis tuberosa*

Diese Pflanze hat ausgesprochen hübsches, kleeähnliches Laub. Sie bildet köstliche kleine Knollen, deren Geschmack irgendwo zwischen Kartoffel, Sauerampfer und Süßkartoffel liegt.

Familie: Oxalidaceae (Sauerklee-gewächse).
Botanische Synonyme: *Acetosella tuberosa, A. crenata, Xanthoxalis crassicaulis.*
Weitere deutsche Namen: Oka, Knolliger Sauerklee.
Herkunft: Peru
Lebensdauer: Mehrjährig, als einjährige Pflanze gezogen.

Beschreibung

Die verzweigten Triebe der Pflanze liegen am Boden und bilden durch wiederholtes Anhäufeln leicht Absenker. Die Blätter sind fleischig, dreizählig geteilt, glänzend grün. Mehrfarbig und bucklig sind die Knollen.

Kultur

Boden: Leicht, locker, humusreich.
Klima: Warm bis gemäßigt.
Standort: sonnig
Vermehrung und Anbau:
Pflanzen von Knollen: Im März zunächst geschützt in Töpfe; Anfang Mai mit Ballen ins Freiland pflanzen mit einem Abstand von 35 cm zu allen Seiten, bis zum 15. Mai mit Folien schützen. Wenn die Pflänzchen 15 cm hoch sind, bis August laufend anhäufeln.
Stecklinge: Im März/April einzelne Sprosse mit einem Stückchen Knolle daran in eine Mischung aus Erde und guter Muttererde pflanzen; im Gewächshaus oder Frühbeet lassen und im Mai auspflanzen. Um die Bildung von Knollen anzuregen, jeden Abend zwei Stunden vor dem Dunkelwerden mit schwarzer Folie abdecken und diese bei Dunkelheit entfernen.
Ernte: Acht Monate nach dem Pflanzen die Knollen einsammeln, wenn die Triebe gefroren sind, kurz bevor es wirklich kalt wird. Diese Kurztagspflanze bildet ihre Knollen spät.
Lagerung: Die Knollen halten sich im Silo, im Haufen im Keller, in Sand.
Saatgutgewinnung: Die Pflanze kommt in unserem Klima nicht zur Blüte.

Verwendung

Die Knollen werden gegart verwendet wie Kartoffeln: in Salzwasser gekocht, püriert, als Salat, frittiert oder gebraten. Die jungen Blätter ersetzen Sauerampfer. Man mildert die Säure der Knollen, indem man sie zwei bis drei Tage in die Sonne legt und das Kochwasser einmal durch frisches austauscht. Peruanischer Sauerklee enthält sehr viel Oxalsäure (vor allem die beblätterten Teile) und sollte von Menschen mit Gicht oder Rheuma gemieden werden.
Geschmack: Die jungen Blätter haben die Säure des Sauerampfers. Die Knollen schmecken nach Kartoffeln, Süßkartoffeln und Sauerampfer.

Sorten

Kulturvarietäten gibt es nur in Südamerika. Es kommen weiße, gelbe, rote oder schwarze, aber auch gesprenkelte Knollenformen vor.

1. Rohe Knollen einer weißen Sorte.
2. Die kleinen gelben Blüten erinnern an Butterblumen.

Pastinake *Pastinaca sativa*

Bis zum Erscheinen der Kartoffel war dieses Gemüse sehr verbreitet, geriet dann aber etwas in Vergessenheit. Durch seinen ausgeprägten Geschmack eignet es sich für vielerlei Zubereitungsarten.

Familie: Apiaceae (Doldenblütler).
Botanische Synonyme: *Pastinaca lutea, P. angulosa, P. sylvestris, P. opaca, P. esculenta, P. pratensis, P. vulgaris, Selinum pastinaca, Anethum pastinaca, Peucedanum sativum.*
Weitere deutsche Namen: Moorwurzel, Hammels- oder Hirschmöhre, Balsternacke.
Herkunft: Europa und Asien.
Lebensdauer: zweijährig

Beschreibung

Bis zu 2 m hoch kann der hohle, gestreifte, am Ende verzweigte Blütentrieb werden, an dem sich von Mai bis September blassgelbe Doldenblüten entwickeln. Die gezähnten Blätter sind ganz oder in drei bis fünf Lappen unterteilt, die platten Samen sind gräulich bis bräunlich.

Kultur

Boden: Tiefgründig, humusreich, leicht kalkhaltig.
Klima: Gemäßigt, mild und feucht.
Standort: sonnig
Vermehrung und Anbau:
Aussaat: Von März bis Juni je drei bis fünf Samenkörner alle 15 cm ins Freiland säen oder locker in Reihen mit 30–40 cm Abstand. Wenn die Pflänzchen einige Blätter haben, jeweils nur eines alle 15 cm stehen lassen. Besteht keine Gefahr durch Wühlmäuse, kann die Saat im September erfolgen.
Wartezeit bis zur Ernte: Fünf Monate

nach Frühjahrs-, acht Monate nach Herbstsaat.
Ernte: Von November bis März die Wurzeln nach Bedarf herausziehen.
Lagerung: An Ort und Stelle, oder die Wurzeln einige Stunden auf dem Boden trocknen lassen und dann im Keller in Sand oder Silo lagern.
Saatgutgewinnung:
Lassen Sie einige Wurzeln in der Erde oder schlagen Sie sie in trockenem Sand ein. Sie werden im Frühling mit 60 cm Pflanzenabstand wieder ausgepflanzt und im Juli gestützt, dabei entfernt man kleine Dolden. Pflücken Sie die schönsten Dolden, wenn die Samen reif sind. Im Schatten trocknen, dreschen, die Samen kühl und trocken in Tüten aufbewahren.

Verwendung

Die Wurzeln werden roh, gerieben allein oder mit weiterer Rohkost gegessen. Gekocht sind sie Zutat zur Suppe, bringen Geschmack in Eintopfgerichte (mit und ohne Fleisch), werden püriert, frittiert, gebraten oder zusammen mit Kartoffeln überbacken. Als Chips schmecken sie zum Aperitif.
Geschmack: Kräftig, süß, erinnert etwas an Süßwurzel.

Sorten

'Arrow', 'Aromata', 'Mitra', 'New White Skin', 'Turga'.

Perilla *Perilla frutescens var. nankinensis*

Vor einigen Jahren war die chinesische Heil- und Gewürzpflanze Perilla nur bei Sammlern bekannt. Doch diese Pflanze ist dermaßen hübsch, dass sie mittlerweile auch für öffentliche Grünflächen verwendet wird.

Familie: Lamiaceae (Lippenblütler).
Botanische Synonyme: *Ocimum crispum, Dentidia nankinensis, Perilla frutescens var. crispa.*
Weitere deutsche Namen: Chinesische Melisse, Schwarznessel, Shiso.
Herkunft: China
Lebensdauer: Nicht winterharte Staude, als einjährige Pflanze gezogen.

Beschreibung
Die bis 80 cm hohe Pflanze hat meist purpurviolette Blätter mit Bronzeschimmer; diese sind gezähnt, gerippt, gegenständig, oval, ganz und enden in einer leichten Spitze. Rosa Blüten sitzen in Trauben zusammen an den Triebspitzen. Die schwarzen Samen sind fein und rund.

Kultur
Boden: Humusreich, locker.
Klima: Gemäßigt, warm.
Standort: sonnig
Vermehrung und Anbau:
Aussaat: Im März/April einige Samenkörner pro Topf an einem hellen, warmen Ort säen (Gewächshaus oder warmes Frühbeet). Nach dem Keimen je einen Sämling stehen lassen, am 15. April mit Schutz oder am 15. Mai ohne auspflanzen. Pflanzabstand: 40 cm zu allen Seiten.
Wartezeit bis zur Ernte: Drei Monate nach der Aussaat.
Ernte: Die Blätter nach Bedarf pflücken.

Lagerung: Sofort verbrauchen.
Saatgutgewinnung:
Die Ähren werden reif eingesammelt, im Schatten getrocknet, gerieben und die Samen dann in Tüten kühl aufbewahrt.

Verwendung
Die Blätter verwendet man wie Petersilie. Fein gehackt würzen sie Salate, Rohkost, Gemüse, Suppen, Soßen. Unverzichtbar ist die Perilla für „Sushi", die berühmte japanische Spezialität aus rohem Fisch und Reis. Beim Garen wird sie erst am Schluss hinzugefügt.
Geschmack: Angenehm, würzig, scharf und süß.

Kulturformen
Rotblättrige Perilla; krausblättrige, grüne Perilla.

Die rosa Blüten bilden an der Triebspitze Ähren.

Kulturformen:
1. Krausblättrige, grüne Perilla
2. Rotblättrige Perilla

155

Petersilie *Petroselinum crispum*

Die Petersilie ist sicherlich die bekannteste und meist benutzte Gewürz- und Aromapflanze bei uns. Das dunkle, glatte oder krause Laub ist sehr elegant und bildet hübsche Bordüren.

Wenn man sie Samen ausbilden lässt, hat die Petersilie von Juni bis September kleine grün-weiße Blüten, die Dolden bilden.

Familie: Apiaceae (Doldenblütler).
Botanische Synonyme: *Apium laetum*, *A. petroselinum*, *Carum petroselini*, *Petroselinum sativum*.
Weitere deutsche Namen: Peterlein
Herkunft: Südeuropa
Lebensdauer: zweijährig

Beschreibung

Eine aufrechte krautig verzweigte Pflanze, die im 2. Kulturjahr bis zu 1 m hoch werden kann. Im 1. Jahr bilden die Blätter eine Rosette. Sie sind dreieckig, gestielt, in dunkelgrüne schmale Bänder geteilt, deren Unterteilungen tief in unregelmäßige oder gruppierte Lappen eingeschnitten sind. Manchmal sind sie kraus. Die Samen sind hellbraun, zwei Seiten sind platt, die dritte gewölbt, manchmal sind fünf deutliche Rippen zu sehen.

Kultur

Boden: Tiefgründig, aufgelockert, leicht, humusreich.
Klima: gemäßigt
Standort: Sonnig, im Sommer Halbschatten.
Vermehrung und Anbau:
Aussaat: Von März bis August Direktsaat in Reihen mit 30 cm Abstand; mit vier bis fünf Blättern die Sämlinge auf 8 cm in der Reihe auslichten. Für eine Winterproduktion Ende Juli ins Frühbeet säen. Die Saat geht langsam auf: Zwei Tage in lauwarmem Wasser einweichen und dann rasch säen.

Wartezeit bis zur Ernte: Drei Monate nach der Aussaat.
Ernte: Nach Bedarf.
Lagerung: Die Blätter können ein paar Tage in einem Glas Wasser stehen. Für längere Lagerung: Im Schatten trocknen, zerstoßen und an trockenem, kühlem Ort dunkel in luftdichten Gläsern aufbewahren. Vor der Verwendung anfeuchten.
Saatgutgewinnung:
Wählen Sie im Herbst schöne Pflanzen, schützen Sie sie im Winter mit einer Haube und lassen Sie sie im folgenden Jahr Samen bilden. Im August, wenn die Samen braun werden, frühmorgens die Dolden pflücken, im Schatten trocknen, entkernen, die Samen eintüten, kühl und trocken lagern.

Verwendung

Die Blätter werden fein geschnitten, roh oder gegart in der Küche verwendet. Sie würzen Rohkost, Salat, Fisch, Suppe, Soße, Eier, Marinade, Gemüse, Fleisch; Petersilie gehört zum Suppengrün.
Geschmack: Aromatisch, duftig.

Sorten

Krausblättrige Sorten: 'Bravour', 'Bukett', 'Chivi', 'Masina', 'Mooskrause 2'.
Glattblättrige Sorten: 'Amsterdamse Srij', 'Festival' 68', 'Gigante d' Italia'.

Wurzelpetersilie
Petroselinum crispum var. *tuberosum*

Das Laub wird wie normale Petersilie verwendet und die Wurzeln wie Schwarzwurzeln. In Deutschland, Polen und Russland ist sie sehr bekannt, in Frankreich nur in Feinschmeckerlokalen.

Familie: Apiaceae (Doldenblütler).
Botanische Synonyme: *Petroselinum crispum* var. *radicosum, P. hortense* var. *tuberosum, P. sativum* var. *latifolium.*
Weitere deutsche Namen: Petersilien-wurzel, Knollenpetersilie.
Herkunft: Südeuropa, Nordafrika, Westasien.
Lebensdauer: zweijährig

Beschreibung
Der bis zu 1 m hohe Blütenstiel der krautigen Pflanze, der sich im zweiten Jahr bildet, ist aufrecht, verzweigt und trägt von Mai bis Juli kleine grüngelbe Doldenblüten. Die geteilten, glatten, gestielten, grünen, duftenden Blätter sehen ähnlich aus wie bei der normalen Petersilie; im ersten Jahr bilden sie eine Rosette. 15 cm lang ist die fleischige Wurzel in Form einer weißen Spindel, die einer Pastinakenwurzel ähnelt. Die braunen Samen mit einigen deutlichen Rippen sind auf zwei Seiten platt, auf der dritten gewölbt.

Kultur
Boden: Leicht, tiefgründig, humusreich.
Klima: gemäßigt
Standort: sonnig
Vermehrung und Anbau:
Aussaat: Im März/April alle 15 cm je einige Samen streuen, Reihenabstand 35 cm. Nach dem Aufgehen jeweils nur die kräftigste Pflanze stehen lassen.

Wartezeit bis zur Ernte: Drei Monate nach der Aussaat für die Blätter, sechs Monate für die Wurzeln.
Ernte: Die Blätter werden nach Bedarf gepflückt, die Wurzeln sind ab Mitte September erntereif.
Lagerung: Für die Lagerung im Winter werden die Pflanzen Ende Oktober ausgezogen und die Blätter am Wurzel-hals abgeschnitten. Wurzeln im Haufen im Keller, im Silo oder in trockenem Sand lagern.
Saatgutgewinnung:
Lassen Sie die Wurzeln im Boden oder lagern Sie sie in Sand und pflanzen Sie sie im März wieder aus. Die Dolden schneiden, wenn sie braun werden, im Schatten trocknen und entkernen. Die Samen trocken und kühl aufbewahren.

Verwendung
Die Blätter verwendet man wie normale krause oder glatte Petersilie für Roh-kost, Suppen, Fleisch. Die gekochten Wurzeln werden wie Schwarz- oder Haferwurzeln zubereitet: überbacken oder gebraten. Sie passen in Eintöpfe und sind leckere Beilage zu Fleisch und Geflügel.
Geschmack: Liegt zwischen Pasti-nake und Knollensellerie.

Sorten
'Halblange', 'Berliner'.

Prunkbohne *Phaseolus coccinus*

Häufig wird diese Gemüsepflanze nur zur Zierde gezogen, denn sie ist eine hübsche Kletterpflanze.
Die Blütentrauben sind weiß, manchmal zinnoberrot oder zweifarbig.

Familie: Fabaceae (Schmetterlings-blütler).
Botanische Synonyme: *Phaseolus vulgaris* var. *coccineus*, *Ph. multiflorus*, *Lupusa coccinea*, *L. multiflora*.
Weitere deutsche Namen: Feuerbohne, Türkische Bohne, Käferbohne.
Herkunft: Mexiko
Lebensdauer: In tropischen Ländern mehrjährig, bei uns einjährig gezogen.

Beschreibung

Die kräftigen schlanken Triebe der krautigen Pflanze ranken sich verschlungen an den Stangen empor. Ihre großen Blätter bestehen aus drei dreieckigen Einzelblättern. Zahlreiche Schmetterlingsblüten hängen in langen Trauben von den Blattachseln herab. Sie sind weiß, rot oder zweifarbig. Die langen Hülsen sind breit, gekrümmt und enthalten je nach Sorte weiße, schwarze oder zweifarbige Kerne.

Kultur

Boden: Leicht, aufgelockert, warm und humusreich, kalkfrei.
Klima: Gemäßigt bis warm, auch montanes Klima.
Standort: sonnig
Vermehrung und Anbau:
Aussaat: Vom 15. Mai bis Ende Juni Direktsaat: jeweils fünf bis sieben Samen alle 50 cm, 5 cm tief. Reihenabstand 80 cm bis 1 m. Ein Beet sollte nicht mehr als drei Reihen haben, denn diese Pflanze braucht Luft und Licht. Um den

20. April unter Tunnel o. Haube aussäen.
Wartezeit bis zur Ernte: Drei bis fünf Monate, je nach Verwendungszweck.
Ernte: Für grüne Bohnen erntet man die Hülsen etwa zur Halbzeit ihrer Entwicklung; für frische Bohnen erntet man die Hülsen, wenn sie gut geformt sind; für Trockenbohnen erntet man die Hülsen vollkommen ausgereift.
Lagerung: Grüne Hülsen und frische Bohnen: Zwei bis drei Tage kühl; lassen sich gut einmachen und einfrieren. Die trockenen Kerne bewahrt man in einem trockenen, luftigen Raum oder im Kühlschrank auf.
Saatgutgewinnung: Nur eine Sorte ziehen, denn diese Bohne kreuzt sich leicht untereinander. Die schönsten Hülsen reif von kräftigen Pflanzen pflücken, im Schatten trocknen, entkernen und im Kühlschrank aufbewahren, um Samenkäfer zu vermeiden.

Verwendung

Die jungen Hülsen werden grün und zart in Streifen geschnitten und wie grüne Bohnen gekocht. Die weißen oder farbigen Bohnen verwendet man gekocht zu Fleisch, als Suppe oder als Salatzutat. Die farbigen Bohnenkerne sind sehr dekorativ.
Geschmack: Mehliger als gewöhnliche Bohnen.

Sorten

'Butler', 'Fagiola', 'Hestia', 'Lady Di', 'Preisgewinner'.

Limabohne *Phaseolus lunatus*

In unserem Klima entwickelt sich diese Bohne besser im Gewächshaus, denn sie liebt Sonne.

Familie: Fabaceae (Schmetterlingsblütler).
Botanische Synonyme: *Phaseolus macrocarpus, P. maximus, P. amazonicus, P. puberulus, P. parviflorus.*
Weitere deutsche Namen: Mond-, Butterbohne.
Herkunft: Süd- und Mittelamerika.
Lebensdauer: einjährig

Beschreibung
Diese Kletterpflanze kann 3 m hoch werden, es gibt sie aber auch buschförmig. Ihre langen schmalen, dreieckigen Blätter bestehen aus drei Einzelblättern. Die Blüten sind grün-weiß und bilden große Trauben. In den breiten, recht kurzen, platten Hülsen verstecken sich zwei bis sechs nierenförmige Kerne, die grün-weiß, manchmal rot gestreift sind.

Kultur
Boden: Leicht, humusreich, etwas sauer.
Klima: Gemäßigt bis warm.
Standort: Sonnig, geschützt.
Vermehrung und Anbau:
Aussaat: Säen Sie Anfang April zwei bis drei Samen pro Topf ins Warme (über 20 °C), lassen Sie nach dem Aufgehen jeweils nur ein Pflänzchen stehen; Anfang Mai werden sie mit Ballen ausgepflanzt, unter Hauben, an gut geschütztem Standort oder ins Gewächshaus; dabei alle 50 cm je fünf Pflanzen zusammensetzen (Reihenabstand 1 m). Wenn die Pflanzen 15 cm hoch sind, anhäufeln und Stangen anbringen. Die Buschsorten sät man ebenfalls alle 40–50 cm.
Wartezeit bis zur Ernte: Vier bis sechs Monate für frische Kerne, sechs bis sieben Monate für trockene.
Ernte: Die Hülsen von Anfang Oktober bis zum Frost pflücken.
Lagerung: Die frischen Kerne halten sich kühl einige Tage, die trockenen kühl und trocken mehrere Monate. Sie lassen sich gut einfrieren.
Saatgutgewinnung:
Nehmen Sie die Kerne aus den schönsten Hülsen von kräftigen Pflanzen; sie werden im Schatten getrocknet und kühl und trocken aufbewahrt.

Verwendung
Frische Kerne isst man gekocht als Beilage zu Schweine- oder Lammfleisch, als Suppe oder Salat. Die trockenen Kerne sind sehr mehlig und weniger geschmackvoll.
Achtung: Dunkel gefärbte Kerne enthalten Blausäure in gesundheitsgefährdender Konzentration. Weiße Samen sind ungiftig. Daher müssen farbige Samen durch Kochen und Wegschütten des Kochwassers entgiftet werden.
Geschmack: Etwas mehlig, aber delikat und angenehm.

Sorten
'Henderson Bush' (weiß), 'King of the Garden' (weiß), 'Chrismas Pole' (farbig).

Gartenbohne *Phaseolus vulgaris*

Leicht zu ziehen ist diese Bohnenart, die es als kletternde Stangenbohnen- und als nicht kletternde Buschbohnen-Varietät gibt. Damit die Saat rasch aufgeht, muss der Boden ausreichend angewärmt sein. Am besten, Sie stecken den Finger in die Erde und fühlen selbst!

1. Buschbohne
'Or du Rhin'
2. Buschbohne
'St-Esprit à Oeil rouge'

Familie: Fabaceae (Schmetterlingsblütler).
Botanische Synonyme: *Phaseolus oblongus, P. compressus, P. vulgaris* var. *communis, P. esculentus, P. tumidus*.
Weitere deutsche Namen: Grüne oder gelbe Bohne, Keniabohne, Filetbohne, Trockenbohne, Körnerbohne.
Herkunft: Südamerika, wohl Kolumbien und Peru.
Lebensdauer: einjährig

Beschreibung

Schnelles Wachstum zeichnet die krautige Pflanze aus, wobei Buschbohnen mit schlankem, kurzem Spross ohne Ranken und steifem, buschigem Wuchs unter 50 cm bleiben. Höher hinaus treibt es die Kletterbohnen: Bis 3 m hoch schlingen sich ihre sehr langen Ranken um ihre Rankhilfe. Die großen Blätter haben drei dreieckig ovale, am Ansatz abgerundete Fiederblätter, sie laufen spitz zu und sind gelb- bis dunkelgrün, manchmal violett getönt. Die selbstbefruchtenden Schmetterlingsblüten in Trauben leuchten, je nach Sorte, in verschiedenen Farben: weiß, gelb, grün, rosa, lila oder ein Hauch violett. Sie blühen von Juni bis September und produzieren lange gerade oder gekrümmte, unterschiedlich dünne Hülsen, die grün, gelb oder violett gefärbt sind und nierenförmige Kerne umschließen. Diese sind die mehr oder weniger rund, manchmal etwas abgeflacht, ein- oder mehrfarbig und unterschiedlich groß.

Kultur

Boden: Leicht, aufgelockert, humusreich, kalkarm.
Klima: Gemäßigt bis warm.
Standort: sonnig
Vermehrung und Anbau:
Aussaat: Von Mai bis Anfang Juli Direktsaat alle 40 cm je sechs bis sieben Samen, Reihenabstand bei Stangenbohnen: 70 cm, bei Buschbohnen 40 cm. Für die Ernte der grünen Bohnen bis Ende Juli, für frische Bohnensamen Mitte Juli und für trockene Mitte Juni säen. Ziehen Sie höchstens zwei Reihen Stangenbohnen auf einem Beet. Früher unter Folientunnel säen. Wenn es das Wetter erlaubt, freilegen und in kühlen Nächten wieder bedecken. Nach dem Aufgehen der Saat hacken, zwei Wochen später erneut, damit dann das unverzichtbare Anhäufeln leichter ist. Für Kletterbohnen die Stangen aufstellen, wenn angehäufelt wird, dabei diese leicht nach innen neigen, so dass sie oben über Kreuz stehen, und oben eine Stange festbinden, damit das Ganze hält und sicher steht.
Wartezeit bis zur Ernte: Acht bis zehn Wochen nach der Aussaat für grüne Bohnen, drei bis vier Monate für die Ernte der frischen, vier Monate und mehr für trockene Bohnensamen.
Ernte: Grüne Filetbohnen erntet man, wenn sie ihre halbe Dicke haben; sonstige grüne Bohnen bis zur Bildung der Kerne. Frische Kernbohnen sammelt

man ein, wenn die Schote voll und gut ausgeformt ist; trockene Bohnen pflückt man, wenn sie reif sind.

Lagerung: Grüne Filetbohnen, grüne Bohnen, Bohnen zum Entkernen: zwei bis drei Tage kühl; sie lassen sich sehr gut einmachen und einfrieren. Trockenbohnen lagert man in ihrer Schote an einem luftigen Ort oder ausgepult im Kühl- oder Gefrierschrank.

Saatgutgewinnung:
Da die Bohne Selbstbestäuber ist, besteht die Gefahr einer Kreuzung zwischen verschiedenen Sorten kaum. Wählen Sie kräftige Pflanzen aus, pflücken sie ausgereifte schöne Schoten; diese werden im Schatten getrocknet, ausgepult und einige Zeit in den kältesten Bereich des Kühlschranks aufbewahrt, um eventuell Samenkäfer abzutöten; dann bewahrt man sie im Gemüsefach auf. Trockene Kerne halten sich mehrere Dutzend Jahre im Gefrierschrank und behalten ihre Keimfähigkeit.

Verwendung

Grüne Bohnen bereitet man gekocht mit Vinaigrette zu, in Gemüsemischungen, Suppen, sie sind klassische Beilage zu vielerlei Fleischgerichten. Vor dem Kochen besteht das Putzen darin, alle Enden abzubrechen und, so vorhanden, die Fäden zu entfernen. Körnerbohnen, die als nahrhaftes und leckeres Gemüse hierzulande weitgehend in Vergessenheit geraten sind, isst man gekocht. Zum Beispiel als Salat, in typischen Gerichten wie Weiße-Bohnen-Eintopf oder Gemüsesuppe. Sie passen besonders gut zu Schwein und Lamm.

Geschmack: Grüne Bohnen sind aromatisch und sehr fein, die dickeren sind fester, haben aber mehr Geschmack. Frische Bohnen zum Entkernen haben einen besonderen Geschmack und sind schmelzend, manchmal mehlig. Trockene entkernte Bohnen sind etwas mehlig, doch ihr Geschmack ist ausgeprägter.

Sorten

Grüne Buschbohnen: 'Daisy', 'Duplika', 'Jubila', 'Loma', 'Maya', 'Pergousa', 'Regulex', 'Saxa'.

Gelbe Buschbohnen: 'Berggold', 'Butterzart', 'Golddukat', 'Golden Teepee', 'Goldstern', 'Hildora', 'Or du Rhin' (5) (auch Körnerbohne).

Buschbohne/Körnerbohne: 'Bamberger Blaue', 'Borlotto Rosso', 'Flageolet Chevrier' (4), 'Gloire de Deuil' (3), 'Michelet à la longue Cosse' (10), 'Rognon de Coq' (1), 'Rognon de Pont l'Abbé' (2), 'Spanische Schwarze' (6).

Stangenbohnen: 'Hilda', 'Neckarkönigin', 'Marga', 'Tamara'.

Stangenbohne/Körnerbohne: 'Cocos de Boheme', 'Coco bicolor prolifique' (12), 'Crochu de Montmagny' (9), 'Kirschbohne', 'Tarbais' (11), 'Tönnes Riesen', 'St-Fiacre à Grain brun' (8).

Stangenbohne

Körnerbohnen:
1. 'Rognon de Coq'
2. 'Rognon de Pont l'Abbé'
3. 'Gloire de Deuil'
4. 'Flageolet Chevrier'
5. 'Or du Rhin'
6. 'Spanische Schwarze'
7. 'Körnerbohne aus Sevilla'
8. 'St-Fiacre à Grain brun'
9. 'Crochu de Montmagny'
10. 'Michelet à la longue Cosse'
11. 'Tarbais'
12. 'Coco bicolor prolifique'

Tomatillo *Physalis ixocarpa*

Diese Physalis-Art wird in Mexiko und den USA viel verwendet, vor allem in Kalifornien. Durch ihren säuerlichen Zitronengeschmack lässt sie sich auf viele Arten zubereiten.

Familie: Solanaceae (Nachtschatten-gewächse).
Botanische Synonyme: *Physalis edulis hortorum, P. aequata.*
Weitere deutsche Namen: Mexikanische Hülsentomate, Mil-Tomate.
Herkunft: Mexiko und Guatemala.
Lebensdauer: einjährig

Beschreibung

Der etwa 1 m lange aufrechte, verzweigte Trieb dieser Pflanze ist violett getönt, glatt, aber kantig. Daran sitzen wechsel- oder gegenständige, leicht gezähnte und spitz zulaufende Blätter mit kurzen Stielen. In den Blattachseln entwickeln sich die gelben, braun und grün gezeichneten Einzelblüten. Die Früchte sind runde Beeren, die recht dick, etwas abgeflacht, grün bis violett sind und den Kelch prall ausfüllen, ja sehr oft zerreißen. Die in den Beeren enthaltenen gelben Samen sind klein.

Kultur

Boden: Humusreich, aufgelockert und tiefgründig.
Klima: Gemäßigt bis warm.
Standort: sonnig
Vermehrung und Anbau:
Aussaat: Von März bis Anfang April einige Samen pro Topf in eine Mischung aus Flusssand, Erde und Muttererde ins Gewächshaus oder warme Frühbeet (Mistbeet) säen. Dann nur je einen Sämling lassen. Sobald die Pflänzchen kräftig genug sind und kein

Frost mehr zu befürchten ist, werden sie mit Ballen ausgepflanzt: alle 80 cm, Reihenabstand 1 m.
Wartezeit bis zur Ernte: Vier Monate nach der Aussaat.
Ernte: Die Früchte werden reif geerntet, wenn sie gelbgrün oder violett werden.
Lagerung: Sie halten sich kühl eine bis zwei Wochen auf Papier in Kisten, wenn sie nicht aufeinander geschichtet werden.
Saatgutgewinnung:
Sammeln Sie die zu Boden gefallenen, reifen Früchte auf; die Samen werden entnommen, gewaschen, getrocknet, dann in Tüten kühl und vor Feuchtigkeit geschützt aufbewahrt.

Verwendung

Die reifen Beeren isst man roh mit Vinaigrette, vor allem mit Tomaten. Gekocht werden sie zur pikanten Soße zu Fisch und hellem Grillfleisch. Sie passen gut zu Auberginen, Zucchini und Tomaten, gewürzt mit Thymian und Lorbeer.
Geschmack: Säuerlich, nach Zitrone.

Sorten

'Große Grüne',
'Purple',
'Tomatillo
de Milpa',
'Toma
Verde'.

Kapstachelbeere *Physalis peruviana*

Die Früchte dieser aus Peru stammenden Pflanze sind nicht nur köstlich – mit Stachelbeer-Geschmack–, sondern auch wunderhübsch mit ihrer Hülle, die sie wie ein Lampion umgibt.

Familie: Solanaceae (Nachtschatten-gewächse).
Botanische Synonyme: *Physalis tomentosa, P. esculenta, P. edulis, Herschelia edulis.*
Weitere deutsche Namen: Peruanische Judenkirsche, Andenkirsche, Andenbeere.
Herkunft: Peru
Lebensdauer: Bei uns einjährig, in tropischen Ländern mehrjährig.

Beschreibung
Aufrecht wächst die krautige, verzweigte Pflanze etwa 1,50 m hoch. Ihre herz-förmigen, gezähnten, ganzen Blätter sind leicht flaumig. Gelbe Einzelblüten mit purpurn-brauner Mitte sitzen in den Blattachseln. Die Früchte sind kirsch-große Beeren in Bernsteingelb, die von einer gelbgrünen, blasenartigen Hülle umgeben sind und kleine gelbe Samen enthalten.

Kultur
Boden: Humusreich, zieht einen neutralen bis leicht sauren pH-Wert vor.
Klima: warm
Standort: Sonnig, warm, geschützt.
Vermehrung und Anbau:
Aussaat: Im warmen Gewächshaus im Februar/März je einige Samen bei 20 °C in Töpfe streuen, nach dem Aufgehen je nur einen Sämling stehen lassen. Mit Ballen auspflanzen (40 cm Abstand zu allen Seiten) und bis Mitte Mai mit Früh-beetkasten schützen. Diese Pflanze ist kälteempfindlich.

Ernte: Fünf bis sechs Monate nach der Aussaat von August bis Oktober die reifen Früchte pflücken, wenn die Hülle austrocknet und die Beere schön orange wird.
Lagerung: Zwei bis drei Monate bei Zimmertemperatur, wenn die Beeren ausgereift gepflückt wurden. Die anderen zum Nachreifen in Kisten verteilen; sie sind dann etwas weniger aromatisch.
Saatgutgewinnung:
Nur eine Art ziehen, um jegliche Kreuzung zu vermeiden, reif pflücken. Die Samen herauslösen, waschen, im Schatten trocknen.

Verwendung
Die Beeren werden roh gegessen: pur, in Schokoladen- oder Karamellmantel, in Obstsalat. Gegart als Sorbet, Torte, Marmelade, Soße oder kandiert.
Geschmack: Erinnert an Stachelbeeren.

Verwandte Arten
Die Ananaskirsche (*P. pruinosa*) ist kleiner, strohgelb und hat noch geschmackvollere, delikatere, süßere Beeren. Die Wilde Blasenkirsche (*P. alkekengi* var. *alkekengi*) ist eine Staude, deren dekorative, essbare rote Beeren in einer membranartigen, orangen Hülle sitzen. Weitere Nutzarten sind die Flaumige Blasenkirsche (*P. pubescens*) und die Mexikanische Blasenkirsche (*P. philadelphia*).

Vietnamesischer Koriander
Polygonum odoratum

Die nicht winterharte Staude wächst gern in großen Töpfen, die im Winter ins Haus geholt werden müssen. Sie ist in der asiatischen Küche, vor allem in der vietnamesischen, sehr beliebt.

Familie: Polygonaceae (Knöterichgewächse).
Botanische Synonyme: *Persicaria odorata*
Herkunft: Indochina
Lebensdauer: Mehrjährig, aber nicht winterhart.

Beschreibung
Diese 40–70 cm hohe Pflanze bildet einen Busch aus dünnen, an der Basis verzweigten Trieben. Auf den grünen langen, lanzettlichen Blättern ist ein V-fömiges Muster zu sehen, wenn sie älter werden. Vietnamesischer Koriander blüht in unserem Klima nicht.

Kultur
Boden: Humusreich, feucht.
Klima: gemäßigt
Standort: Sonne, Halbschatten.
Vermehrung und Anbau:
Stecklinge: Vom Frühjahr bis Spätsommer einige 10–12 cm lange Triebe schneiden, die Blätter am einzugrabenden Teil (6 cm) entfernen, in Töpfe stecken. Im Frühbeet oder ungeheiztem Gewächshaus kultivieren, das nachmittags beschattet ist. Wenn die Stecklinge bewurzelt sind, mit 50 cm Abstand zueinander auspflanzen. Vor dem ersten Frost in großen Töpfen ins

Gewächshaus hereinholen und geschützt überwintern.
Wartezeit bis zur Ernte: Einige Monate.
Ernte: Die Triebe werden nach Bedarf vom Frühjahr bis zum Winter und im geheizten Gewächshaus das ganze Jahr über geerntet.
Lagerung: Hält sich sehr gut an einem kühlen Ort.
Saatgutgewinnung:
Diese Pflanze blüht in unserem Klima nicht.

Verwendung
Die Blätter würzen Rindfleisch, Fisch, Ragout, Hühnersuppe, Salate und Rohkost. Erst am Ende der Kochzeit zugeben.
Geschmack: Scharf, angenehm, erinnert an Koriander.

Anis *Pimpinella anisum*

Anis ist eine Heil- und Aromapflanze, die vielen alkoholischen Getränken ihren Geschmack verleiht, wie Anisette und Raki; aber auch als Kräutertee getrunken wird.

Familie: Apiaceae (Doldenblütler).
Botanische Synonyme: *Anisum officinarum, A. vulgare, A. officinale, Carum anisum, Tragium anisum, Sison anisum, Selinum anisum.*
Weitere deutsche Namen: Brotsamen, Runder Fenchel, Süßer Kümmel.
Herkunft: Mittlerer Osten (auch Ägypten).
Lebensdauer: Ein- oder zweijährig.

Beschreibung

Die krautige Heil- und Aromapflanze wird 30–60 cm hoch; sie hat lange gestielte Blätter mit drei gezähnten Einzelblättern, die an Koriander erinnern und deren untere nierenförmig abgerundet sind. Die hohlen Triebe stehen aufrecht. Die Blütendolden sind weiß, die länglichen Samen grau und sehr aromatisch.

Kultur

Boden: Leicht, gesund, humusreich aufgelockert. Verträgt trockene und lehmige Erde.
Klima: warm
Standort: Sonnig und warm.
Vermehrung und Anbau:
Aussaat: Im Laufe des April und Mai Direktsaat ins Freiland möglich. Einige Samen in Reihen mit 30–40 cm Abstand streuen, dann einen Sämling alle 15 cm stehen lassen.

Wartezeit bis zur Ernte: Etwa vier Monate.
Ernte: Die Samen werden geerntet, wenn sie reif sind, meist im August/September. Die Blätter pflückt man nach Bedarf.
Lagerung: Die Dolden werden im Schatten getrocknet, entkernt, die Samen in luftdichten Behältern aufbewahrt.
Saatgutgewinnung:
Pflücken Sie die reifen Dolden im August und breiten Sie sie im Schatten auf einem Tuch aus; entkernen, die Samen eintüten, trocken und kühl aufbewahren.

Verwendung

Allerlei Rohkost und Salat, Suppe, aber auch Obstsalat lassen sich mit den fein gehackten Blättern abschmecken. Die Samen werden ganz oder gemahlen für Gebäck (Lebkuchen, Kekse) und in der Süßwarenherstellung (Dragees) verwendet. Sie würzen Gemüse, Tomatensoße, manche Fleisch- und Fischgerichte. Viele Getränke haben den typischen Anis-Geschmack: Anisette (Likör), türkischer Raki, aber auch wohlschmeckender Tee wird aus Anissamen bereitet.
Geschmack: Aromatisch, warm, angenehm, süß, erinnert an Lakritze und Fenchel.

Erbse *Pisum* sativum subsp. *sativum*

Seit der Frühgeschichte werden Erbsenpflanzen kultiviert. Es gibt sie in Buschform, halbhoch- und hochwachsend. Markerbsen schmecken süßer und besser als Palerbsen; Zuckererbsen werden mit Hülse gegessen.

Die Blätter der Erbsen bestehen aus zwei bis drei ovalen, gegenständigen Einzelblätter-Paaren sowie zwei breiten, den Trieb umschließenden Nebenblättern und enden oft in einer Ranke.

Die Blüten produzieren gerade oder gebogene Hülsen in Gelb, Grün oder Violett (je nach Sorte) und enthalten runde, glatte, bei manchen Sorten faltige Kerne in allen Gelb- bis Grüntönen.

Familie: Fabaceae (Schmetterlingsblütler).
Weitere deutsche Namen: Schalerbse für Palerbse.
Herkunft: Südeuropa oder Westasien.
Lebensdauer: einjährig

Beschreibung

Buschsorten werden 30–50 cm hoch, die kletternden etwa 2 m. Die weißen oder lila angehauchten Blüten erscheinen von Juni bis September einzeln oder zu zweit in den Blattachseln.

Kultur

Boden: Aufgelockert, leicht, gesund, tiefgründig, kalkfrei.
Klima: Gemäßigt und kühl.
Standort: sonnig
Vermehrung und Anbau:
Aussaat: Von Februar bis Juni alle 2–5 cm ein Samenkorn 1 cm tief säen, Buschsorten in Reihen mit 30 cm Abstand, Klettersorten mit 40 cm Reihenabstand. Die Kultur wird beschleunigt, wenn man die Pflanzen schützt, bis sie 15 cm groß sind. Anhäufeln.
Ernte: Drei bis vier Monate nach der Aussaat. Die Hülsen pflücken, wenn sie grün und die Erbsen gut geformt sind. Zuckererbsen erntet man vor der Bildung der Samen.
Lagerung: Rasch verbrauchen. Lassen sich gut einmachen und einfrieren.

Saatgutgewinnung:
Wählen Sie gesunde und starke Pflanzen aus. Die Triebspitzen über der sechsten Blüte pinzieren, die Hülsen reif ernten. Wenn sie trocken sind, die Erbsen von den Hülsen befreien. Die Erbsen in Gläser füllen und im Kühlschrank aufbewahren.

Verwendung

Frische Erbsen werden gedünstet, mit Sahne und Speck gekocht. Zuckererbsen kocht man wie grüne Bohnen oder isst sie roh im Salat. Trockene Palerbsen verwendet man hauptsächlich für Suppe und Püree

Sorten

Palerbsen, Busch- oder halbhohe Sorten: 'Claire', 'Frühe Harzerin', 'Multana', 'Rheinperle'.
Palerbsen, hochwachsende Sorten: 'Germana', 'Maiperle'.
Markerbsen, Busch- oder halbhohe Sorten: 'Bördi', 'Exzellenz', 'Hunter', 'Rani', 'Vitara'.
Markerbsen, hochwachsende Sorten: 'Ambassador', 'Jumbo', 'Maxigold'.
Zuckererbsen, Busch- oder halbhohe Sorten: 'Ambrosia', 'Crispi', 'Sugar Bon'.
Zuckererbsen, hochwachsende Sorten: 'Edula', 'Rheinische Zucker'.

Krähenfußwegerich *Plantago coronopus*

Fast das ganze Jahr über kann man die geweihartigen Blätter dieses Wegerichs essen, nach dem ersten Frost sind sie allerdings zarter.

Familie: Plantaginaceae (Wegerichgewächse).
Weitere deutsche Namen: Hirschhornwegerich
Herkunft: Mitteleuropa, Westasien.
Lebensdauer: Zweijährig, als einjährige Pflanze gezogen.

Beschreibung

Die krautige Pflanze bildet eine breite Rosette aus etwa 15 cm langen, wie Hirschgeweihe geteilten Blättern, die hellgrün und leicht behaart sind. Ihre gelbweißen Blüten bilden über 20 cm hohe zylindrische Ähren mit langen Stielen; Blütezeit ist von Mai bis Juli im zweiten Jahr. Die kleinen braunen Samen sind platt.

Kultur

Boden: Sandig, humusreich.
Klima: Gemäßigt, sehr winterharte Pflanze.
Standort: anspruchslos
Vermehrung und Anbau:
Aussaat: Ende März oder Ende September alle 15 cm je einige Samen in Reihen mit 30 cm Abstand streuen. Wenn die Sämlinge ein paar Blätter haben, mit den genannten Abständen jeweils nur den kräftigsten stehen lassen.
Die Blüten abschneiden, sobald sie erscheinen. Bei Trockenheit die Pflanzen gießen, damit die Blätter nicht zu zäh werden.

Wartezeit bis zur Ernte: Drei Monate nach der Aussaat.
Ernte: Nach Bedarf die zarten, gut entwickelten Blätter pflücken.
Lagerung: Zwei bis drei Tage kühl.
Saatgutgewinnung:
Man wählt einige schöne Pflanzen aus, bei denen man die Blütenähren erst abschneidet, wenn sie braun, also reif sind. Auf einem Tuch ausbreiten und im Schatten trocknen. Die Samen trocken und kühl aufbewahren.

Verwendung

Die zarten Blätter werden roh als Salat gegessen.
Geschmack: Zart, angenehm.

Jamaikathymian *Plectranthus amboinicus*

Diese Pflanze schmeckt wie „unser" Thymian und wird auch wie dieser verwendet: in Marinade, Brühe, beim Grillen. Aus ihr kann man köstlichen Kräutertee zubereiten.

Familie: Lamiaceae (Lippenblütler).
Botanische Synonyme: *Coleus amboinicus, C. aromaticus, Plectranthus aromaticus.*
Weitere deutsche Namen: Breitblättriger Thymian, Mexikanischer Oregano.
Herkunft: Indien, Malaysia.
Lebensdauer: Mehrjährig, aber nicht winterhart.

Beschreibung

Die an der Basis leicht verzweigten Triebe der 70 cm große Pflanze liegen häufig auf dem Boden. Die hellgrünen, etwas weißlichen, runden, flaumigen Stängel sind holzig und an der Basis recht empfindlich. Die gerippten Blätter sind oft nach innen gekrümmt; sie sind gestielt, dick, fleischig bis knorpelig, herzförmig und gezähnt. Die unteren Blätter sind länger und spitzer. In unserem Klima bilden die kleinen, violett angehauchten Blüten in recht langen Trauben keine Samen aus.

Kultur

Boden: Durchlässig, sandig, humusreich.
Klima: warm
Standort: Halbschatten
Vermehrung und Anbau:
Stecklinge: Von März bis September Stecklinge von den Triebspitzen abnehmen, die unteren Blätter entfernen, bei 20 °C in Töpfe stecken. Diese Pflanze wird im Topf gezogen und ist auch im Sommer nur drinnen oder im Gewächs-haus zu kultivieren, da sie keine Temperaturen unter 12 °C verträgt.
Wartezeit bis zur Ernte: Etwa sechs bis acht Wochen nach der Stecklings-vermehrung.
Ernte: Nach Bedarf das ganze Jahr.
Lagerung: Schnell verbrauchen.
Saatgutgewinnung:
Es erfolgt keine Samenbildung.

Verwendung

Diese Pflanze wird wie Thymian verwendet: in Marinade, Brühe oder zum Würzen von Grillgut. Köstlich als Teeaufguss.
Geschmack: Ähnlich wie Thymian, nur ausgeprägter.

Verwandte Arten und Varietäten

Plectranthus amboinicus var. *variegatus*: Dieser weißbunte Jamaicathymian erinnert im Geschmack an Oregano. *Plectranthus verticillatus, P. madagascariensis* und *P. fruticosus* sind dekorativ, aber nicht essbar.

Yacon *Polymnia sonchifolia*

Diese sehr frostempfindliche Kurztagspflanze braucht lange zur Bildung ihrer länglichen Speicherknollen. Diese haben die Beschaffenheit von Birnen und werden wie Kartoffeln gegessen.

Familie: Asteraceae (Korbblütler).
Botanische Synonyme: *Polymnia edulis*
Weitere deutsche Namen: Inkagemüse
Herkunft: Peru
Lebensdauer: einjährig

Beschreibung

Eine Yaconpflanze wird 1,30 bis 2 m groß. Ihre Triebe mit kleinen senkrechten Rillen sind kräftig und verzweigt. Die großen dreieckigen Blätter sind gegenständig und enden in einer leichten Spitze mit wenig ausgeprägten, ungleichen Winkeln. Sie sind rau, blassgrün und tragen kurze Haare auf der Oberseite. Die gelben Blüten stehen in endständigen Büscheln zusammen und produzieren bei uns keine Samen. Die Knollen sehen aus wie bei Dahlien und sitzen am Wurzelhals zu fünft oder sechst zusammen. Sie werden über 15 cm lang, sind fleischig und rot mit einem Stich ins Purpurfarbene.

Kultur

Boden: Locker, humusreich.
Klima: Warm bis gemäßigt.
Standort: sonnig
Vermehrung und Anbau:
Knollenteilung: Die kleineren Brutknollen werden Ende März/Anfang April geteilt, in Töpfe gepflanzt und frostfrei gestellt. Mitte Mai setzt man sie zu mehreren zusammen in Pflanzlöcher, die etwa 70 cm Abstand zueinander haben sollten. Lassen Sie eventuell die Wurzelballen im Gewächshaus und pflanzen Sie sie Ende April/Anfang Mai ins Freiland.

Triebstecklinge: Im Oktober etwa 15 cm lange Triebstücke abschneiden, die unteren Blätter entfernen. In mit Holzkohle vermischtem Wasser Wurzeln bilden lassen, dabei vor Frost schützen. Die bewurzelten Triebe in Töpfe setzen. Mitte Mai mit Ballen auspflanzen.

Wartezeit bis zur Ernte: Nach Knollenpflanzung sieben bis neun Monate, nach Stecklingsvermehrung ein Jahr und mehr.

Ernte: Die Knollen werden so spät wie möglich (im November) eingesammelt, aber bevor es richtig kalt wird.

Lagerung: Lagern Sie die Knollen im Keller bis Anfang März in trockenem Sand. Vor dem Verbrauch mehrere Tage der Sonne aussetzen. Ebenso werden die kleineren Brutknollen überwintert.

Saatgutgewinnung:
Bringt bei uns keine Samen hervor.

Verwendung

Die Knollen werden wie Kartoffeln zubereitet.
Geschmack: Mild-süß; erinnert durch das körnige Fruchtfleisch an Birnen.

169

Portulak *Portulaca oleracea* subsp. *sativa*

Die knackigen Portulak-Blätter passen gut zu Sommersalaten, denn sie haben einen säuerlichen, würzigen Geschmack und sind erfrischend.

Familie: Portulacaceae (Portulak-gewächse).
Botanische Synonyme: *Portulaca sylvestris*, *P. olitoria*, *P. officinarum*, *P. suffruticosa*.
Weitere deutsche Namen: Gemüse- und Sommerportulak, Bürzel-kraut, Bürzelkohl, Kreusel.
Herkunft: Asien, Europa.
Lebensdauer: einjährig

Beschreibung

Die dicken, fleischigen Triebe der verzweigten, krautigen Pflanze breiten sich am Boden aus. Ihre zarten Blätter in Grün oder Gold sind ebenfalls dickfleischig. Die kleinen gelben Blüten erscheinen von Mai bis Oktober in den Blattachseln und bilden eine rund-liche Kapsel voller feiner Samen, die glänzend schwarz sind.

Kultur

Boden: Sandig, durchwärmt.
Klima: Gemäßigt bis warm. Fürchtet Frost.
Standort: Sonnig, warm.
Vermehrung und Anbau:
Aussaat: Von Mai bis Ende Juli locker in Reihen mit 25 cm Abstand säen, die Samen kaum bedecken und den Boden bis zum Aufgehen schattieren. Auslich-ten, nur eine Pflanze alle 8 cm stehen lassen. Früheres Säen ins Frühbeet oder unter Folientunnel zieht die Ernte vor.
Wartezeit bis zur Ernte: Acht bis zehn Wochen nach der Aussaat.

Ernte: Von Juni bis Oktober Triebe und Blätter 10 cm vom Boden vor der Blüte schneiden. Sie wachsen nach und es kann erneut geerntet werden.
Lagerung: Schnell verbrauchen.
Saatgutgewinnung:
Man wählt schöne Pflanzen aus einer frühen Saat, erntet die Samen reif, wobei man gut aufpassen muss, denn sie fallen rasch herunter. Im Schatten auf Papier in einer Kiste trocknen, die Samen kühl und trocken aufbewahren.

Verwendung

Die zarten Blätter und Stängel werden roh (allein oder gemischt) als Salat gegessen und aromatisieren Soßen. Die Blätter können in Essig eingelegt werden. Gegart werden sie wie Spinat zubereitet. Portulak enthält reichlich Vitamin C.
Geschmack: Knackig, erfrischend, leicht säuerlich und würzig.

Kulturformen

Grüner Portulak, gelber Portulak, gold-gelber Portulak.

Gämshorn *Proboscidea louisianica*

Gämsengehörn oder Teufelskopf? Das ist eine Frage der Fantasie … Auf jeden Fall aber ist diese Pflanze mit ihren großen Blättern, schönen Blüten und eigenartigen getrockneten Früchten so dekorativ, dass sie in keinem Garten fehlen sollte!

Familie: Pedaliaceae (Sesamgewächse).
Botanische Synonyme: *Martynia probosidia, M. pallida, M. annua, M. louisianica, M. alternifolia.*
Weitere deutsche Namen: Louisiana-Gämshorn.
Herkunft: Louisiana
Lebensdauer: einjährig

Beschreibung

Bis zu 60 cm hoch werden die fleischigen, aufrechten, verzweigten Triebe der krautigen Pflanze mit großen herzförmigen, behaarten Blättern. An Lupinen- oder Löwenmaulblüten erinnern die großen, sehr dekorativen Blüten in violett getöntem Rosa. Die Früchte stecken in einer fleischigen, behaarten, grünen Hülle. Sie sind konisch, länglich, mit leicht gebogener Spitze; wenn ihre Hülle reif hart und schwarz geworden ist, verlieren sie sie, der spitze Teil spaltet sich, um die Samen herauszulassen, und die Frucht nimmt die Form eines Teufels- oder Gämsenkopfes an.

Kultur

Boden: Fruchtbar, locker, humusreich.
Klima: warm
Standort: Sonnig, geschützt.
Vermehrung und Anbau:
Aussaat: Im April werden bei 30 °C einige Samen in Töpfe gesät, im geheizten Gewächshaus oder im warmen Frühbeet (Mistbeet). Dann nur einen Sämling pro Topf lassen; ins Freiland in einen großen Topf (30 cm Durchmesser) an eine Mauer pflanzen, mit Frühbeetkasten oder Haube schützen. In warmen Perioden Schutz entfernen. Pflanzabstand 60 cm.
Wartezeit bis zur Ernte: Zwei bis drei Monate für Früchte, die eingelegt werden sollen, vier bis fünf Monate für Früchte zu Dekorationszwecken.
Ernte: Die jungen zarten Früchte werden ihrer Entwicklung gemäß von Juli bis September gepflückt, die zu trocknenden Früchte erntet man ausgereift.
Lagerung: Nach der Ernte legt man sie wie Gurken in Essig ein.
Saatgutgewinnung: Ziehen Sie nur eine Art. Man lässt die Früchte an der schönsten Pflanze ausreifen; wenn sie schwarz werden und sich die Spitze zu öffnen beginnt, vorsichtig pflücken. Trocknen, dann kühl und trocken aufbewahren.

Verwendung

Die jungen zarten, unreif geernteten Früchte legt man in Essig ein. Die trockenen schwarzen Früchte dienen Dekorationszwecken.
Geschmack: Originell, angenehm, feste, knackige Konsistenz.

Weitere Arten

Die Teufelskralle mit gelben Blüten (*Ibicella lutea*) ist ebenfalls eine originelle Nutzpflanze derselben Familie.

Die Samen sind länglich und narbig/körnig, beim Gämshorn schwarz, bei der Teufelskralle weiß.

Amerikanische Bergminze
Pycnanthemum pilosum

Diese Staudenminze sieht auf dem Beet sehr elegant aus, ist aber auch köstlich in der Küche und in erfrischenden Getränken.

Familie: Lamiaceae (Lippenblütler).
Weitere deutsche Namen: Amerikanische Minze
Herkunft: Nordamerika
Lebensdauer: mehrjährig

Beschreibung
Eine Horstpflanze mit verzweigten Trieben. Ihre schmalen lanzettlichen Blätter sind gegenständig, gezähnt, unterseits flaumig und ähneln Estragonblättern, nur dunkler. Die rosé-weißen Blüten in kleinen kurzen Ähren bringen in unserem Klima selten Samen hervor.

Kultur
Boden: Locker, durchlässig, humusreich.
Klima: Gemäßigt, geschützt.
Standort: sonnig
Vermehrung und Anbau:
Stecklinge: Von April bis September pflanzt man einige Triebe, denen man die Blätter am einzupflanzenden Teil entfernt hat, in Töpfe mit einer Erdmischung und stellt sie im Winter warm und hell. Im folgenden Frühjahr mit einem Pflanzenabstand von 40 cm auspflanzen.
Horstteilung: Am Frühlingsanfang die alten Horste teilen und die Stücke einpflanzen. Die Vitalität der Pflanze lässt mit dem Alter nach, darum sollte man die Horste alle drei Jahre erneuern.

Wartezeit bis zur Ernte: Nach Teilung zwei bis drei Monate, nach Stecklingsvermehrung sieben bis zwölf Monate.
Ernte: Nach Bedarf vom Frühjahr bis zum Herbst.
Lagerung: Die Triebe vor der Blüte pflücken, im Schatten in einem luftigen Raum trocknen, dann in luftdichten Gefäßen trocken, kühl und dunkel aufbewahren.
Saatgutgewinnung: Sie reifen selten aus.

Verwendung
Die frischen Blätter würzen fein geschnitten Fleisch (Hammel und Schwein), Gemüse, stärkehaltige Nahrungsmittel und aromatisieren manche Soßen, Rohkost oder Salate. Sie ergeben leckere Erfrischungsgetränke und Tee.
Geschmack: Strenges Minzearoma.

Verwandte Arten
*Pycnanthemum verticillatum,
P. tenuifolium, P. muticum.*

Gartenrettich und Radieschen
Raphanus sativus

Durch die große Sortenvielfalt von Rettich und Radieschen kann man das ganze Jahr über das Wurzelgemüse essen. Ziehen Sie die Pflanzen in der Nähe von Kerbel, dann werden ihre Wurzeln pikanter.

Familie: Brassicaceae (Kreuzblütler).
Botanische Synonyme: *Raphanus niger, R. macropodus, R. officinalis.*
Weitere deutsche Namen: Radi, Bierrettich.
Herkunft: Südasien oder Europa.
Lebensdauer: Einjährig, nur die Wintersorten sind zweijährig.

Beschreibung
Ihre fleischigen Wurzeln in recht unterschiedlicher Form (rund oder lang) und Größe können außen und innen verschiedenfarbig sein.

Kultur
Boden: Aufgelockert, humusreich.
Klima: gemäßigt
Standort: Sonnig, im Sommer Halbschatten.
Vermehrung und Anbau:
Aussaat: Radieschen: Von Februar bis März ins Frühbeet oder unterm Folientunnel aussäen; von März bis Ende September direkt ins Anzuchtbeet oder in Reihen mit 20 cm Abstand säen, auf 2 cm auslichten. Sommerrettich: Von März bis Juli lockere Direktsaat. Winterrettich: Anfang Juni bis Ende Juli direkt alle 12 cm je einige Samen streuen, Reihenabstand 30 cm.
Ernte: Radieschen: Drei bis vier Wochen nach der Aussaat, Sommerrettich: zwei Monate, Winterrettich: etwa drei Mona-te. Radieschen und Sommersorten je nach Entwicklung und Bedarf ausgraben, Winterrettiche Ende Oktober/Anfang November.
Lagerung: Radieschen und Sommerrettiche halten sich nach der Ernte zwei bis drei Tage, Winterrettiche lagert man im Keller oder in trockenem Sand.
Saatgutgewinnung:
Die Schoten ernten, bevor sie ganz reif sind, im Schatten trocknen. In einem Leinbeutel die Schoten ausdreschen, die Samen kühl und trocken lagern.

Verwendung
Roh mit Butter und Salz oder als Salat. Gegart zubereitet wie Herbstrüben (glasiert oder geschmort).
Geschmack: Dichtes, festes Fleisch, knackig, scharf bis mild.

Sorten
Radieschen (*R. sativus* var. *sativus*): 'Alex', 'Big Ben', 'Duro', 'Falco', 'Prinz Rotin', 'Raxe', 'National'.
Sommerrettich (*R. sativus* var. *niger*): 'April Cross', 'Fridolin weiß', 'Hilds Roter Neckarruhm', 'D' Eté jaune d' Or ovale' (1).
Winterrettich (*R. sativus* var. *niger*): 'Münchner Bier', 'Green Meat' (3), 'Hilds Blauer Herbst und Winter', 'Rose d' Hiver de Chine' (2)', 'Runder Schwarzer Winter' (4).

1. Sommerrettich 'D' Eté jaune d' Or ovale'
2. Winterrettich 'Rose d' Hiver de Chine'
3. Winterrettich 'Green Meat'
4. Winterrettich 'Runder Schwarzer Winter'
5. Die Blüten sind weiß, rosa oder malvenfarben.

Die roten oder purpurroten Samen sind rund bis länglich und haben etwas abgeflachte Seiten.

Daikonrettich *Raphanus sativus* var. *longipinnatus* (1)

Die Blüten des Daikon sehen aus wie alle Rettichblüten. Oft schossen die Pflanzen bei Trockenheit oder nach zu früher Aussaat vorzeitig.

Dieser große Winterrettich wird in Asien viel gegessen. Er ist sehr fein und milder als der schwarze Rettich.

Weitere deutsche Namen: Chinarettich
Herkunft: China
Lebensdauer: zweijährig

Beschreibung

Die Pflanze wird über 1 m hoch. Ihre Wurzeln sind je nach Sorte unterschiedlich gefärbt, kugelig bis sehr lang, meist zart, mild und fest. Sie ragen oft aus dem Boden, manche werden bis zu 1 m lang.

Kultur
Boden: Humusreich, locker.

Klima: gemäßigt
Standort: sonnig
Vermehrung und Anbau:
Aussaat: Von Mitte Mai bis Ende Juli locker einige Samen ins Freiland in Reihen mit 30–35 cm Abstand, später auslichten.
Wartezeit bis zur Ernte: Drei Monate nach der Aussaat.
Ernte: Bei trockenem Wetter Ende September bis Anfang Oktober.

Verwendung
Die Sorte 'Sakurijuma' ergibt ausgezeichnetes Sauerkraut.
Geschmack: Angenehm, nicht so scharf wie schwarzer Rettich.

Schlangenrettich *Raphanus sativus* var. *mougri* (2)

Die weißen, purpurrot gezeichneten Blüten mit vier Blütenblättern bilden endständige Trauben.

Von dieser über 1 m hohen Pflanze, die sich oft auf dem Boden ausbreitet, wenn sie nicht gestützt wird, isst man die Schoten. Sie schmecken scharf, pikant und ... nach Rettich.

Weitere deutsche Namen: Rattenschwanzrettich, Mougri.
Herkunft: Java (Indonesien).
Lebensdauer: einjährig

Beschreibung
Die langen, dicken, grünen bis rötlichen Schoten laufen nach oben spitz zu und sind viel länger als die des Rettichs. Die zahlreichen dunkel-purpurroten Samen sind länglich.

Kultur
Boden: Aufgelockert, humusreich.

Klima: Gemäßigt, fürchtet Frost.
Standort: sonnig
Vermehrung und Anbau:
Aussaat: Im Mai/Juni einige Samen alle 20 cm in Reihen mit 50 cm Abstand streuen, auslichten, wenn die Sämlinge ein paar Blätter haben. Wenn sie 15–20 cm groß sind, anhäufeln und stützen.
Wartezeit bis zur Ernte: Drei Monate nach der Aussaat.
Ernte: Juli bis November nach Bedarf und Entwicklung der Schoten.

Verwendung
Die Schoten isst man roh, pur, mit Salz oder als Salat, allein oder mit anderem Gemüse in Essig eingelegt.

Rhabarber

Rheum rhaponticum

*Sehr leicht zu ziehen ist diese pracht-
volle Staude. Aus ihren Blattstielen wird
leckere Marmelade und Kompott
gekocht.*

Familie: *Polygonaceae* (Knöterich-
gewächse).
Botanische Synonyme: *Rheum esculen-
tum, R. rotundatum, R. sibiricum.*
Weitere deutsche Namen: *Rhapontik,
Bulgarischer Rhabarber.*
Herkunft: Westasien
Lebensdauer: mehrjährig

Beschreibung

Die hohlen, röhrenförmigen Blütenstängel der krautigen Pflanze werden
über 1,50 m hoch, sie sind dick und
gerillt. Die zahlreichen grün-weißen
Blüten bilden im Mai/Juni große Trauben. Die Samen tragen beiderseits
Hautflügel. Bis zu 80 cm lang und
etwas weniger breit sind die großen
herzförmigen, gewellten, hellgrünen
Blätter, die vom Wurzelhals ausgehen
und lange Stiele haben. Diese sind auf
einer Seite leicht rinnenförmig abgeflacht, auf der anderen rund – und
als einziges essbar.

Kultur

Boden: Tiefgründig, aufgelockert,
humusreich, leicht sauer.
Klima: Gemäßigt bis kühl.
Standort: Sonne, Halbschatten.
Vermehrung und Anbau:
Aussaat: Im April/Mai einige Samen
pro Topf im Kalthaus oder Frühbeet
säen, dann nur einen Sämling lassen
und mit vier bis fünf Blättern ins Anzuchtbeet verpflanzen. Im Herbst oder
nächsten Frühjahr ins Freiland pflanzen.
Im August/September in Anzuchtbeet
säen (einige Samen mit 30 cm Abstand
zu allen Seiten), auslichten, im Frühjahr
ins Freiland setzen.
Horstteilung: Die Ballen im April oder
September teilen, die Stücke mit 1 m
Pflanzenabstand und einem Reihenabstand von 1,50 m pflanzen.
Wartezeit bis zur Ernte: Zwei Jahre
nach der Aussaat, 18 Monate nach Teilung.
Ernte: Die Blattstiele werden im Mai/
Juni und manchmal erneut im Au-
gust/September geschnitten, wobei

einige Blätter an der Pflanze bleiben.
Lagerung: Drei bis vier Tage.
Saatgutgewinnung:
Von schönen, für die Sorte typischen
Exemplaren werden im Juli/August
die Stängel mit ausgereiften Samen
abgeschnitten. Im Schatten trocknen,
die Samen auffangen, trocken und kühl
aufbewahren.

Verwendung

Aus den gekochten Blattstielen lässt
sich Marmelade, Kompott oder köstlicher Kuchen bereiten. Achtung: Nur
der Blattstiel ist essbar, die Blätter sind
giftig!
Geschmack: Sehr angenehm säuerlich.

Sorten

'Vierländer Blut', 'Holsteiner Blut',
'Sutton'.

Die Rhabarberblätter
sind giftig, man
kann aus ihnen aber
eine Jauche gegen
Lauchmotten und
Blattläuse herstellen.
Auch zur Behandlung
des Obstbaum-
krebses verwendet
man sie.

Die Samen besitzen
auf beiden Seiten
Hautflügel.

Rosmarin *Rosmarinus officinalis*

Dieses Kraut aromatisiert viele Speisen, parfümiert aber auch Blüten-Potpourris, das Badewasser, Eau de Toilette und die Wäsche. Im Gemüsegarten hält es Schädlinge von den Kulturen fern.

Die Sorten 'Hill Hardy', 'Veitshöchheim', 'Arp' und 'Boule' sind auch bei uns winterhart, wenn sie vor Frost mit Tannenreisig geschützt werden.

Familie: Lamiaceae (Lippenblütler).
Botanische Synonyme: *Salvia lavandulaceus, S. rosmarinus.*
Weitere deutsche Namen: Anthoskraut, Meertau, Brautkraut.
Herkunft: Mittelmeerraum
Lebensdauer: mehrjährig

Beschreibung

Ein mittelgroßer, buschiger Strauch, der in warmen Regionen 1,50 m hoch werden kann. Seine immergrünen, aromatischen Blätter sind schmal, auf der Oberseite grün, der Unterseite grau. Die weißen, malvenfarbenen oder blassblauen Blüten in Trauben sind duftend, nektarreich und blühen den ganzen Sommer.

Kultur

Boden: Leicht, etwas kalkhaltig, durchlässig.
Klima: Gemäßigt. Verträgt kaum Kälte.
Standort: Sonnig, warm, geschützt.
Vermehrung und Anbau:
Aussaat: Von April bis Juni in geschütztes Anzuchtbeet säen, auf 10 cm Pflanzenabstand zueinander pikieren, im Frühling auspflanzen. Im Februar/März ins Gewächshaus oder Frühbeet in Töpfe säen, im folgenden Frühjahr auspflanzen.
Stecklinge: Von August bis Oktober 15 cm lange grüne Triebe schneiden, die Blätter am einzugrabenden Teil (8–10 cm) entfernen, draußen im Schatten unter Haube setzen. Die Jung-

pflanzen vor Kälte schützen und im Frühjahr ins Freiland pflanzen.
Absenker: Im Frühling wird neben dem Busch ein Loch gegraben, ein Zweig hineingelegt und befestigt, die Erde kommt wieder darauf. Im Herbst nach der Bewurzlung trennt man diesen Zweig von der Mutterpflanze und pflanzt ihn von November bis April ins Freiland mit einem Pflanzabstand von 50 × 50 cm. Vor Frost schützen!

Wartezeit bis zur Ernte: Nach der Aussaat und bei Stecklingsvermehrung zwei Jahre; nach Absenkern ein Jahr.
Ernte: Von April bis Oktober schneidet man die Zweige nach Bedarf.
Lagerung: Die Ernte für die Lagerung erfolgt im Frühjahr vor der Blüte. Die Zweige im Schatten trocknen, dann die ganzen Blätter in luftdichten Behältern aufbewahren.
Saatgutgewinnung: Die Samen werden reif geerntet: im Morgentau zwischen Juli und September. Im Schatten trocknen, in Tüten füllen.

Verwendung

Die frischen oder getrockneten Blätter aromatisieren Fleisch, Fisch, Ragout, Suppe, Wild, Soße, Geflügel, Nudeln, Öl und Essig. Aus Blättern und blühenden Triebenden lässt sich Tee aufgießen. Maßvoll verwenden.
Geschmack: Angenehm aromatisch, bitter, nach Kampfer.

Gartensauerampfer *Rumex rugosus*

Die großen, dicken und breiten Blätter des Sauerampfers bilden einen schönen Horst, aus dem die grünen Blütenrispen herausragen. Da er Oxalsäure enthält, darf er nur in Maßen genossen werden.

Familie: Polygonaceae (Knöterichgewächse).
Botanische Synonyme: *Rumex acetosa* var. *hortensis*, *R. acidus*, *R. sagittifolius*, *R. papillaris*, *Acetosa pratensis*.
Weitere deutsche Namen: Gemüseampfer, Englischer Spinat.
Herkunft: Europa und Asien.
Lebensdauer: mehrjährig

Beschreibung
Der einfache aufrechte, hohle, rote Trieb, der 30 cm bis 1 m hoch wird, verzweigt sich erst am Ende. Die zahlreichen dicken, ganzen, gestielten, breiten, an der Pflanzenspitze lanzettlichen Blätter in hellem Grün formen einen schönen Horst. Von Mai bis September bilden die grünen Blüten lange Rispen. Die Samen sind dreikantig.

Kultur
Boden: Leicht, fruchtbar, humusreich, nicht kalkhaltig.
Klima: gemäßigt
Standort: Sonnig, im Sommer Halbschatten.
Vermehrung und Anbau:
Aussaat: Von März bis Juni ins Anzuchtbeet säen und auf einen Abstand von 20 cm und einen Reihenabstand von 25–30 cm auslichten, wenn die Sämlinge vier bis fünf Blätter haben.
Horstteilung: Im März/April die alten Horste teilen und die Stücke als Randbepflanzung mit den genannten Abständen pflanzen. Die Blütenstängel

abschneiden, sobald sie sich zeigen, wenn sie keine Samen ausbilden sollen.
Wartezeit bis zur Ernte: Nach Aussaat drei bis vier, nach Teilung zwei Monate.
Ernte: Die Blätter nach Bedarf pflücken, alte Blätter entfernen.
Lagerung: Möglichst rasch verbrauchen. Gut einfrierbar.
Saatgutgewinnung:
Einige schöne Pflanzen Samen ausbilden lassen, die Stängel dabei abstützen. Die Samen auffangen, wenn sie im Juli rotbraun werden, auf einem Tuch im Schatten trocknen und abrebeln. Die Samen kühl und trocken in Tüten aufbewahren. Die Sorte 'Profusion' bildet keine Blüten.

Verwendung
Die jungen zarten Blätter sind roh eine leckere Salatbeilage. Gegart isst man sie als Suppe, mit Sahne, gebraten, gemischt mit Gartenmelde, Spinat und Neuseeländer Spinat oder Kartoffeln. Sie passen in Omelett, würzen Soße und begleiten weißen Fisch und Lachs. Maßvoll verwenden, da Sauerampfer viel Oxalsäure enthält. Wer Gicht und Rheuma hat, sollte ihn deshalb besser meiden.
Geschmack: Sehr säuerlich.

Sorten und verwandte Arten
'Blonde de Lyon', 'De Chambourcy', 'Profusion'. *Rumex montanus* var. *purpurea*, *R. sculatus* (Römischer Ampfer) mit grünem oder silberfarbenem Laub.

Gemüseampfer *Rumex patienta*

Diese Pflanze schmeckt wie eine Mischung aus Spinat und Sauerampfer. Sie ist ideal als Kleinkinder-nahrung, denn sie hat die Eigenschaft, Nitrate nicht zu binden.

Familie: Polygonaceae (Knöterich-gewächse).
Botanische Synonyme: *Rumex olympi-cus*, *Lapathum hortense*.
Weitere deutsche Namen: Garten-ampfer, Ähriger Spinat.
Herkunft: Türkei oder Iran.
Lebensdauer: mehrjährig

Beschreibung

Einen dicken, stabilen, aufrechten, geriffelten, etwa 2 m hohen Trieb hat der Gemüseampfer. Seine großen wech-selständigen Blätter in Lanzenform haben rinnenförmige Stiele.
Die Pfahlwurzel wird 50 cm lang. Grüne Blütenrispen sitzen in den Blattachseln und an der Spitze, sie blühen von Juni bis August. Die grauen bis braunen Samen (Achänen) sind von drei dünnen Keimblättern umgeben.

Kultur

Boden: Sauer, tiefgründig, humusreich.
Klima: gemäßigt
Standort: sonnig
Vermehrung und Anbau:
Aussaat: Im Frühling je einige Samen alle 30 cm streuen, mit Reihenabstand von 40 cm; nach dem Aufgehen nur je eine Pflanze lassen.
Horstteilung: Im Frühling die alten Horste teilen und die Stücke mit Blät-tern und Wurzeln einpflanzen.
Wartezeit bis zur Ernte: Drei bis vier Monate nach der Aussaat oder Teilung.
Ernte: Die jungen Blätter werden im Frühling und Herbst, wenn alle alten Blätter zuvor entfernt worden sind und die Pflanze nochmal austreibt, einzeln nach Bedarf gepflückt.
Lagerung: Sofort verbrauchen. Gekocht gut einzufrieren.
Saatgutgewinnung:
Wenn die Samen reif sind, die Stängel schneiden, einige Tage im Schatten auf einem Tuch ausbreiten, dann die Achänen von den Blütenschäften entfernen, im Dunkeln vor Feuchtigkeit geschützt, aber kühl aufbewaren.

Verwendung

Die Blätter verwendet man wie Spinat oder Sauerampfer: mit Sahne, über-backen oder als Beilage zu Fisch und Fleisch. Melde passt gut dazu und mil-dert diese Pflanze.
Geschmack: Ähnlich wie Sauerampfer, aber weniger sauer; erinnert auch an Spinat.

Weinraute *Ruta graveolens*

Diese schöne Pflanze mit sehr zartem, eingeschnittenem Laub in Blaugrün ist sparsam zu genießen.
Drei oder vier kleingeschnittene Blätter in einem Salat genügen, um ihm Aroma zu verleihen.

Familie: Rutaceae (Rautengewächse).
Botanische Synonyme: *Ruta altera,*
R. officinalis.
Weitere deutsche Namen: Raute,
Weinkraut, Totenkraut, Mauerraute.
Herkunft: Mittelmeerraum
Lebensdauer: mehrjährig

Beschreibung
Die bis zu 80 cm hohe Weinraute hat
verzweigte, glatte Triebe, die einen
kleinen Busch bilden. Ihre blaugrünen
Blätter riechen stark. Sie sind gestielt,
geteilt, gelappt und rund. Die kleinen
schwarzen Samen sind gekrümmt,
länglich und in einer dreiklappig auf-
springenden Kapsel eingeschlossen.

Kultur
Boden: Leicht, humusreich, sandig.
Klima: anspruchslos
Standort: sonnig
Vermehrung und Anbau:
Aussaat: Im Frühjahr ins sonnige
Anzuchtbeet säen. Auslichten. Im
Herbst oder folgenden Frühling ins
Freiland mit einem Abstand von
60 × 60 cm pflanzen.
Stecklinge: Diesjährige Triebe von
10 cm abnehmen, die Blätter am einzu-
grabenden Teil (6 cm) entfernen, im
Frühling ins Freiland oder im September
in geschützt stehende Kiste setzen und
im folgenden Frühling auspflanzen.
Wartezeit bis zur Ernte: 15 Monate
nach der Aussaat, 12–13 Monate nach
Stecklingsvermehrung.

Ernte: Nach Bedarf.
Lagerung: Die Triebspitzen vor der Blüte pflücken, im Schatten trocknen und
in luftdichten Behältern kühl und trocken aufbewahren.
Saatgutgewinnung:
Die Kapsel-Büschel mit den reifen
Samen abschneiden und im Schatten
trocknen. Die Samen kühl und trocken
aufbewahren.

Verwendung
Die frischen, fein geschnittenen Blätter
würzen Salat, Fleisch, Soße, wobei sie
stets am Ende der Garzeit zugefügt
werden. Weinraute sollte maßvoll und
mit Bedacht verwendet werden, denn
sie kann gesundheitsschädlich sein, vor
allem während der Schwangerschaft
(sie wirkt abtreibend). Auch in der Par-
fümindustrie wird sie verwendet, und
es lässt sich aus ihr eine Pflanzenbrühe
gegen Blattläuse herstellen. Achtung:
Die Pflanze selbst verursacht manchmal Hautreizungen, deshalb immer
Handschuhe tragen.
Geschmack: Bitter, herb, nach Muskat,
mit einem Hauch Kokosnuss. In kleinen
Dosen angenehm.

Sorten
'Jackman's Blue', 'Variegata'.

Von Juni bis
August strahlen
die gelben
Blüten, die vier
oder fünf
Blütenblätter
aufweisen.

Echter Salbei *Salvia officinalis*

Diese Aroma-, Heil- und Nektarpflanze ist auch eine unverzichtbare Gewürzpflanze. Mit ihren dekorativen, blauvioletten Ähren ist sie sowohl für den Ziergarten als auch für das Gemüsebeet geeignet.

Blüte

Sorten:
1. 'Tricolor'
2. 'Aurea'
Außer der handelsüblichen Sorte 'Extracta' findet man auch die Sorten 'Alba', 'Aurea', 'Bona', 'Nana', 'Nazareth', 'Regula', 'Rosea' und 'Tricolor'.

Familie: Lamiaceae (Lippenblütler).
Botanische Synonyme: *S. tribola*
Weitere deutsche Namen: Gartensalbei, Scharleikraut.
Herkunft: Mittelmeerraum, Westasien und Nordafrika.
Lebensdauer: mehrjährig

Beschreibung

Der mittelgroße Halbstrauch wird 60 cm hoch. Seine ganzen Blätter sind fein gezähnt, immergrün und je nach Sorte unterschiedlich getönt. Die Blüten sind lilablau, weiß oder rosa und bilden Ähren. Die schwarzen Samen sind fast rund.

Kultur

Boden: Locker, fruchtbar, warm, durchlässig, leicht kalkhaltig.
Klima: Gemäßigt bis warm.
Standort: sonnig
Vermehrung und Anbau:
Aussaat: Im April oder September Direktsaat: je einige Samen alle 40 cm, Reihenabstand 80 cm. Nach dem Aufgehen je nur eine Pflanze stehen lassen.
Horstteilung: Im März/April die alten Horste in mehrere Stücke teilen und die Randstücke mit Wurzeln und Knospen einpflanzen.
Stecklinge: Vom 15. April bis 15. Juni 10 cm lange, junge halbverholzte Triebe schneiden, ins Anzuchtbeet oder in Töpfe pflanzen, die 6 cm tief eingegra-

ben sind (zuvor die Blätter am einzugrabenden Teil entfernen). Kühl halten, im Herbst auspflanzen.
Absenker: Diese Pflanze bildet ganz allein Absenker; man braucht nur einige bewurzelte kriechende Triebe umzusetzen. Ende März die Triebe 15 cm vom Boden abschneiden, um die Entwicklung von altem Holz zu begrenzen.
Wartezeit bis zur Ernte: Aussaat und Stecklinge: Ein Jahr, Teilung und Absenker: einige Monate.
Ernte: In jeder Jahreszeit nach Bedarf.
Lagerung: Gleich verbrauchen oder die Blätter im Schatten trocknen.
Saatgutgewinnung:
Die fast trockenen Ähren im August/September abschneiden, im Schatten trocknen; die Samen kühl aufbewahren.

Verwendung

Als Küchengewürz passen die frischen oder trockenen Blätter am besten zu Schweinefleisch und stärkehaltigen Nahrungsmitteln. Als Heilpflanze wird Salbei äußerlich bei Entzündungen in der Mund- und Rachenschleimhaut und innerlich bei Verdauungsbeschweren eingesetzt. Im Garten wirkt sich Salbei vorteilhaft auf andere Pflanzen aus, indem er manche Insekten fernhält, wie den Kohlweißling.
Geschmack: Kräftig, scharf, leicht bitter, nach Kampfer.

Muskatellersalbei *Salvia sclarea*

Diese Salbeiart ist nicht nur sehr schön, sondern hat noch dazu etliche Heilkräfte und verleiht Speisen ein besonderes Aroma – ein Tausendsassa!

Familie: Lamiaceae (Lippenblütler).
Botanische Synonyme: *Salvia simsiana, S. vulgaris, S. bracteata, Aephiopis sclarea.*
Weitere deutsche Namen: Scharlachsalbei
Herkunft: Mittelmeerraum, Syrien und Iran.
Lebensdauer: Zwei-, manchmal dreijährig.

Beschreibung

Die krautige Pflanze wird im zweiten Jahr bis zu 2,50 m groß. Die grundständigen, duftenden Blätter sind rau behaart, herzförmig und ausladend, so dass man einen kleinen Braten in ein Blatt dieses Salbeis wickeln kann!

Kultur

Boden: Leicht, etwas kalkhaltig, durchwärmt.
Klima: Gemäßigt bis warm.
Standort: sonnig
Vermehrung und Anbau:
Aussaat: Im März/April ins Anzuchtbeet oder in Töpfe im Warmen säen. Auslichten. Die Sämlinge ab dem 15. Mai mit 50 cm Platz zueinander auspflanzen, wenn sie kräftig genug dazu sind. Muskatellersalbei sät sich leicht selbst aus. Die Sämlinge müssen nur an den gewünschten Standort umgesetzt werden.
Horstteilung: Die alten Horste im Frühling ausgraben, in Stücke teilen und

diese mit den genannten Abständen einpflanzen.
Wartezeit bis zur Ernte: Vier bis fünf Monate bei allen Vermehrungsmethoden.
Ernte: Nach Bedarf von Mai bis Oktober.
Lagerung: Frisch gleich verbrauchen oder im Schatten trocknen, zerstoßen, trocken und kühl in luftdichten Behältern lagern.
Saatgutgewinnung:
Suchen Sie die Pflanzen mit den schönsten Blütenständen aus. Schneiden Sie im August/September die Stängel, wenn die Kapseln reif werden, und trocknen Sie sie im Schatten auf einem Tuch. Die Stängel kopfüber schütteln, damit die Samen herausfallen, diese trocken und kühl aufbewahren.

Verwendung

Die trockenen oder frischen Blätter verfeinern Geflügel, Schweine-, Kalb-, Hammelfleisch, Wild, Wurst, manche Fische, Suppe, Soße. Hülsenfrüchte und Gemüse bekommen Pfiff; im letzten Moment hinzugeben und maßvoll verwenden.
Geschmack: Sehr typisch, scharf, pikant, bitter, aber sehr angenehm.

Sorten

'Alba', 'Boiana', 'Sclarcaola'.

Die sehr dichten Blüten bilden Rispen in blaustichigem Weiß, das sehr dekorativ ist. Sie kleben und haben eine merkwürdige Eigenschaft: Wenn sich eine Biene darauf setzt, senken sich die Staubgefäße, um den Blütenstaub auf ihre Rückenhärchen zu legen. In jeder Kapsel sind zwei oder drei Samen.

Amerikanische Salbeiarten *Salvia* spec.

Dies sind allesamt dekorative Gartenpflanzen, aber auch Gewürzpflanzen und in Blüten-Potpourris verwendbar. Auf ihre Winterhärte sollte man sich jedoch nicht zu sehr verlassen.

Familie: Lamiaceae (Lippenblütler).
Herkunft: Mittel- und Nordamerika.
Lebensdauer: Nicht zuverlässig winterharte Staude oder bei uns einjährige Pflanze.

1. *Salvia uliginosa*
2. *Salvia greggii*

Kultur
Boden: Sehr durchlässig, leicht, kühl.
Klima: Gemäßigt bis warm.
Standort: sonnig
Vermehrung und Anbau:
Stecklinge: Von August bis Ende September 10 cm lange Stecklinge schneiden, im Gewächshaus in Töpfe stecken, im April/Mai auspflanzen.
Absenker: Ein paar kriechende Triebe mit Erde bedecken, nach einigen Monaten von der Mutterpflanze trennen. Im Winter schützen (Gewächshaus, Haube, Frühbeetkasten). Im Frühjahr mit 70 cm Abstand zueinander ins Freiland setzen.
  Ernte: Vom Frühling bis Spätherbst nach Bedarf.
  Lagerung: Sofort verbrauchen.
Saatgutgewinnung:
Bringt in unserem Klima selten Samen hervor.

Arten und Verwendung
Ananassalbei (*S. rutilans*) und Honigmelonensalbei (*S. elegans*): Die frischen Blätter verfeinern klein geschnitten Obstsalat, Getränke, Kuchen, würzen Geflügel (z. B. Ente) und Schweinefleisch. Ihr Aroma und Duft erinnert an Ananas.

Johannisbeersalbei (*S. microphylla* var. *wislizenii*) und Peruanischer Salbei (*S. discolor*): Die frischen, klein gehackten Blätter parfümieren Obstsalat und Soße zum Wild. Ihr Geschmack hat tatsächlich etwas Johannisbeerähnliches.

Duftsalbei (*S. microphylla* var. *microphylla*) und Pfirsichsalbei (*S. greggii* × *microphylla*): Die frischen, fein geschnittenen Blätter würzen Salate und Rohkost. *S. microphylla* var. *microphylla* schmeckt scharf, etwas nach Kamille, während *S. greggii* × *microphylla* zwar ebenfalls scharf und pikant ist, sein Duft aber an Ringelblume und Gänseblümchen erinnert.

Salvia uliginosa: Die frischen, fein geschnittenen Blätter passen in Pfirsich- und Erdbeersalat: sein typischer Geschmack ist stark und würzig.

Herbstsalbei (*S. greggii*) wird unter Salat, Desserts und Obstsalat gemischt.

Kleiner Wiesenknopf
Sanguisorba minor subsp. minor

Diese Aroma-, Heil- und Nektarpflanze steckt als eine der ersten Würzpflanzen im Frühling den Kopf aus dem Boden. Die Kaninchen lieben sie!

Familie: Rosaceae (Rosengewächse).
Botanische Synonyme: *Sanguisorba polygama, Poterium sanguisorba.*
Weitere deutsche Namen: Steinpetersilie, Pimpinelle.
Herkunft: In ganz Europa wild vorkommend.
Lebensdauer: mehrjährig

Beschreibung
Krautige, 20–60 cm hohe Pflanze mit rötlichen, kantigen, verzweigten Trieben, die aufrecht stehen oder niederliegen. Ihre Blüten erscheinen von April bis Juni in grünen und purpurroten Ähren. Die kleinen gezähnten Blätter, die in ovale oder rundliche Fieder unterteilt sind, sind hellgrün. Die Samen sind platt und haben vier leicht vorspringende Ecken.

Kultur
Boden: Am liebsten sandig, tiefgründig, trocken und kalkhaltig.
Klima: Gemäßigt. Sehr winterhart.
Standort: Sonne, Halbschatten.
Vermehrung und Anbau:
Aussaat: Im April/Mai oder September je einige Samen alle 15 cm bei Reihenabstand von 35 cm säen, dann nur je eine Pflanze lassen.
Horstteilung: Die alten Horste im Frühjahr oder Herbst teilen und die Stücke mit den gleichen Abständen pflanzen,

dabei das Laub bis auf einige Zentimeter einkürzen.
Wartezeit bis zur Ernte: Nach der Aussaat drei, nach Teilung zwei bis sechs Monate.
Ernte: Vom Frühjahr bis zum Herbst nach Bedarf die zarten Blätter pflücken.
Lagerung: Die Blätter im Schatten trocknen, in einem luftigen Raum auf einem Gitter ausbreiten. In luftdichten Behältern kühl und lichtgeschützt lagern.
Saatgutgewinnung:
Einen kräftigen Horst auswählen, die Ähren ernten, wenn die Samen reif sind (Juli bis September). Im Schatten auf einem Tuch trocknen, entkernen (zwischen Daumen und Zeigefinger reiben), kühl aufbewahren.

Verwendung
Die zarten, frischen Blätter verfeinern roh Salat, Rohkost, Essig, Omelett, Mayonnaise, Suppe, Fisch, Marinade, Terrinen/Pasteten, frisches Gemüse, Frischkäse und Kräuterbutter.
In Maßen verwenden.
Geschmack: Eine Mischung aus Salatgurke und grüner Walnuss.

Verwandte Arten
Großer Wiesenknopf (*Sanguisorba officinalis*).

Winterbohnenkraut
Satureja montana subsp. *montana*

Schöne Bordüren im Gemüse- wie Ziergarten bildet diese hübsche Aroma-, Heil- und Gewürzpflanze. Im Gemüsegarten ist sie zudem nützlich, denn sie hält manche Schädlinge fern.

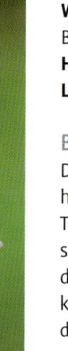

Die weißen oder rosa Blüten blühen von Juni bis September.

Familie: Lamiaceae (Lippenblütler).
Botanische Synonyme: *Satureja montana* var. *communis*
Weitere deutsche Namen: Pfefferkraut, Bergbohnenkraut.
Herkunft: Westlicher Mittelmeerraum.
Lebensdauer: mehrjährig

Beschreibung
Der kleine Strauch mit an der Basis holzigen, verzweigten, niederliegenden Trieben wird 20–40 cm hoch. Seine sehr zahlreichen schmalen Blätter duften und sind glänzend grün, die kleinen braunen Samen eiförmig mit drei Ecken.

Kultur
Boden: Leicht, durchlässig, humusreich, etwas kalkhaltig.
Klima: anspruchslos
Standort: sonnig
Vermehrung und Anbau:
Aussaat: Im April ins Anzuchtbeet säen. Wenn die Sämlinge kräftig genug sind, auf 25 cm Abstand auslichten, bei einem Reihenabstand von 50 cm. An sehr warmem Standort im April Direktsaat, dabei alle 25 cm je ein paar Samen streuen, Reihenabstand 50 cm.
Horstteilung: Im Frühjahr oder Herbst die alten Ballen teilen und die Stücke mit den gleichen Abständen pflanzen.
Stecklinge: Im Frühling einige halbverholzte (diesjährige) Triebe ins Anzucht-

beet in den Schatten setzen, mit Ballen im Herbst auspflanzen.
Wartezeit bis zur Ernte: Aussaat: zwölf bis vierzehn Monate, Teilung: zwei bis sechs Monate, Stecklinge: zwölf bis vierzehn Monate.
Ernte: Von Mai bis September nach Bedarf.
Lagerung: Die Triebe im Frühling schneiden, im Schatten zum Trocknen ausbreiten, dann ganz in luftdichten Behältern kühl und trocken lagern.
Saatgutgewinnung: Man lässt die kräftigsten Pflanzen Samen ausbilden; wenn diese im September/Oktober reif sind, schneidet man die Triebe, breitet sie im Schatten auf einem Tuch zum Trocknen aus. Die Samen in Tüten kühl und trocken aufbewahrten.

Verwendung
Die frischen oder getrockneten Blätter würzen geschnitten Rohkost, Salat, Marinade, Soße, Hülsenfrüchte (Bohnen, Linsen), Kartoffeln. Sie parfümieren Suppe, Fleisch (z. B. Kaninchen), Fisch.
Geschmack: Winterbohnenkraut ist würzig, pfeffrig, leicht bitter; Sommerbohnenkraut ist weniger aufdringlich.

Sorten und verwandte Arten
Es gibt noch *Satureja montana* var. *citriodora*, kriechendes Bohnenkraut (*S. spicigera*), Sommerbohnenkraut (*S. hortensis*).

Goldwurzel *Scolymus hispanicus*

Die Wurzeln dieser Pflanze sind denen der Schwarzwurzel recht ähnlich. Sie enthalten Inulin und sind sehr gut für Diabetiker geeignet.

Familie: Asteraceae (Korbblütler).
Botanische Synonyme: *Myscolus micro-cephalus, M. hispanicus, Scolymus congestus.*
Weitere deutsche Namen: Spanische Golddistel.
Herkunft: Südeuropa, im Mittelmeerraum heimisch.
Lebensdauer: zweijährig

Beschreibung

Die 80 cm hohen Triebe sind verzweigt, aufrecht, mit wechselständigen Stacheln bedeckt. Lange, ebenfalls sehr stachlige gezähnte Blätter mit Stiel gehen zuerst vom Wurzelhals aus. Die ungestielten Blätter an den Trieben sehen aus wie bei Disteln, sie sind dunkelgrün mit blassgrüner Maserung. Gelbe Blütenköpfchen sitzen zu zweit oder dritt zusammen und blühen von Juli bis September. Die weißen bis gelben Samen sind platt. Essbar ist die fleischige Pfahlwurzel: Sie ist weiß, innen oft faserig, am Ende verzweigt.

Kultur

Boden: Leicht, locker, tiefgründig, humusreich.
Klima: Gemäßigt bis warm. Sehr winterhart.
Standort: sonnig
Vermehrung und Anbau:
Aussaat: Von Mitte Mai bis 15. Juni je einige Samen alle 10 cm streuen, Reihenabstand 20 cm. Wenn die Sämlinge einige Blätter haben, auslichten.

Die Blütenstiele im ersten Kulturjahr entfernen, sobald sie erscheinen.
Wartezeit bis zur Ernte: Einen Monat nach der Aussaat.
Ernte: Von Oktober bis Mitte März nach Bedarf.
Lagerung: Rasch verbrauchen oder herausziehen, bevor es richtig kalt wird. An geschütztem Ort einschlagen oder in trockenem Sand schichten.
Saatgutgewinnung:
Einige schöne Exemplare auswählen, einschlagen oder in Sand lagern. Mitte März mit 50 cm Abstand pflanzen. Die Achänen schneidet man nach und nach mit der Schere ab, wenn sie reif sind (Handschuhe anziehen!). Im Schatten trocknen, die Samen kühl und trocken aufbewahren.

Verwendung

Die gekochten Wurzeln werden wie Schwarz- oder Haferwurzeln zubereitet: überbacken, gebraten oder frittiert.
Geschmack: Fein und angenehm, erinnert an Schwarzwurzeln.

Skorpionswicke *Scorpiurus muricatus*

Die Schote dieser Pflanze hat keinerlei Geschmackswert – da sie aber aussieht wie ein kleiner Skorpionsschwanz, kann man mit ihr wunderbar kleine und große Gäste belustigen, wenn man sie unter den Salat mischt!

Familie: Fabaceae (Schmetterlingsblütler).
Weitere deutsche Namen: Stacheliger Skorpionsschwanz, Skorpionsschwanz, Raupenkraut.
Herkunft: Südeuropa, Westasien und Nordafrika.
Lebensdauer: einjährig

Beschreibung
An den zahlreichen niederliegenden Trieben der krautigen Pflanze von 10–40 cm Länge sitzen gelbe, rot angehauchte Blüten zu zweit oder dritt zusammen. Die Früchte, die einige Samen enthalten, ähneln spiraligen Raupen mit aufgerichteten Stacheln an der Außenseite.

Kultur
Boden: Leicht, fruchtbar.
Klima: Gemäßigt bis warm.
Standort: sonnig
Vermehrung und Anbau:
Aussaat: Im März ins Anzuchtbeet säen; wenn die Sämlinge dann kräftig genug sind, ins Freiland umpflanzen. Oder im April/Mai Direktsaat: alle 10 cm je 2–3 Samen bei einem Reihenabstand von 20–25 cm. Nur je einen Sämling stehen lassen. Bis zum Aufgehen den Boden kühl halten.
Wartezeit bis zur Ernte: Zwei Monate.
Ernte: Im Juni.
Lagerung: Die Schoten halten sich kühl einige Tage.

Saatgutgewinnung:
An schönen Pflanzen die ausgereiften Schoten pflücken, wenn sie einen gräulichen Farbton annehmen. Nach dem Trocknen im Schatten die Samen in den Schoten lassen und erst zum Zeitpunkt der Aussaat herauslösen. Die Schoten kühl und vor Feuchtigkeit geschützt aufbewahren.

Verwendung
Diese amüsante Pflanze sollte wohl ausschließlich zur Belebung eines Essens mit der Familie oder Freunden ihren „Auftritt" haben: Die Schoten werden als Scherzartikel unter den Salat gemischt.

Verwandte Arten
Scorpiurus subvillosa, die „behaarte Raupe" hat längere Früchte. Bei der „dicken Raupe" (*S. vermiculata*) sind die Schoten dicker, kürzer und um die eigene Achse gedreht. Das gestreifte Skorpionskraut (*S. sulcata*) glänzt mit beinahe zweimaliger Umdrehung und braunvioletten Rippen.

Gartenschwarzwurzel
Scorzonera hispanica

Viele Köche mögen sie nicht so sehr, denn Schwarzwurzeln hinterlassen fleckige Hände. Doch zum Glück verleihen Sammler und Spitzenköche diesem köstlichen Gemüse neues Leben! Und mit Gummihandschuhen ist die Verarbeitung der Wurzeln sowieso kein Problem.

Familie: Asteraceae (Korbblütler).
Botanische Synonyme: *Scorzonera dentata, S. denticulata, S. montana.*
Weitere deutsche Namen: Winterspargel
Herkunft: Südeuropa, sicher Spanien.
Lebensdauer: Mehrjährig, ein- oder zweijährig gezogen.

Beschreibung

Der Blütenstiel der krautigen Pflanze wird über 1 m hoch; er ist verzweigt (außer an der Basis). Die lanzettlichen, länglichen, steifen Blätter gehen vom Wurzelhals aus. Sie sind breiter als bei Haferwurzeln. An den Zweigspitzen sitzen im zweiten Kulturjahr von Mai bis September lebhaft gelbe Blütenköpfchen. Die langen Samen sind weiß, manchmal etwas braun, glatt, an einem Ende spitz und am anderen abgerundet. Bis zu 40 cm lang und schwarz ist die zylindrische, gerade, fleischige Pfahlwurzel.

Kultur

Boden: Aufgelockert, tiefgründig, leicht, humusreich.
Klima: gemäßigt
Standort: sonnig
Vermehrung und Anbau:
Aussaat: Von März bis Ende April alle 8 cm je einige Samen streuen: 2 cm tief, bei 30 cm Reihenabstand. Aus-

lichten, wenn die Sämlinge vier bis fünf Blätter haben.
Wartezeit bis zur Ernte: Sieben bis acht Monate nach der Aussaat.
Ernte: Von Oktober bis März gräbt man die Wurzeln nach Bedarf aus.
Lagerung: Zwei bis drei Tage kühl. In Sand vergraben über mehrere Monate lagerfähig.
Saatgutgewinnung:
Schöne Pflanzen vom Vorjahr auswählen, abstützen. Wenn die Samen im Juli braun werden, die Blütenköpfchen abschneiden, im Schatten trocknen, säubern, kühl und trocken aufbewahren.

Verwendung

Die geschabten und gewaschenen Wurzeln isst man gekocht, überbacken, mit Butter oder Béchamelsoße, gebraten, als Salat, frittiert oder paniert. Die jungen Blätter ergeben einen leckeren Salat.
Geschmack: Der Haferwurzel sehr ähnlich, zart, erfrischend und angenehm. Die Blätter haben Haselnussgeschmack.

Sorten

'Antonia', 'Hoffmanns schwarze Pfahl', 'Lange Jan'.

Chayote *Sechium edule*

Diese exotischen Früchte in Form bizarrer Birnen lassen sich auf vielfältige Weise zubereiten! Auf den Antillen heißt sie „christophine" und auf der Insel Réunion nennt man sie zärtlich „chouchou", was soviel wie „Liebling" bedeutet.

Familie: Cucurbitaceae (Kürbisgewächse).
Botanische Synonyme: *Sicyos edulis, Chayota edulis, Sechium americanum, Cucumis acutangulus.*
Weitere deutsche Namen: Stachelgurke
Herkunft: Mexiko
Lebensdauer: Kaum winterhart.

Beschreibung

Die Pflanze hat einen knolligen Wurzelstock und halbverholzte kletternde Triebe mit Ranken. Ihre handförmigen Blätter haben fünf Lappen, deren mittlerer größer ist. Je nach Sorte sind die kleinen einhäusigen Blüten gelb oder grünweiß. Männliche Blüten bilden Trauben, weibliche stehen allein. Die fleischigen Früchte in Creme oder Blassgrün haben die Form dicker, unregelmäßiger und gefurchter Birnen und sind mit Haaren bedeckt. Sie enthalten nur einen Kern.

Kultur

Boden: Locker, leicht sauer, tiefgründig, humusreich.
Klima: Gemäßigt bis warm.
Standort: Sonnig und geschützt.
Vermehrung und Anbau: Pflanzen einer Frucht: Im Spätwinter pflanzt man die Frucht in einen großen Topf mit einer Mischung aus Torf, Humus, Kompost und Erde, der an einen geschützten, warmen und hellen Platz gestellt wird. Im Mai wird die Jungpflanze mit Ballen in mit Kompost angereicherte Erde an einen geschützten Standort an eine Südwand, Pergola oder auf eine Veranda gepflanzt. Sie kann mehrere Jahre bleiben, wo sie ist, wenn man den Wurzelstock im Winter schützt (mit Stroh oder Laub). Chayote ist eine Kurztagspflanze. Um die Blüte im Sommer anzuregen, verkürzen Sie die Tage künstlich mit schwarzer Folie.
Ernte: Zehn Monate nach dem Pflanzen werden die Früchte vor der völligen Reife im November geerntet.
Lagerung: Die Früchte halten sich bei 10 °C vier bis fünf Tage.
Saatgutgewinnung: Die Frucht aufbewahren (sie enthält nur einen Kern).

Verwendung

Die gekochten Früchte werden gefüllt oder als Püree gegessen, überbacken, gebraten, frittiert. Roh schmecken sie geraspelt und als Salat mit grüner Zitrone. Die jungen zarten Triebe kocht man wie grüne Bohnen, brät sie in der Pfanne oder im Omelett.
Geschmack: Die Triebe erinnern an grüne Bohnen, die milden, sehr feinen Früchte schmecken wie eine Mischung aus Rübe und Kartoffel.

Sorten und verwandte Arten

Es gibt verschiedene Ausprägungen der Art (manche sind blassgrün, andere cremefarben oder weiß, leicht stachlig oder nicht) und die verwandte Art: *S. compositum.*

Zuckerwurzel *Sium sisarum*

Diese Pflanze beherrschte die Tafel der Könige im 16. und 17. Jahrhundert und geriet dann in Vergessenheit, möglicherweise wegen des etwas zu holzigen Wurzelinneren.

Familie: Apiaceae (Doldenblütler).
Botanische Synonyme: *Carum sisarum, Seseli sisarum, Silinum sisarum, Apium sisarum.*
Weitere deutsche Namen: Süßwurzel, Zuckermerk.
Herkunft: Sibirien und China.
Lebensdauer: mehrjährig

Beschreibung

Die krautige Pflanze kann vom zweiten Kulturjahr an über 1,50 m hoch werden. Ihr zylindrischer Trieb ist aufrecht und verzweigt. Die Einschnitte in den handförmigen Blättern reichen bis zur Mittelrippe, die gezähnten Fieder glänzen. Dunkelgrau, länglich, gekrümmt und gerillt sind die kleinen Samen. Die fleischig verdickten grauweißen, spindelförmigen Wurzeln vereinigen sich am Wurzelhals; ihr Fleisch ist weiß und innen oft holzig.

Kultur

Boden: Locker, tiefgründig, leicht und humusreich.
Klima: gemäßigt
Standort: sonnig
Vermehrung und Anbau:
Aussaat: Von September bis Oktober je einige Samen alle 20 cm, Reihenabstand 30–40 cm, aussäen. Wenn die Sämlinge vier bis fünf Blätter haben, nur jeweils den kräftigsten lassen und über Winter mit Zweigen oder Folie schützen. Eine Ende März/Anfang April erfolgte Saat geht unzuverlässiger auf.

Teilung: Im März/April alte Pflanzen teilen, deren Wurzeln keinen holzigen Mittelteil haben, und mit den genannten Abständen pflanzen. Diese Vermehrungsmethode ist für den Hausgarten die Sicherste.
Wartezeit bis zur Ernte: Über ein Jahr nach der Aussaat und sechs bis sieben Monate nach der Teilung.
Ernte: Die Wurzeln werden von Mitte Oktober bis Ende März nach Bedarf geerntet.
Lagerung: Rasch verbrauchen, damit sie ihren Geschmacks- und Nährwert behalten. Eventuell ein paar Tage in trockenem Sand lagern.
Saatgutgewinnung:
Von den im Herbst ausgegrabenen Pflanzen werden die schönsten und nicht holzigen über Winter eingelagert. Und im März mit einem Abstand von 50 × 50 cm eingelagert. Dabei die Erde um die Wurzeln fest treten, die Pflanzen stützen. Man lässt dann nur die schönsten Dolden stehen und entfernt die Sekundärdolden. Die Samen werden reif geerntet, im Schatten getrocknet, aus den Dolden gelöst, dann in einer Tüte trocken und kühl aufbewahrt.

Verwendung

Die Wurzeln werden wie Schwarz- und Haferwurzeln zubereitet. Die jungen gebleichten Blätter isst man roh als Salat.
Geschmack: Süß, angenehm, fein, erinnert an Pastinaken.

Die weißen Blütendolden blühen im Juli/August ab dem zweiten Kulturjahr.

Schwarze Gelbdolde *Smyrnium olusatrum*

Die schwarzen Samen dieser schönen Pflanze dienten im Mittelalter als Pfefferersatz. Auch alle anderen Pflanzenteile sind essbar.

Die Blüten der Gelbdolde sind grüngelb.

Je zwei der schwarzen Samen bilden einen offenen Ring.

Familie: Apiaceae (Doldenblütler).
Botanische Synonyme: *Smyrnium vulgare, S. maritimum.*
Weitere deutsche Namen: Smyrnerkraut, Eppich, Alexanders Liebstöckel, Schwarzer Liebstöckel Myrrhenkraut, Gespenst-Gelbdolde, Gemeine Macerone.
Herkunft: Mittelmeerraum, heimisch in Südengland.
Lebensdauer: zweijährig

Beschreibung

Eine aromatische, krautige Gemüsepflanze, die etwa 1,50 m groß wird: Ihr kräftiger Stängel mit meist gegenständigen Zweigen ist hohl. Die großen Blätter mit langem Stiel glänzen dunkelgrün. Spindelförmig und fest ist die fleischige Wurzel.

Kultur

Boden: Aufgelockert, humusreich.
Klima: gemäßigt
Standort: Sonnig, verträgt recht gut Halbschatten.
Vermehrung und Anbau:
Aussaat: Im März/April oder vom 15. August bis Mitte Oktober je einige Samen alle 20 cm bei einem Reihenabstand von 30 cm ins Freiland säen. Nach dem Auflaufen jeweils die kräftigste Pflanze stehen lassen.
Wartezeit bis zur Ernte: Blätter: drei bis vier Monate, Wurzeln: sechs bis sieben Monate, Blütenknospen: ein Jahr und mehr.
Ernte: Die Wurzeln erntet man im zwei-

ten Kulturjahr von September bis Mitte März, nachdem man die Blütenstiele gleich nach Erscheinen entfernt hat. Die Blätter nach Bedarf ernten und die jungen Früchte, wenn sie noch grün und zart sind.
Lagerung: Rasch verbrauchen. Die Blätter im Schatten trocknen, dann trocken und kühl in luftdichten Behältern lagern.
Saatgutgewinnung:
Die Pflanze bildet im zweiten Jahr Samen. Die Dolden pflücken, wenn die Früchte schwarz werden. Im Schatten trocknen, in Tüten kühl und trocken aufbewahren.

Verwendung

Die jungen, bleichen Triebe und die zarten Blattstiele werden roh als Salat gegessen, gegart, gebraten oder überbacken. Die Blätter würzen Fleischgerichte und Suppen. Die Blüten schmecken ausgebacken; die jungen Früchte oder Blütenknospen legt man in Essig ein, sie verfeinern Suppe, Salat und Fisch. Die reifen Früchte werden gemahlen unter andere Gewürze gemischt. Die Wurzeln schmecken roh oder gegart mit Vinaigrette oder in Zucker eingelegt (kandiert).
Geschmack: Myrrheduft und Selleriearoma, aber schärfer und pikanter als dieser.

Verwandte Arten

Stängelumfassende Gelbdolde (*Smyrnium perfoliatum*).

Aubergine *Solanum melongena*

Viel Sonne liebt die kälteempfindliche Aubergine. In nördlichen Gefilden braucht sie Schutz vor Kälte und einen warmen Spätsommer, wenn sie schöne Früchte bringen soll!

Familie: Solanaceae (Nachtschattengewächse).
Botanische Synonyme: *Solanum edule, S. longum, S. sanctum, Melongena tereta, M. incurva.*
Weitere deutsche Namen: Eierfrucht
Herkunft: Afrika und Indien.
Lebensdauer: Einjährig, in tropischen Gegenden mehrjährig.

Beschreibung

Die 60–80 cm hohe Pflanze hat graugrüne ovale Blätter. Lila getönte oder weiße Kelchblüten entwickeln sich in den Achseln der Zweige von Juni bis September. Die fleischigen Früchte sind je nach Sorte rundlich oder länglich und weiß, gelb oder dunkelviolett. Die kleinen gelben Samen haben die Form flacher Nieren.

Kultur

Boden: Tiefgründig und humusreich.
Klima: Gemäßigt und warm.
Standort: Sonnig und warm.
Vermehrung und Anbau:
Aussaat: Von Ende Februar bis Anfang April im Warmen je einige Samen pro Topf aussäen, nachdem die Samen zuvor einige Tage im Kühlschrank aufbewahrt wurden, um die Keimruhe zu brechen. Nach dem Aufgehen nur je einen Sämling stehen lassen. Mit Ballen zwischen Mitte Mai und Mitte Juni mit einem Abstand von 50–60 cm ins Freiland setzen. In kühleren Gegenden müssen Auberginen im Gewächshaus oder Folientunnel gezogen werden.
Rückschnitt: Die Pflanze muss regelmäßig pinziert werden, so dass nur acht bis zehn Früchte daran sind. Lassen Sie den Stängel wachsen und knipsen Sie ihn dann über der dritten Blüte ab. Drei bis vier Seitentriebe sollten sich entwickeln, in kühleren Regionen nur zwei bis drei Triebe.
Ernte: Je nach Gegend fünf Monate nach der Aussaat von Ende Juli bis zum Frost. Die Früchte werden knapp ausgereift geerntet, wenn sie glänzen und blasser werden. Der Stiel muss kühl und grün sein. Sie halten sich gekühlt ein paar Tage.
Saatgutgewinnung: Lassen Sie eine schöne Frucht reifen. Wenn sie ihre Farbe verliert, werden die Kerne herausgenommen und gewaschen. Im Schatten trocknen und dann kühl aufbewahren. Nur eine Sorte ziehen! Achtung: Viele Auberginen werden als Hybridsaatgut angeboten.

Verwendung

Die Früchte schmecken gefüllt, gebraten, auf provenzalische Art, überbacken oder paniert.
Geschmack: Fein, mild, etwas bitter; erinnert, auch in der Beschaffenheit, etwas an Pilze.

Sorten

'Black Beauty', 'Bonica', 'Diva', 'Ophelia', 'Ronde de Valence', 'Ronde de Chine', 'Dourga' (weiß).

1. Violette Sorten gibt es am häufigsten.
2. Die weißen Sorten lassen erkennen, warum die Aubergine auch Eierpflanze genannt wird.

Pepino *Solanum muricatum*

Diese tomatengroße Frucht eignet sich sehr gut für süßsaure Gerichte. Für eine reiche Ernte müssen Sie die Seitentriebe dezimieren. Lassen Sie nur zwei bis drei Früchte pro „Traube" stehen.

Familie: Solanaceae (Nachtschattenge-wächse).
Botanische Synonyme: *Solanum guate-malense, S. wallissi, S. pedunculatum.*
Weitere deutsche Namen: Birnenmelo-ne, Melonenbirne, Mellowfrucht.
Herkunft: Tropisches Amerika (Anden).
Lebensdauer: Mehrjährig, aber bei uns nicht winterhart.

Beschreibung
Die Pflanze wird 1 m hoch, ist buschig und stark verzweigt. Ihre langen dun-kelgrünen Blätter sind ganz, lanzett-lich, manchmal sitzen an ihrer Basis Nebenblätter. Die weiß-violetten Blüten mit breiter Krone bilden Büschel und sehen denen der Kartoffel sehr ähnlich. Je nach Sorte sind die Früchte kugelig, eiförmig, länglich, herzförmig, ihre Far-be ist gelbgrün mit purpurroten, violet-ten oder schwarzen Streifen. Manche Früchte wiegen bis zu 2 kg.

Kultur
Boden: Humusreich, fruchtbar.
Klima: Gemäßigt bis warm.
Standort: Sonnig, warm und geschützt.
Vermehrung und Anbau:
Aussaat: Ende Januar an einen hellen, über 20 °C warmen Ort in Töpfe säen, im April unter Glocken oder Folientun-nel setzen, sonst im Mai mit 60 cm Platz zueinander auspflanzen.
Stecklinge: Aus den Seitentrieben kön-nen im August/September Stecklinge gewonnen werden: In Töpfe setzen, die

vor dem Frost ins Haus geholt werden. Von Januar bis Mitte März daraus neue Stecklinge herstellen, hell und warm halten. Die Stecklinge vom Spätsom-mer im Mai ins Freiland pflanzen.
Wartezeit bis zur Ernte: Sechs bis acht Monate nach der Aussaat, sechs Mona-te nach Stecklingsvermehrung im Spät-winter.
Ernte: Die Früchte werden reif geerntet.
Lagerung: Reif oder fast reif geerntete Früchte halten sich kühl gelagert meh-rere Monate.
Saatgutgewinnung:
Ziehen Sie nur eine Sorte. Die Kerne aus vollreifen Früchten nehmen, waschen, im Schatten trocknen. In Tüten vor Feuchtigkeit geschützt aufbewahren.

Verwendung
Die Früchte isst man roh wie eine Avo-cado oder Melone, lecker auch mit et-was weißem Rum, Pineau des Charen-tes oder Portwein beträufelt. In Spalten in der Pfanne in Butter gebräunt be-gleiten sie Fleisch und Fisch. Auch als Sorbet oder Marmelade sind sie köst-lich. Die Schale ist sehr dünn und leicht zu schälen.
Geschmack: Das milde, dicke Frucht-fleisch erinnert an Melone und Willi-ams-Christ-Birne.

Sorten
'Rio Bamba', 'El Camino', 'Ecuadorian Gold', 'Vista', 'Colossal', 'New Yorker', 'Toma'.

Litschitomate *Solanum sisymbriifolium*

Diese sehr stachlige, aber dennoch dekorative Pflanze bringt köstliche Früchte hervor, die nicht minder stachlig sind.

Familie: Solanaceae (Nachtschatten-gewächse).
Botanische Synonyme: *Solanum balbisii, S. brancaefolium, S. viscidum, S. edule.*
Weitere deutsche Namen: Litschi-pflaume, Klebriger Nachtschatten.
Herkunft: Südamerika
Lebensdauer: einjährig

Beschreibung

Die Litschitomate kann mit ihren ver-zweigten, stachligen Trieben bis zu 1,20 m hoch werden. Die in Einzelblät-ter unterteilten, tief eingekerbten Blät-ter sind unregelmäßig, gezähnt und von kurzen rauen Stacheln überzogen. Die Blüten ähneln denen der Kartoffel, sind blau, violett angehaucht, weiß oder fliederfarben, je nach Sorte. Zinn-oberrote Beeren von der Größe dicker Kirschen sind die Früchte und teilweise bedeckt von dem stachligen aufge-sprungenen Kelch.

Kultur

Boden: humusreich
Klima: gemäßigt
Standort: sonnig
Vermehrung und Anbau:
Aussaat: Im März jeweils einige Samen in Töpfe mit einer Mischung aus Torf, Muttererde, Erde und Kompost säen, ins Gewächshaus oder Frühbeet stellen. Nach dem Aufgehen nur einen Sämling pro Topf lassen. Um den 15. Mai mit

Ballen mit 50 × 50 cm Abstand hinaus-pflanzen. Jede Pflanze abstützen. Die Litschitomate verträgt den ersten Frost.
Wartezeit bis zur Ernte: Fünf bis sechs Monate.
Ernte: Die reifen Früchte im September/Oktober mit der Schere abschneiden (Handschuhe anziehen!).
Lagerung: Einige Tage kühl.
Saatgutgewinnung:
Die Früchte ernten und die Samen herausnehmen, waschen, trocknen, in Tüten im Kühlschrank aufbewahren.

Verwendung

Die Früchte genießt man pur zum Aperitif, als Saft oder Marmelade. Vor Verarbeitung oder Genuss den stachli-gen Kelch entfernen.
Geschmack: Zugleich süß, säuerlich und mild.

Sorten

Die bei uns nicht im Handel erhält-lichen Sorten unterscheiden sich in ihrer Blütenfarbe, nicht jedoch in der Fruchtfarbe.

Kartoffel *Solanum tuberosum*

Seit sie nach Europa gekommen ist, ist diese Knolle unverzichtbare Grundlage unserer Ernährung. Die Sortenvielfalt ist riesig.

1. 'Bamberger Hörnchen'
2. 'Vitelotte Négresse', roh.
3. 'Vitelotte Négresse' nach dem Kochen.

Familie: Solanaceae (Nachtschattengewächse).

Botanische Synonyme: *Solanum aracatscha, S. esculentum, S. sinense, Lycopersicon tuberosum.*

Weitere deutsche Namen: Erdapfel, Bodenbirne, Erdbirne, Grumbeere.

Herkunft: Anden: von Kolumbien bis Chile.

Lebensdauer: Durch ihre Knollen mehrjährig, aber einjährig gezogen.

Beschreibung

Die krautige Pflanze kann etwa 1 m hoch werden. Ihre Triebe sind aufrecht und kantig, die wechselständigen Blätter in zahlreiche, manchmal bis zu einem Dutzend Lappen unterteilt. Die weißen, rosa, fliederfarbenen, blauen oder violetten Blüten sind sternförmig, gestielt und ganz; sie sitzen büschelweise an den Triebspitzen oder in den Blattachseln. Manche Sorten blühen nicht, andere blühen, aber bringen keine Samen. Die Früchte – oder besser Beeren – sind grün oder dunkelviolett, fast rund und enthalten kleine Kerne in Form flacher Nieren. Die Kartoffel wird wegen ihrer vielen dicken unterirdischen Knollen angebaut, die fleischig und gelb, rosa, rot, violett oder fast schwarz und unterschiedlich geformt sind.

Die Kartoffelsorte 'Vitelotte Négresse' verfärbt sich beim Kochen schwarz-violett. Ihr Geschmack ist allerdings eher mittelmäßig.

Kultur

Boden: Aufgelockert, leicht, tiefgründig, humusreich.
Klima: Gemäßigt, fürchtet Frost.
Standort: sonnig
Vermehrung und Anbau:
Saatkartoffeln (üblichste Methode):
Bei frühen Sorten von Ende März bis Anfang Mai, bei späten von Ende März bis 15. April alle 45 cm in Reihen mit 60 cm Abstand je eine Saatkartoffel setzen. Die Pflanztiefe beträgt 8–15 cm. Wenn die Jungpflanzen kräftig genug sind, die Reihen anhäufeln. Vor dem Setzen der Saatkartoffeln die Knollen etwa zwei Monate lang dem Tageslicht aussetzen, damit die Keime härter werden.
Augenstecklinge: Mit dieser Methode lässt sich eine Sorte rasch vermehren, die für eine zukünftige Vermehrung bestimmt ist, denn sie ergibt nur wenige kleine Knollen. Schneiden Sie im April aus der Pflanzkartoffel die Augen/Keime mit einem zylinderförmigen Stück Gewebe heraus. Dieses mit Gesteinsmehl bestäuben und 5 cm tief auf 25 × 40 cm pflanzen.
Aussaat: Mit dieser Methode kann man seine eigene Sorte kreieren. Im April streut man je zwei bis drei Samen mit 20 cm Abstand zueinander aus. Dann nur jeweils einen Sämling lassen: Jede kleine Saatknolle hat dann ein unterschiedliches genetisches Potential. Im dritten Jahr kann geerntet werden. Lassen Sie ihre Lieblingspflanzen stehen.
Wartezeit bis zur Ernte: Frühe Sorten: zwei bis drei Monate nach dem Setzen; späte Kartoffeln für die Winterlagerung: vier bis fünf Monate; nach Stecklingsvermehrung oder Aussaat: vier bis fünf Monate.

Ernte: Nach der Blüte nach Bedarf. Lagerkartoffeln erntet man reif, wenn die Triebe trocken sind. Es ist ratsam, das ausgereifte Kraut drei Wochen vor der Ernte abzuschneiden.
Lagerung: Im Keller, im Silo, vor Tageslicht und Frost geschützt, trocken und im Winter bei 2–4 °C.
Saatgutgewinnung:
Man kann zum Spaß sein eigenes Saatgut herstellen: Dazu pflückt man die reifen, bläulich grünen Beeren, holt die Kerne heraus, die man wäscht, trocknet, dann kühl und trocken aufbewahrt.

Verwendung

Kartoffeln isst man gegart: Festkochende gedünstet, gebraten, als Salat, Pommes frites, gefüllt, als Pellkartoffeln, mit Sahne, als Chips oder überbacken. Sie sind Beilage zu Fisch und Fleisch, anderem Gemüse und sind Bestandteil vieler Rezepte. Die mehligeren Sorten werden zu Püree, Suppe, Kroketten und Kartoffelpuffer verarbeitet.

Sorten und Arten

Frühe: 'Adretta', 'Cilena', 'Eersteling', 'Gloria', 'Sieglinde', 'Rosella'.
Mittelfrühe: 'Agria', 'Bintje', 'Marabel', 'Nicola', 'Samba'.
Mittelspäte bis Späte: 'Roseval', 'Désirée', 'Vitelotte Négresse', 'Bamberger Hörnchen'.
In Südamerika (Bolivien, Chile, Kolumbien, Ecuador und Peru) gibt es sehr viele Kartoffelarten und -sorten. Manche werden dort in über 3000 m Höhe kultiviert. Es gibt eine Art, *S. polyadenium*, deren behaarte Triebe und Blätter den Kartoffelkäfer vertreiben.

Parákresse *Spilanthes oleracea*

In tropischen Regionen, vor allem in Madagaskar, wird diese Kresse viel gegessen. Seit kurzem findet man sie als dekorative einjährige Pflanze in Gärtnereien. Außerdem ist sie ein starkes Mittel gegen Skorbut.

Familie: Asteraceae (Korbblütler).
Botanische Synonyme: *Spilanthes acmella* var. *oleracea, Spilanthus acmella, Bidens oleracea, Pyrethrum spilanthus, Bidens fervida.*
Herkunft: Südamerika
Lebensdauer: einjährig

Beschreibung

Die Parákresse ist eine Würzpflanze mit niederliegenden Trieben und länglichen Blättern, die leicht gezänt sind. Die gelben Blütenköpfchen bilden einen sehr dichten Pompon.

Kultur

Boden: Humusreich, tiefgründig, locker.
Klima: Gemäßigt und warm.
Standort: sonnig
Vermehrung und Anbau:
Aussaat: Vom 15. Mai bis Mitte Juni Direktsaat möglich: alle 40 cm je ein paar Samen bei gleichem Reihenabstand streuen. Wenn die Sämlinge drei bis vier Blätter haben, alle bis auf einen auszupfen. Oder im Frühbeet oder Gewächshaus in Töpfe säen, gegen Mitte Mai auslichten und mit Ballen verpflanzen.
Ernte: Zwei Monate nach der Aussaat ab Mitte Juli die Triebe über dem Wurzelhals pflücken, damit neue sprießen. Sofort verbrauchen.
Saatgutgewinnung:
Die Blütenköpfchen ernten, wenn sie verblüht und trocken sind. Auf der Handfläche reiben, damit die Samen herausfallen. Diese dann trocknen, eintüten, kühl und trocken aufbewahren.

Verwendung

Die rohen Blätter würzen fein gehackt Rohkost und Salat, sie regen die Geschmackspapillen an, indem sie die Gerichte, die sie begleiten, aromatischer machen. Sie sind Bestandteil mancher Soßen- und Fleischrezepte. Die Blüten werden genauso verwendet, doch ihr Aroma ist noch kräftiger.
Geschmack: Sehr scharf, pfeffrig, prickelnd.

Verwandte Arten

Spilanthes fusca, die brasilianische Kresse (siehe Foto unten), ist der Parákresse sehr ähnlich. Sie hat aber purpurrotes Laub und ihre Blüten haben mittendrin einen braunen Fleck. Kultur und Verwendung sind gleich.

Spinat *Spinacia oleracea*

Der Spinat ist ein köstliches und sehr gesundes Wintergemüse, das neben anderen Vitaminen besonders viel Vitamin C enthält.

Familie: Chenopodiaceae (Knöterichgewächse).
Botanische Synonyme: *Spinacia domestica, S. tetrandra, S. sessiliflora.*
Weitere deutsche Namen: Blattspinat
Herkunft: Mittlerer Osten, wohl Iran.
Lebensdauer: Ein- bis zweijährig.

Beschreibung
Der Blütenstiel erscheint bei Herbstaussaat im zweiten Kulturjahr, bei Aussaat im zeitigen Frühjahr im gleichen Jahr, und wird bis zu 1 m hoch. Dieser ist aufrecht, verzweigt, hohl und riffelig. Spinat ist zweihäusig und bildet männliche und weibliche Pflanzen aus. Die Blätter sind mehr oder weniger groß, gestielt, ganz, wechselständig, dick, lanzettlich und bilden eine lockere, zarte Rosette. Die unterschiedlichen Samen können pieksige oder glatte, abgerundete Hörner bilden.

Kultur
Boden: Locker, humusreich.
Klima: gemäßigt
Standort: Im Sommer schattig, im Frühjahr und Herbst sonnig.
Vermehrung und Anbau:
Aussaat: Im März/April Direktsaat: alle 10 cm je einige Samen in Reihen mit 30 cm Abstand streuen. Wenn die Sämlinge vier bis fünf Blätter haben, nur eine Pflanze alle 10 cm stehen lassen. Spinat entwickelt seine Blätter an kurzen Tagen besser. Im August kann eine Herbstaussaat erfolgen.

Wartezeit bis zur Ernte: Sechs bis acht Wochen nach der Aussaat.
Ernte: Die am weitesten entwickelten Blätter einzeln nach Bedarf pflücken. Da die Frühjahrssaat schnell schosst, die ganze Rosette pflücken; die Herbstsaat wird Blatt für Blatt im November und dann wieder im Frühling geerntet.
Lagerung: Ein bis zwei Tage im Kühlschrank. Lässt sich gut einfrieren.
Saatgutgewinnung:
Die schönsten Exemplare einer Frühlings-Saat einer Sorte für die Samenbildung auswählen (keine Hybrid-Sorte!). Mehrere Pflanzen stehen lassen, denn es gibt männliche und weibliche Blüten. Nach Ende der Blütezeit die männlichen Pflanzen, die keine Samen tragen, auszupfen. Wenn die Samen im August reif sind, die Stängel schneiden, im Schatten auf einem Tuch trocknen und dreschen. Die Samen kühl aufbewahren.

Verwendung
Die jungen Blätter ergeben roh einen köstlichen Salat und sind gegart leckere Beilage zu Fleisch, Fisch und Eiern.

Geschmack: Angenehm, mild, doch ausgeprägt.

Sorten
'Bloomsdale', 'Lazio', 'Junius', 'Monopa GS', 'Matador', 'Vikings'.

Die grünen Blüten der weiblichen Pflanze sitzen von Mai bis September in knäueligen Blütenständen in den Blattachseln; die männlichen Blüten haben eine deutlich sichtbare Scheinähre (siehe Bild).

Knollenziest *Stachys sieboldii*

Dieses Knollengemüse aus China und Japan kam erst Anfang des 19. Jahrhunderts nach Europa und wurde dann hauptsächlich in Frankreich kultiviert. Gegessen werden hauptsächlich die zarten, verdickten Rhizomenden.

Familie: Lamiaceae (Lippenblütler).
Botanische Synonyme: *Stachys affinis, S. tuberifera, S. palustris.*
Weitere deutsche Namen: Stachys, Chinesische Artischocke, Japanische Kartoffel, Japanknolle, Ziestknolle.
Herkunft: Nordchina
Lebensdauer: Mehrjährig, aber einjährig gezogen.

Beschreibung

Der Knollenziest hat kantige Triebe, die einen kleinen Busch von bis zu 60 cm Höhe bilden und mit steifen, sich rau anfühlenden Haaren überzogen sind. Die Blätter sind gegenständig, länglich, spitz, gezähnt, gestielt, ebenfalls rau behaart, leicht gerippt, sie erinnern an Minzeblätter. Er blüht nicht in unserem Klima, bringt also keine Samen hervor. Jeder Busch besitzt zahlreiche weiße Rhizome, die sehr klein sind und mit ihren aufgereihten Verdickungen wie rosenkranzartige Korkenzieher aussehen.

Kultur

Boden: Alle Typen, die nicht zu feucht sind.
Klima: gemäßigt
Standort: sonnig
Vermehrung und Anbau:
Pflanzen von Rhizomen: Im März/April setzt man je drei bis vier Rhizome bei einem Abstand von 40 × 40 cm 10 cm tief in die Erde. Um die Wurzeln nicht

zu beschädigen, oberflächlich hacken.
Wartezeit bis zur Ernte: Acht Monate.
Ernte: Von Anfang November bis Ende März, wenn die Blätter vertrocknen, nach Bedarf. Achtung: Knollenziest verwildert leicht, wenn man bei der Ernte nicht alle Knollen erwischt.
Lagerung: In Torf oder trockenem Sand.
Saatgutgewinnung:
Blüht bei uns nur sehr selten und bringt deshalb keine Samen hervor.

Verwendung

Die Rhizome isst man entweder gegart, mit heller Soße, überbacken, gebraten, als Salat oder roh in Essig eingelegt. Die beste Zubereitungsart: Wurzeln waschen, in eine Pfanne geben, mit Wasser bedecken, etwas Butter hinzufügen, auf kleiner Flamme köcheln, bis das Wasser verkocht ist; nun braucht nur noch gewürzt zu werden (Pfeffer, Meersalz). Die Rhizome werden nicht geschält, nur gewaschen, mit einem rauen Küchentuch oder der Bürste abgerieben, was mit einer Handvoll groben Salzes leichter geht; vor dem Kochen noch einmal abspülen.
Geschmack: Sehr fein, zwischen Topinambur und Artischockenböden.

Stevie *Stevia rebaudiana*

Ihre Süßkraft ist erstaunlich, sie ist etwa zehnmal größer als die des Zuckers. Man verwendet die frischen oder getrockneten Blätter dieser Pflanze als Zuckerersatz.

Familie: Asteraceae (Korbblütler).
Botanische Synonyme: *Stevia rebaudiana, Eupatorium rebaudiana.*
Weitere deutsche Namen: Süßkraut, Süßblatt, Honigkraut, Zuckerpflanze.
Herkunft: Paraguay
Lebensdauer: Mehrjährig, aber nicht winterhart.

Beschreibung

Die 30 cm bis 1 m hohe Staude hat einen oder mehrere verzweigte Stängel. Ihre gegenständigen länglichen Blätter sind leicht gezähnt. Die weißen Blütentrauben erscheinen im Herbst, bringen aber in unserem Klima keine Samen hervor.

Kultur

Boden: Locker, durchlässig, leicht.
Klima: Gemäßigt bis warm.
Standort: sonnig
Vermehrung und Anbau:
Stecklinge: Von März bis Oktober 10 cm lange Stecklinge in Töpfe setzen. Nach dem Bewurzeln bei Temperaturen über 12 °C mit einem Abstand von 50 × 50 cm zueinander auspflanzen. Durch Folientunnel schützen. Auch als Kübelpflanze geeignet, dann Überwinterung im Haus möglich (bei 15–20 °C, sehr hell).
Wartezeit bis zur Ernte: Zwei bis drei Monate.
Ernte: Die Blätter pflückt man nach Bedarf, wobei die unteren im Herbst zuckerhaltiger sind. Nach der Blüte im Spätherbst kann die Pflanze ihre Blätter verlieren wie viele Pflanzen.
Lagerung: Die Blätter werden getrocknet und vor Licht und Feuchtigkeit geschützt in luftdichten Behältern aufbewahrt
Saatgutgewinnung:
Da sie bei uns keine Samen bildet, sind wir auf Saatgut aus tropischen Gegenden angewiesen, das man manchmal im Handel findet. Man sät zu Frühjahrsbeginn im Warmen.

Verwendung

Die frischen oder getrockneten Blätter der Stevie ersetzen den Zucker, ohne seine Nachteile zu haben. Sie süßen Desserts, Getränke und andere Leckereien, können in Marmelade jedoch nicht statt des Zuckers verwendet werden. Für Diabetiker sind sie geeignet. Achtung, beim Kochen büßen die Blätter ihre Süßkraft ein: Erst im letzten Moment hinzugeben!
Geschmack: Sehr süß, erinnert an Honig und Zucker, aber mit besonderem Aroma.

Sorten

'Stepa', 'Zuckerhut'.

Gewöhnliche Mariendistel
Silybum marianum

Die Mariendistel besitzt prachtvolle, gewellte Blätter, die gesprenkelt sind. Ihre Blütenknospen werden wie Artischocken gegessen; die Samen wirken heilend bei Leberschäden.

Die purpurroten Blütenköpfe stehen allein und sind viel kleiner als die der Artischocke. Die Deckblätter sind ebenfalls stachlig. Blütezeit ist von Juni bis August.

Familie: Asteraceae (Korbblütler).
Botanische Synonyme: *Silybum maculatum, S. mariae, Corthamus maculatus, Cirsium maculatum, Carduus marianus, Mariana mariana, Carduus mariae.*
Weitere deutsche Namen: Christi Krone, Fieberdistel, Frauendistel.
Herkunft: Mittelmeerregionen und Naher Osten.
Lebensdauer: zweijährig

Beschreibung
Eine robuste, 40 cm bis über 1,50 m hohe Pflanze mit aufrechten Trieben. Ihre gewellten großen Blätter mit Stiel sind tief eingeschnitten, glänzend grün, weiß gefleckt und tragen am Rand sehr spitze Stacheln. Die oberen sind länglich, laufen spitz zu und umschlingen am Ansatz den Trieb. Glänzend braun sind die länglichen Samen.

Kultur
Boden: humusreich
Klima: gemäßigt
Standort: sonnig
Vermehrung und Anbau:
Aussaat: Im März 2–3 Samen pro Topf streuen; nach dem Aufgehen nur je einen Sämling lassen. Wenn diese kräftig genug sind, mit Ballen auspflanzen. Der Pflanzabstand beträgt 1 m zu allen Seiten. Ende April oder Anfang Mai

kann direkt ins Anzuchtbeet gesät werden, später wird vereinzelt.
Wartezeit bis zur Ernte: Für die Blätter: 3 Monate, für die Blütenknospen 4–5 Monate.
Ernte: Die Blütenknospen erntet man, wenn sie zart sind, bevor sich die mittleren Schuppen öffnen. Die Blätter werden nach Bedarf gepflückt.
Lagerung: Möglichst rasch verbrauchen.
Saatgutgewinnung:
Wie bei der Artischocke oder der Wilden Artischocke vorgehen: Wenn die Achänen fast reif sind, werden sie im August/September bei schönem Wetter gepflückt, im Schatten auf einem Tuch getrocknet und entkernt. Die Samen bewahrt man kühl und trocken in Tüten auf.

Verwendung
Die Blütenknospen werden wie Artischocken zubereitet: Hauptsächlich gekocht und mit Vinaigrette serviert. Die Blätter, deren Stacheln man zuerst entfernen muss (ein Geduldsspiel!), werden wie die der Wilden Artischocke gekocht.
Geschmack: Die Blütenknospen erinnern an den feinen Artischockengeschmack.

Gewöhnlicher Beinwell
Symphytum officinale subsp. *officinale*

Beinwell wächst gern an Waldrändern und anderen feuchten, schattigen Standorten. Er hat allerlei positive Eigenschaften.

Familie: Boraginaceae (Boretsch-gewächse).
Botanische Synonyme: *Symphytum bohemicum, S. uliginosum, S. patens, S. consolida.*
Weitere deutsche Namen: Arznei-Bein-well, Gemeiner Beinwell, Wallwurz, Comfrey, Beinwurz, Soldatenwurz.
Herkunft: Europa und Asien.
Lebensdauer: mehrjährig

Beschreibung
Die krautige Pflanze bildet einen dicken, bis zu 1 m hoch Busch, dessen Triebe und Blätter mit rauen, fast stachligen Haaren bedeckt sind. Die nektarreichen Blüten sind weiß, gelb, rosa, purpurrot oder violett getönt; sie blühen von Mai bis September und wechseln allmählich die Farbe. Die Pfahlwurzeln gehen tief.

Kultur
Boden: Leicht feucht, fruchtbar und humusreich.
Klima: gemäßigt
Standort: Sonne, Halbschatten.
Vermehrung und Anbau:
Aussaat: Von September bis November oder im März/April ins Anzuchtbeet alle 30 cm je einige Samen aussäen, dann nur je einen Sämling stehen lassen. Im September (bei Herbstsaat im folgen-den Frühjahr) mit einem Pflanzenab-stand von 80 × 80 cm auspflanzen.
Horstteilung: Zur gleichen Zeit die al-ten Ballen teilen und die Stücke mit 80 cm Abstand pflanzen.
Ernte: Die jungen zarten Blätter schnei-den; sie wachsen mehrmals nach.
Lagerung: Sofort verbrauchen.
Saatgutgewinnung: Die Triebe schnei-den, wenn die Früchte fast ausgereift sind, im Schatten trocknen. Die Samen kühl und trocken aufbewahren.

Verwendung
Die jungen zarten Blätter werden roh frisch oder gebleicht als Salat gegessen. Sonst gart man sie wie Spinat (ge-schmort, überbacken, als Beilage zu Fleisch und Fisch). Vorzüglich als Roula-den (mit Fleischfüllung) oder paniert. Getrocknete Blätter schmecken als Tee. Beinwell regt auch das Wachstum von Gemüsepflanzen an: Für eine gehaltvol-le Kräuterjauche 700 g gehackte Blätter vier Wochen in 10 l Regenwasser ziehen lassen.
Geschmack: Bitter, angenehm. Sehr maßvoll verwenden.

Sorten und verwandte Arten
Neben der handelsüblichen grünblätt-rigen Sorte, gibt es weißbunte und gelbbunte Formen. Zu den bekannten Arten gehören: Schottischer Beinwell (*S. tuberosum*), Kriechender Beinwell (*S. grandiflorum*) *und* Russischer Com-frey (*S. × uplandicum* in Sorten).

Die Blätter des Bein-wells sind nicht nur essbar, sie fördern auch die Zersetzung und Anreicherung von Kompost und regen als Pflanzen-jauche das Wachs-tum von Gemüse-pflanzen an. Auch Enten und Hühner lieben ihn sehr!

Die eiförmigen Samen werden Nüsschen genannt.

201

Winterestragon
Tagetes lucida

Diese Pflanze mit ihrem wunderschönen, aromatischem Laub, das an den Geschmack von Estragon erinnert, eignet sich als Randbepflanzung. Ihr Duft hält auch viele störende Insekten fern.

Familie: Asteraceae (Korbblütler).
Weitere deutsche Namen: Glänzende Studentenblume, Würztagetes.
Herkunft: Mexiko
Lebensdauer: Mehrjährig, aber nicht winterhart.

Beschreibung

Verzweigte Triebe hat die 35 cm hohe Staude, deren lange einfache Blätter mit gezähntem Rand aussehen wie Lanzen. Die an den Triebspitzen zusammensitzenden kleinen Blütenköpfchen leuchten in oran-gestichigem Gelb von Juli bis Oktober.

Kultur

Boden: Aufgelockert, humusreich, leicht.
Klima: Gemäßigt bis warm.
Standort: sonnig
Vermehrung und Anbau:
Aussaat: Im März/April oder Anfang September je einige Samen in Töpfe streuen und an einen warmen Platz stellen, später auslichten. Bei einer Frühjahrssaat die Pflänzchen etwa Mitte Mai mit 35 cm Abstand zueinan-der auspflanzen. Bei einer Spätsom-mersaat die Pflanzen in etwa 10 cm großen Töpfen frostfrei überwintern und Anfang April unter Glocken oder Mini-Tunnel ins Freilandpflanzen. Mitte Mai wird der Schutz entfernt.
Horstteilung: Im Herbst vor dem Frost einige schöne Pflanzen in große Töpfe setzen und hereinholen, frostfrei und dunkel überwintern. Ende März die Pflanzen teilen und die Stücke ein-pflanzen, wenn nötig zunächst unter Hauben.
Stecklinge: Eher unüblich. Im Mai/Juni oder September von jungen Trieben Stecklinge schneiden, im Warmen, im Gewächshaus oder Frühbeet ziehen, dann in 10 cm große Töpfe pflanzen, warm überwintern. Im Frühling mit den genannten Abständen auspflanzen.
Wartezeit bis zur Ernte: Frühjahrssaat: fünf Monate, Spätsommersaat: neun bis zehn Monate, Teilung: drei Monate, Stecklinge: bis zu einem Jahr.
Ernte: Von Mai bis Oktober nach Be-darf.
Lagerung: Sofort verbrauchen.
Saatgutgewinnung:
Die reifen Blütenköpfchen (sie werden braun) pflücken, im Schatten auf einem Tuch trocknen. Die Samen kühl und vor Feuchtigkeit geschützt aufbewahren.

Verwendung

Die frischen rohen Blätter verfeinern klein geschnitten Rohkost, Salat, Fisch, Fleisch und Geflügel, auch köstlich für Tee. In geringen Mengen verwenden.
Geschmack: Erinnert an Estragon.

Sorten

'Sweet Mace' und Wildformen.

Rainfarn
Tanacetum vulgare var. crispa

Diese Pflanze wird häufig wegen seiner schönen Blätter im Garten gezogen, doch er besitzt auch diverse Heilkräfte, parfümiert Salat, ergibt ein sehr gutes Insektizid und verscheucht kleine Nager.

Familie: Asteraceae (Korbblütler).
Botanische Synonyme: *Tanacetum vulgare* var. *crispum*
Weitere deutsche Namen: Wurmkraut
Herkunft: Europa und Asien.
Lebensdauer: mehrjährig

Beschreibung
Die krautige Pflanze kann über 60 cm hoch werden. Ihre zahlreichen aufrechten Triebe bilden einen dicken Busch. Die großen Blätter sind in etwa 10 gegenständige Fiederpaare unterteilt, die tief eingeschnitten, gekräuselt, duftend und dunkelgrün sind. An den Triebspitzen sitzen die gelben Blütenköpfchen zusammen in großen Ebensträußen (Gruppe von Blüten, deren Stiele von verschiedenen Punkten der Achse ausgehen und so eine flache Blütenoberfläche bilden) und blühen von Juli bis September, ohne Samen zu bilden.

Kultur
Boden: Leicht, nicht zu feucht.
Klima: gemäßigt
Standort: sonnig
Vermehrung und Anbau:
Horstteilung: Im März oder Oktober die alten Horste teilen und die äußeren Stücke mit 1 m Abstand zueinander pflanzen.
Wartezeit bis zur Ernte: Drei bis vier Monate.
Ernte: Vom Frühling bis zum Herbstbeginn nach Bedarf.
Lagerung: Die frischen Blätter möglichst rasch verbrauchen oder trocknen: auf einem Rost ausbreiten oder vor Sonne geschützt an einem luftigen Ort aufhängen. Wenn sie trocken sind, trocken und kühl in dichten Behältern lagern.

Saatgutgewinnung:
Bringt bei uns keine Samen hervor.

Verwendung
Die frischen Blätter würzen fein gehackt Hammel- und Wildgerichte. Das Fleisch dabei vor dem Garen mit den Blättern abreiben. Sie verfeinern Salat, Füllungen, Omelett und Gebäck. Eines der Kräuter in der Rezeptur des Likörs La Chartreuse ist Rainfarn.
Geschmack: Sehr kräftig, bitter und würzig, angenehm. Maßvoll verwenden.

Kulturlöwenzahn *Taraxacum officinale*

Der Löwenzahn ist in allen gemäßigten Zonen der Erde heimisch. Er ist eine Nektar- und Arzneipflanze, aber auch köstlich als Salat und ausgezeichnet für die Leber

Wer kennt nicht die Blüten des Löwenzahns, die von April bis September an der Spitze langer hohler Stängel blühen?

Familie: Asteraceae (Korbblütler).
Botanische Synonyme: *Leontodon taraxacum, L. vulgare, Taraxacum taraxacum.*
Weitere deutsche Namen: Kuh-, Mai-, Butterblume, Marienblume, Pusteblume.
Herkunft: In allen gemäßigten Bereichen des Erdballs heimisch.
Lebensdauer: Mehrjährig, oft als einjährige Pflanze gezogen.

Beschreibung

Hohle, aufrechte Blütenstängel werden etwa 30 cm hoch und tragen ein Blütenköpfchen. Die grundständigen Blätter sind lanzettlich, mehr oder weniger gezähnt, glatt, etwa 20 cm lang und als breite Rosette angelegt. Die Samen bilden eine fiedrige Kugel, die Pusteblume.

Kultur

Boden: Humusreich, aufgelockert.
Klima: Anspruchslos; sehr winterharte Pflanze.
Standort: sonnig
Vermehrung und Anbau:
Aussaat: Von März bis Ende Juni Direktsaat: alle 10 cm je einige Samen, Reihenabstand 30 cm. Dann nur jeweils den schönsten Sämling stehen lassen. Den Boden kühl halten, damit die Saat besser aufgeht.
Wartezeit bis zur Ernte: Bis zu einem Jahr nach Aussaat.

Ernte: Die Blattrosetten werden vom Spätwinter bis Anfang April dicht an den Wurzeln geschnitten.
Lagerung: Zwei bis drei Tage kühl.
Saatgutgewinnung:
Lassen Sie einige schöne und typische Exemplare Samen bilden. Ende Mai werden sie gesammelt, bevor sie davonfliegen: den Blütenstiel frühmorgens schneiden, im Schatten auf Papier in einer Kiste trocknen und die von ihren Schirmchen befreiten Samen trocken und kühl aufbewahren.

Verwendung

Die jungen zarten Blätter ergeben mit hartgekochten Eiern und Speckwürfeln einen leckeren Salat. Die Blütenknospen kann man ebenfalls im Salat oder im Omelett essen oder auch in Essig einlegen.
Geschmack: Angenehm, bitter.

Sorten

Für den Anbau im Garten gibt es Sorten mit größeren und milderen Blättern als die Wildform. Bei uns ist die Sorte 'Vert de Montmagny' erhältlich.

Neuseeländer Spinat
Tetragonia tetragonioides

Seine Blätter werden roh oder gekocht gegessen; sie schmecken dem normalen Spinat recht ähnlich. Junge Blätter können ab Frühsommer laufend gepflückt werden.

Familie: Aizoaceae (Mittagsblumen-gewächse).
Botanische Synonyme: *Tetragonia expansa*, *T. halimifolia*, *T. cornuta*.
Herkunft: Neuseeland und Australien.
Lebensdauer: einjährig

Beschreibung
Die niederliegenden fleischigen, verzweigten Triebe dieser Pflanze werden bis zu 1 m lang. Ihre fleischigen wechselständigen Blätter sind dreieckig, dunkelgrün, groß und ganz. Die kleinen grünen Blüten ohne Blütenblätter sitzen im Juli einzeln in den Blattachseln. Die recht großen Samen sind auf einer Seite spitz, auf der anderen verdickt mit kronenartigen Spitzen.

Kultur
Boden: Humusreich, leicht, tiefgründig, nicht zu sauer.
Klima: Gemäßigt bis warm.
Standort: sonnig
Vermehrung und Anbau:
Aussaat: Von März bis Mai Direktsaat: je drei bis vier Samen versetzt mit 80 cm Abstand aussäen. Nach dem Aufgehen je zwei Sämlinge stehen lassen. Oder am einem warmen Ort (Gewächshaus, Frühbeet) jeweils drei bis vier Samen in Töpfe streuen und dann das kräftigste Pflänzchen behalten. Wenn kein Frost mehr zu befürchten ist, mit Ballen auspflanzen. Die Samen des Neuseeländer Spinats keimen nur recht schwer; man kann dies fördern, wenn man sie zuvor eine Nacht in lauwarmem Wasser einweicht.
Wartezeit bis zur Ernte: Drei Monate nach der Aussaat.
Ernte: Von Ende Juni bis zum Frost nach Bedarf die größten Blätter und die Triebspitzen pflücken.
Lagerung: Möglichst rasch verbrauchen. Lässt sich einfrieren.
Saatgutgewinnung:
Im März in Töpfe im Warmen säen, Ende April die Sämlinge unter einen Folientunnel auspflanzen. Stangen stecken, damit sie mehr Licht haben. Die Samenkapseln, die sich in den Blattachseln bilden, im September/Oktober reif ernten, im Schatten trocknen. Saatgut kühl und trocken aufbewahren.

Verwendung
Die zarten Blätter und Triebe werden gehackt und lassen sich wie Spinat zubereiten. Die besonders Zarten kann man auch roh als Salat essen: allein oder mit Speckwürfeln und hartgekochten Eiern.
Geschmack: Erinnert an Spinat.

Echte Spargelerbse
Tetragonolobus purpureus

Die kantigen Hülsen dieser dekorativen, alten Kulturpflanze erinnern geschmacklich etwas an Spargel. Damit die Hülsen laufend nachwachsen, müssen die Pflanzen regelmäßig abgeerntet werden.

Familie: Fabaceae (Schmetterlingsblütler).
Botanische Synonyme: *Tetragonolobus edulis*, *Scandalida rubra*, *S. tetragonoloba*.
Weitere deutsche Namen: Kartoffelerbse
Herkunft: Mittelmeerraum, wohl Sizilien.
Lebensdauer: einjährig

Beschreibung
Pflanze mit 10–40 cm langen samtigen Trieben, die niederliegen oder aufrecht stehen. Die bläulich grünen Blätter mit kurzem Stiel haben drei ovale Einzelblätter, die sich nach oben hin etwas verbreitern. Die hübschen Schmetterlingsblüten in dunklem Purpurrot stehen einzeln oder zu zweit; Blütezeit ist Juni bis August.

Die Hülsen tragen vier hautartige Flügel und sind reif 6–7 cm lang; sie umschließen rosa-dunkelviolette runde, etwas unförmige Kerne von etwa 5 mm Größe.

Kultur
Boden: Tiefgründig, aufgelockert, humusreich.
Klima: gemäßigt
Standort: sonnig
Vermehrung und Anbau:
Aussaat: Vom 15. April bis Ende Mai Direktsaat: je zwei bis drei Körner alle 25 cm bei einem Reihenabstand von 40 cm aussäen. Wenn die Pflänzchen kräftig genug sind, auslichten.
Wartezeit bis zur Ernte: Zwei Monate nach der Aussaat.
Ernte: Die Hülsen werden vor der Bildung der Kerne gepflückt, wenn sie 2–3 cm lang sind, ansonsten werden die Hülsen zu hart. Achtung: Die Hülsen entwickeln sich schnell!
Lagerung: Nach der Ernte möglichst rasch verbrauchen. Gut einzukochen und einzufrieren.
Saatgutgewinnung:
Zu Beginn der Blütezeit schöne Pflanzen auswählen. Die Hülsen reifen lassen. Wenn sie schwarz und trocken sind, einsammeln, im Schatten auf einem sehr feinen Rost trocknen lassen und erst im letzten Moment entkernen. Samen in Gläsern kühl und trocken aufbewahren.

Verwendung
Die jungen zarten Hülsen werden wie Zuckererbsen zubereitet.
Geschmack: Ähnlich wie grüne Bohnen und ein bisschen wie Spargel.

Echter Thymian *Thymus vulgaris*

Kein Gemüsegarten oder Fensterbrett ohne Thymian! Er ist eine wohlbekannte Aroma-, Heil- und Würzpflanze. Sein Geruch vertreibt manche Schädlinge aus dem Gemüsegarten.

Familie: Lamiaceae (Lippenblütler).
Botanische Synonyme: *Thymus collinus, T. tenuifolius, T. glandulosus.*
Weitere deutsche Namen: Gartenthymian, Immerkraut, Küchenpolei, Römischer oder Welscher Quendel.
Herkunft: Mittelmeerraum
Lebensdauer: mehrjährig

Beschreibung
Der niedrige immergrüne Halbstrauch hat holzige, verzweigte, aufrechte, dünne Triebe mit länglichen Blättchen, die auf der Oberseite dunkelgrün, auf der Unterseite gräulich sind. Die kleinen, zu Büscheln zusammengefassten Blüten am Triebende sind weiß oder rosa, die winzigen Samen braun.

Kultur
Boden: Leicht, locker, durchlässig. Verträgt keine Feuchtigkeit.
Klima: gemäßigt
Standort: Sonnig, warm und geschützt.
Vermehrung und Anbau:
Aussaat: Im April/Mai ins Anzuchtbeet säen, anschließend auf 20 cm Abstand verpflanzen, Reihenabstand 40–50 cm.
Stecklinge: Im Juli 15–20 cm lange junge Triebe mit hartem Holz schneiden, 5–7 cm tief geschützt an einer Wand eingraben, mit Haube schützen.
Horstteilung: Im März/April oder im September die alten Wurzelballen teilen und die Stücke ins Freiland pflanzen.
Wartezeit bis zur Ernte: Ein Jahr und mehrnach der Aussaat, zehn bis zwölf Monate nach der Stecklingsvermehrung, drei bis vier Monate nach der Teilung. Geerntet wird das ganze Jahr.
Lagerung: Die kleinen Zweige werden zwischen Mai und Oktober gepflückt und bundweise im Schatten zum Trocknen aufgehängt. In luftdichten Behältern kühl und dunkel lagern.
Saatgutgewinnung:
Ernten Sie die Samen nach und nach, wenn sie reif sind; im Schatten trocknen, eintüten und kühl aufbewahren.

Wolliger Thymian

Verwendung
Die frischen oder getrockneten Blätter verfeinern Brühe, Schmorgerichte, Geflügel, Braten, Gemüse, Fisch oder Suppen. Thymian ist unverzichtbar im Suppenkraut und ausgezeichnet als Tee.
Geschmack: Pikant, angenehm. Manche Sorten schmecken nach Zitrone, Apfelsine oder Kümmel.

Sorten und verwandte Arten
'Deutscher Winter', 'Sloneczko', 'Varico 1', 'Varico 2'.
Zitronenthymian (*T. × citriodorus*) in Sorten, Orangenthymian (*T. fragrantissimus*), Quendel (*T. serpyllum*), Kümmelthymian (*T. herba-barona*), Wolliger Thymian (*T. alpinus*) und viele andere.

Haferwurzel
Tragopogon porrifolius subsp. *porrifolius*

Sammler und große Köche haben dieses Wurzelgemüse, das in den vergangenen Jahrzehnten etwas in Vergessenheit geraten ist, wiederentdeckt.

Familie: Asteraceae (Korbblütler).
Botanische Synonyme: *Tragopogon porrifolius* subsp. *sativus*
Weitere deutsche Namen: Weißwurzel, Bocksbart, Lauchblättriger Bocksbart.
Herkunft: Südeuropa
Lebensdauer: zweijährig

Beschreibung

Der etwa 1 m hohe verzweigte Blütenstiel erscheint im zweiten Kulturjahr und trägt von Mai bis Juli endständige lila Blütenköpfchen. Die Blätter sind lang, schmal, staubig graugrün. Die inneren stehen aufrecht und die äußeren liegen halb; sie scheinen vom Wurzelhals auszugehen. Die langen braunen Samen sind rau, gestreift und an den Enden spitz. Bis 20 cm lang werden kann die fleischige Pfahlwurzel, die spindelförmig, glatt und weiß ist.

Kultur

Boden: Tiefgründig, etwas sauer, aufgelockert, leicht, humusreich.
Klima: gemäßigt
Standort: Sonnig, warm.
Vermehrung und Anbau:
Aussaat: Von März bis Mai Direktsaat, wenn der Boden erwärmt ist: recht locker in Reihen mit 25 cm Abstand säen. Auslichten, wenn die Sämlinge vier bis fünf Blätter haben. Blütenstände entfernen, die manchmal schon im ersten Jahr Samen bilden.

Wartezeit bis zur Ernte: Sieben bis acht Monate nach der Aussaat.
Ernte: Von Oktober bis März nach Bedarf mit einer Grabegabel.
Lagerung: Einige Tage an einem trockenen Ort. Lagerung in einer Sandkiste möglich.
Saatgutgewinnung:
Lassen Sie die Pflanzen Samen ausbilden; die Stängel abstützen. Die Samen erhält man im zweiten Kulturjahr im Juli, wenn sie braun werden, durch Schneiden der Blütenköpfchen. Diese im Schatten auf einem Tuch trocknen, von ihren Schirmchen befreien, trocken und kühl aufbewahren. Schützen Sie die samenbildenden Pflanzen mit einem Netz vor den Vögeln.

Verwendung

Die Wurzeln schmecken gebraten, gekocht als Salat, überbacken oder mit Béchamelsoße. Besonders bekömmlich sind sie für Diabetiker, denn dieses Wurzelgemüse enthält Inulin.
Die jungen, zarten Blätter vom Frühlingsanfang sind roh ein wohlschmeckender Salat.
Geschmack: Sehr angenehm, süß, etwas faserig, delikat. Die jungen Blätter schmecken leicht nach Haselnuss.

Sorten

'Sandwich Island Mammouth', 'Blanc Géant de Russie', 'Blanc Amélioré'.

Weiße Schlangenhaargurke
Trichosanthes anguina

Ein Spalier an einer Wand ist genau richtig für diese hübsche Kletterpflanze. Ihr Laub, ihre langen, köstlich schmeckenden Früchte und ihre zarten, duftenden Blüten machen sie zu einer Zierde des Gemüsegartens.

Familie: Cucurbitaceae (Kürbisgewächse).

Botanische Synonyme: *Trichosanthes cucumerina* var. *anguina, T. colubrina, T. turolata, Involucraria anguina, Cucumis anguinus.*

Weitere deutsche Namen: Haarblume

Herkunft: Indien

Lebensdauer: einjährig

Beschreibung

Bis zu 2 m hoch wird dieses Klettergewächs, dessen herzförmige wechselständige Blätter in drei bis fünf abgerundete oder kreisförmige Lappen unterteilt sind und recht lange, zweigeteilte Ranken tragen. Die langstieligen, einhäusigen Blüten sind weiß und duften. Sie sind in fünf filigrane, spitzendeckchenähnliche Segmente geteilt. Die männlichen Blüten bilden Trauben, während die weiblichen allein stehen. Die Früchte können bis zu 1 m lang werden; sie sind schlank (4–5 cm), zylindrisch, manchmal gerade, oft krumm, und sehen aus wie weiß marmorierte grüne Schlangen. Die grauen Samen mit Silberschimmer sind recht hart und am Rand gezähnt.

Kultur

Boden: humusreich

Klima: warm

Standort: sonnig

Vermehrung und Anbau:

Aussaat: Im März im Warmen (20–30 °C)

zwei bis drei Samen pro Topf mit Torf, Humus und Komposterde aussäen, dann nur je einen Sämling stehen lassen. Die kräftigen Pflanzen Mitte Mai mit Ballen an einen sehr geschützten Standort auspflanzen (z. B. Südwand) und durch Spalier oder 2 m hohen Stangen stützen. Ansonsten Kultur im Gewächshaus, dabei 80 × 150 cm Abstand.

Wartezeit bis zur Ernte: Drei bis vier Monate nach der Aussaat.

Ernte: Die Früchte erntet man nach Bedarf, wenn sie 30–40 cm lang und noch nicht ganz reif sind.

Lagerung: Einige Tage kühl.

Saatgutgewinnung:

Einige Früchte an der Pflanze reifen lassen, die Samen herausnehmen, waschen und trocknen. Trocken und kühl aufbewahren.

Verwendung

Die jungen, ungeschälten Früchte sind in recht kleine Würfel geschnitten und mit Kräutern gekocht eine ausgezeichnete Beilage zu Fleisch.

Geschmack: Zwischen grünen Bohnen und Spargel.

Die filigranen Blüten verströmen ihren Duft nachts.

Knollenkresse *Tropaeolum tuberosum*

An dieser reizenden kleinen Kapuzinerkresse ist aber auch alles essbar: Knollen, Blätter, Knospen, Blüten und Samen.

Die gelblichen, violett gefleckten Knollen sind fleischig, konisch und dellig; eine Sorte hat rein gelbe Knollen.

Familie: Tropaeolaceae (Kapuzinerkressegewächse).
Botanische Synonyme: *Tropaeolum mucronatum*
Weitere deutsche Namen: Peruanische Kapuzinerkresse
Herkunft: Südamerika (Peru, Bolivien, Kolumbien, Ecuador).
Lebensdauer: Durch ihre Knollen mehrjährig, doch in unseren Gärten einjährig gezogen.

Beschreibung

Krautige Kletter- oder Kriechpflanze, die je nach Jahr 50 cm bis 1,50 m groß werden kann. Ihre zahlreichen verzweigten Triebe sind schlank und lang. Die fünflappigen Blätter stehen einzeln, sind schaufelförmig, ihr langer Stiel setzt in der Mitte des Blattes an. Zum Spätsommer hin blühen die lang gestielten Blüten mit rotem Kelch und schwarz gestreiften, gelblich orangen Blütenblättern.

Kultur

Boden: Humusreich, leicht.
Klima: Gemäßigt bis warm.
Standort: Sonnig und geschützt.
Vermehrung und Anbau:
Pflanzen von Knollen: Im April/Mai die Knollen etwa 12 cm tief (wie Kartoffeln) und mit einem Abstand von 80 × 80 cm in den Boden setzen. Wenn die Pflanzen etwa 12 cm groß sind, anhäufeln. Dies ist eine Kurztagspflanze, deren Knollen sich erst entwickeln, wenn die Tage ab Ende September kürzer werden. Sie vertragen den ersten Frost.
Wartezeit bis zur Ernte: Sechs bis sieben Monate.
Ernte: Die Blüten und jungen Blätter erntet man nach Bedarf. Die Ernte der Knollen erfolgt frühestens Ende Oktober oder Anfang November.
Lagerung: Die Knollen kann man im Keller in trockenem Sand oder Torf einschlagen. Die jungen Blätter und die Blüten müssen sofort verbraucht werden.
Saatgutgewinnung:
Diese reifen bei uns nicht aus.

Verwendung

Die jungen Blätter mischt man fein geschnitten unter Salat und Rohkost. Die Blüten werden zur Dekoration oder wie die Blätter verwendet. Die gekochten Knollen isst man gebraten mit Zwiebeln oder roh (in dünne Scheiben geschnitten) in Essig eingelegt, gewürzt mit weißen Zwiebeln Knollenziest, Brutzwiebeln der Luftzwiebel oder des Schlangenknoblauchs.
Geschmack: Die jungen Blätter und Blüten schmecken angenehm pikant, erinnern an Rettich und Kresse. Die Knollen schmecken ähnlich wie Kastanien.

Sorten

Es gibt mehrere Varianten ohne bekannten Namen.

Ulluco *Ullucus tuberosus*

Diese Hochlandpflanze aus Südamerika bringt keine reiche Ernte, ist aber wie Oka, Yacon und Knollen-kresse ein köstliches Knollengemüse, das in unseren Gärten wachsen sollte.

Familie: Basellaceae (Basellgewächse).
Botanische Synonyme: *Ullucus kunthii, Basella tuberosa, Melloca peruviana, Melloca tuberosa.*
Weitere Namen: Olluco, Melloco.
Herkunft: Peru, Bolivien.
Lebensdauer: Bei uns nicht winterharte Staude, als einjährige Pflanze gezogen.

Beschreibung

Die rotvioletten, verzweigten, kantigen Triebe der krautigen Pflanze liegen auf dem Boden und bewurzeln sich leicht. Ihre gestielten, spatelförmigen Blätter sind fleischig, glatt und wechselständig. Die winzigen grünen Blüten sitzen in ährenförmigen Trauben in den Blattachseln. Bei uns bilden sie keine Samen aus. Kleine (walnussgroße) zylindrische Knollen entwickeln sich an den Rhizomen am Ansatz der Triebe. Ihr Fleisch ist meist gelb und bleibt auch nach dem Kochen knackig.

Kultur

Boden: Leicht, humusreich.
Klima: Warm bis gemäßigt.
Standort: Sonne, Halbschatten.
Vermehrung und Anbau:
Pflanzen der Knollen: Im April werden die Knollen ins Freiland gepflanzt, mit 30 cm Abstand und 60 cm Platz zwischen den Reihen. Wenn die Pflanzen 15–20 cm groß sind, mehrmals anhäufeln, da sich die Knollen erst von Ende September an entwickeln, wenn die Tage kürzer werden. Bis Mitte November oder länger im Boden lassen und mit einem Folientunnel schützen.
Wartezeit bis zur Ernte: Sieben bis acht Monate nach dem Pflanzen.
Ernte: Von Oktober bis Anfang Dezember die Knollen ausgraben, ein paar Stunden auf dem Boden liegen lassen. Die Blätter nach Bedarf pflücken.
Lagerung: Die Knollen in trockenem Sand im Keller oder in einem trockenen, kühlen Raum aufschichten. Die Blätter nach der Ernte möglichst schnell verbrauchen.
Saatgutgewinnung:
Bildet in unserem Klima keine Samen.

Verwendung

Die stärkehaltigen Knollen werden mit Kartoffeln in der Suppe gekocht. In Südamerika isst man sie viel. Die Blätter schmecken roh als Salat oder in der Pfanne gebraten, sie sind eiweißreich.
Geschmack: Süßlich, ähnlich wie Kartoffeln.

Varietäten

Es gibt in Südamerika unterschiedliche Varietäten, die sich in der Knollenfarbe unterscheiden (gelb, weiß, rot oder fahlgrün gefärbt oder rotgrün gesprenkelt).

Gewöhnlicher Feldsalat
Valerianella locusta

Aus dieser köstlichen kleinen Wildpflanze, die den ganzen Winter geerntet werden kann, sind auch Sorten mit größeren Blättern hervorgegangen. Ihre Kultur ist leicht.

Familie: Valerianaceae (Baldriangewächse).
Botanische Synonyme: *Valerianella olitoria, V. dichotoma, V. pusilla, V. striata, Locusta communis, Fedia olitaria, F. locusta, F. paniculata.*
Weitere deutsche Namen: Ackersalat, Rapunzel; Österreich: Vogerlsalat; Schweiz: Nüsslisalat.
Herkunft: Europa
Lebensdauer: zweijährig

Beschreibung
Die Blütenstiele der krautigen Pflanze werden bis 40 cm hoch. Die zur Rosette angeordneten ganzen Blätter sind grundständig, spatelförmig, abgerundet oder länglich. Zu Büscheln zusammengefasst sind die Blüten, die blassblau im April/Mai des zweiten Jahres blühen. Die je nach Sorte mehr oder weniger dicken Samen sind leicht rundlich oval und faltig.

Kultur
Boden: Leicht, humusreich, aufgelockert, dann verdichtet.
Klima: gemäßigt
Standort: anspruchslos
Vermehrung und Anbau:
Aussaat: Von August bis Oktober Direktsaat: locker säen in Reihen mit 25 cm Abstand. Nach der Aussaat die Samen mit einem Brett oder den Füßen fest andrücken. Nach dem Aufgehen

auslichten. Wenn der Feldsalat in voller Sonne gezogen wird, die Reihen beschatten. Über den Winter mit einem Folientunnel abdecken, damit laufend geerntet werden kann.
Wartezeit bis zur Ernte: Drei Wochen nach der Aussaat.
Ernte: Den ganzen Winter nach Bedarf die Rosetten dicht am Boden schneiden.
Lagerung: So rasch wie möglich verbrauchen.
Saatgutgewinnung:
Schöne, sortentypische Pflanzen auswählen, Samen bilden lassen. Wenn die Samenbüschel vor der völligen Reife (meist im Juni) gelb werden, die Pflanzen herausziehen, auf einer Folie im Schatten zwei bis drei Wochen ausgebreitet liegen lassen. Dann die Samenbüschel entkernen und die Samen kühl und trocken aufbewahren.

Verwendung
Die Blattrosetten sind roh ein köstlicher Salat – solo, mit Äpfeln, Roter Bete, Chicorée oder Nüssen. Gegart schmecken sie gut in Suppen, Omelett oder wie Spinat zubereitet.
Geschmack: Mild, sehr angenehmes, besonderes Aroma.

Sorten
'Elan', 'Medaillon', 'Trophy', 'Vally', 'Vit'.

Puffbohne *Vicia faba* var. *faba*

Eines unserer besten Gemüseart, deren frühe Formen schon in der Steinzeit angebaut wurde. Um die Blattläuse in Grenzen zu halten, pinzieren Sie die Triebe nach der sechsten Blüte, legen Sie Beete mit nur drei Reihen an und säen Sie Dill zwischen die Reihen!

Familie: Fabaceae (Schmetterlings-blütler).
Botanische Synonyme: *Faba sativa, F. vulgaris, Vicia esculenta, Faba equina.*
Weitere deutsche Namen: Acker-, Sau-bohne, Dicke Bohne.
Herkunft: Wohl Orient oder Asien.
Lebensdauer: Einjährig, je nach Saat-zeit auch zweijährig.

Beschreibung
Der aufrechte, hohle, kantige Trieb wird bis zu 1,20 m hoch. Die fleischigen bläulich grünen Blätter sind in Einzel-blätter unterteilt, die am selben Stiel sitzen. Gestielte weiße Blüten mit dun-kelvioletten Blütenblättern bilden von Mai bis Juli Trauben in den Blattach-seln. In langen fleischigen Hülsen, die grün sind, reif aber schwarz werden, sitzen die Samen zu zweit bis acht. Sie sind oval, platt und unterschiedlich gefärbt: je nach Sorte gelb, grün, weiß oder violett.

Kultur
Boden: Tiefgründig, etwas kalkhaltig, humusreich.
Klima: Gemäßigt und ozeanisch.
Standort: sonnig
Vermehrung und Anbau:
Aussaat: Im Februar/März einen Kern 3 cm tief alle 15 cm in Reihen mit 40 cm Abstand stecken. Anhäufeln, wenn die Jungpflanzen 15 cm groß sind, und abstützen, wenn sie blühen.

Wartezeit bis zur Ernte: Drei bis vier Monate nach der Aussaat.
Ernte: Um die Bohnen roh zu essen, erntet man sie halb reif; zum Kochen zu drei Vierteln reif, zwischen Juni und Anfang August. Nicht zu spät ernten, da die Bohnenkerne sonst eine dicke Haut ausbilden, die nach dem Kochen entfernt werden muss.
Lagerung: Unausgepult zwei Tage kühl. Lassen sich gut einfrieren.
Saatgutgewinnung:
Die schönsten Hülsen an kräftigen, sor-tentypischen Pflanzen auswählen, aus-gereift pflücken, trocknen, auspulen. Die Kerne im Schatten trocknen, dann kühl und trocken aufbewahren.

Verwendung
Die Kerne auspulen, sie werden gebra-ten, geschmort, gedünstet oder als Suppe gekocht. Wohlschmeckende Bei-lage zu Fleisch, lecker mit Speck ge-mischt. Jung kann man die Schoten roh mit Salz essen.
Geschmack: Sehr gutes Gemüse mit ei-genem, sehr angenehmem Geschmack.

Sorten
'Condor', 'Con Amore', 'Frühe Weiß-keimige', 'Gloria', 'Limbo'.

Mais *Zea mays*

Zucker-, Perl- und Stärkemais werden auf die gleiche Weise kultiviert, aber nicht zur gleichen Zeit geerntet.

Männlicher
Blütenstand

Samen selbst gewinnen ist schwierig! Bauen Sie nur eine Sorte an (keine Hybridsorte), wählen Sie die repräsentativste Pflanze aus. Den gut ausgereiften Kolben pflücken, im Schatten trocknen und ganz in einem luftdichten Gefäß kühl oder im Gefrierschrank aufbewahren.

1. 'Schwarzer Puffmais'
2. 'Roter Erdbeermais'

Familie: Poaceae (Gräser).
Botanische Gruppen: Zuckermais: *Zea mays* Saccharata-Gruppe; Perlmais (auch Popcorn): *Zea mays* var. Mikrosperma-Gruppe; Stärkemais: *Zea mays* Amylaca-Gruppe.
Weitere deutsche Namen: Welschkorn.
Herkunft: Mexiko
Lebensdauer: einjährig

Beschreibung

Mais wird manchmal über 2,50 m hoch. Seine männlichen Blüten bilden den endständigen Blütenstand der Pflanze, die weiblichen sitzen als Kolben unten in den Blattachseln und tragen lange Narbenfäden. Die aufgereihten Maiskörner bilden Kolben in unterschiedlichen Farben: weiß, gelb, rotbraun, lila, blau bis schwarz.

Kultur

Boden: Leicht, humusreich, leicht sauer.
Klima: Gemäßigt bis warm.
Standort: sonnig
Vermehrung und Anbau:
Aussaat: Im März in Töpfe ins Gewächshaus oder Frühbeet säen. Mit Ballen auspflanzen, wenn die Pflanzen vier bis fünf Blätter haben (mit Glocke oder Tunnel schützen). Im April je drei bis vier Samen in quadratische Horste alle 40 cm mit 70 cm Reihenabstand säen, bis zum 15. Mai mit Folientunnel schützen (wenn nötig tagsüber lüften). Im Mai Direktsaat wie oben.

Ernte: Perl- und Stärkemais werden reif geerntet, Zuckermais nach Bedarf von Anfang August bis Ende September, wenn die Körner noch bei Fingernadeldruck milchig sind und die Hülle der Kolben noch grün ist.
Lagerung: Zuckermais bald kochen; Perlmais wird trocken und vor Nagern geschützt gelagert.

Verwendung

Perlmais: Die Körner mit etwas Öl im geschlossenen Topf platzen lassen; Popcorn ist pur mit Karamell, Puderzucker oder Salz eine Leckerei!
Zuckermais: Die Körner lösen, in Wasser kochen und als Salat, gebraten, mit Gemüse gemischt, in Essig eingelegt zubereiten. Die ganzen Kolben isst man gekocht mit Butter, sie passen gut zu Geflügel.
Stärkemais: Dient der Herstellung von Mehl für Grieß, Crêpes, Couscous oder Kuchen.

Sorten

Perlmais: 'Roter Erdbeermais', 'Gelber Erdbeermais', 'Cuties Pink', 'Cuties Brown', 'Schwarzer Puffmais', 'Tom Pouce'.
Zuckermais: 'Golden Bantam', 'Golden Beauty', 'Black Aztek', 'Indian Summer', 'Challenger', 'Sweet Nugget', 'Ovation' (die drei letztgenannten Sorten sind F_1-Hybriden).
Stärkemais: 'Escondida Blue', 'Hopi Pink', 'Hopi Kokoma', 'Navajo White'.

Hilfreiche Adressen

Organisationen für seltene/alte Sorten

Inland

Arbeitskreis „Historische Obstsorten der Pfalz"
Rainer Rausch
Bahnhofstr. 13 a,
67126 Hochdorf-Assenheim

Bundesanstalt für Züchtungsforschung
an Kulturpflanzen
Institut für Obstzüchtung
Pillnitzer Platz 3 a,
01326 Dresden

Das Boomgarden-Projekt
c/o Eckart Brandt
Im Moor 1,
21712 Großenwörden
www.boomgarden.de

Fördergemeinschaft regionaler
Streuobstbau
Bergstrasse-Odenwald-Kraichgau (FÖG)
c/o Hilmar Grzesiak
Zuzenhauser Str. 38
74909 Meckesheim
E-Mail: hgrzesiak@aol.com

Forschungsanstalt Geisenheim
Fachgebiet Obstbau
Von-Lade-Straße 1,
65366 Geisenheim

Institut für Sonderkulturen und
Produktionsphysiologie (370)
Universität Hohenheim
70593 Stuttgart

Landesverband für Obstbau, Garten
und Landschaft, Baden-Württemberg
Arbeitsgruppe Streuobst
Klopstockstr. 6,
70193 Stuttgart
Tel. 0711/632901
Fax 0711/638299
E-Mail: Logl.bw@t-online.de
www.gartenbauvereine.de

Landwirtschaftliche Lehranstalten
Triesdorf
Bezirk Mittelfranken
Obstlehrgarten, 91746 Weidenbach
Pomologen-Verein e.V.
Bundesgeschäftsstelle
c/o Wilfried Müller
Brünlasberg 52,
08280 Aue/Sachsen

Verein zur Erhaltung der Nutzpflanzen-
vielfalt e.V Ursula Reinhard
Sandbachstr. 5,
38162 Schandelah
Tel. 05306/1402, Fax 05306/1402
E-Mail: Ven.nutz@gmx.de
www.nutzpflanzenvielfalt.de

Angrenzendes Ausland

Österreich

Arche Noah
Gesellschaft zur Erhaltung und
Verbreitung der Kulturpflanzenvielfalt
Obere Str. 40,
A-3553 Schiltern
Tel. 0043/2734/ 8626,
Fax 0043/2734/ 8627
www.arche-noah.at

Höhere Bundeslehranstalt und
Bundesamt für Wein- und Obstbau
Wienerstr. 74,
A-4020 Linz

Ökokreis Arbeitskreis Sortengarten
A-3910 Stift Zwettl 17,
Tel. 0043/02822/ 53785
Fax 0043/2822/ 53785–15
E-Mail: Oeko.kreis.buero@wvnet.at

Universität für Bodenkultur
Institut für Obst und Gartenbau
Peter-Jordan-Str. 82,
A-1190 Wien

Verein „Neue alte Obstsorten"
Gießhübl 7,
A-3300 Amstetten

Schweiz

Fructus
Die Vereinigung zur Förderung alter
Obstsorten
Glärnischstr. 31,
CH-8820 Wädenswil
E-Mail: fructus@bluewin.ch,
http://fructus.ch

Pro Specie Rara
Sortenzentrale
Pfrundweg 14,
CH-5000 Aarau
Tel. 062/823 50 30
Fax 062/823 50 25

Belgien
Nationale Boomgaarden Stichting v.z.w.
(N.B.S.)
Vereiniging voor pomologie,
boomgaard- en landschapsbeheer
Postbus 49,
B-3550 Hasselt

Ökologische Natur- und Gartenvereinigungen

Abtei Fulda
Postfach 1126,
36001 Fulda
Tel. 0661/9024531,
Fax 0661/9024545

Biokreis e.V.
Regensburger Str. 34,
94036 Passau

BIONOMICA Gemeinschaft e.V.
Postfach 81 05 11,
68205 Mannheim

Biotopia gGmbH
Waldstr. 225,
68305 Mannheim
Tel. 0621/747396,
Fax 0621/7482307

Bund für Umwelt und Naturschutz
Deutschland e.V. (BUND)
Am Köllnischen Park 1,
10179 Berlin
Tel. 030/275 864–0,
Fax 030/275 864–40

Bundesverband Ökologie
Postfach 56 27 81 238,
56281 Emmelshausen

Forschungsring für Biologisch-Dynamische Wirtschaftsweise e.V.
Brandschneise 1,
64295 Darmstadt
Tel. 06155/84123,
Fax 06155/846911
www.Forschungsring.de

Institut für Biologisch-Dynamische
Forschung
Brandschneise 5,
64295 Darmstadt
Tel. 06155/8421–0,
Fax 06155/8421–25
E-Mail: Info@ibdf.de,
www.ibdf.de

Stiftung Ökologie & Landbau
Weinstraße Süd 51,
67098 Bad Dürkheim
E-Mail: info@soel.de

Projektgruppe Ökologischer Landbau
Michael Krug
Karl-Marx-Str. 20,
36452 Empfertshausen
Tel. 036964/93210

Naturgarten e.V.
Kernerstr. 64, 74076 Heilbronn
E-Mail: naturgarten@yahoo.com
www.naturgarten-online.de

Wolfgang-Philipp-Gesellschaft
Ausschuss für naturnahen Gartenbau
Postfach 43 66, 55033 Mainz

Konventionelles und biologisches Saatgut

Baldur-Garten Versand
Postfach 1140
64629 Heppenheim

Bingenheimer Saatgut AG
Ökologisches Saatgut, keine Hybriden,
nur samenfeste Sorten
Kronstr. 24,
61209 Echzell
Tel. 06035/1899–0,
Fax 06035/1899–40
E-Mail: info@oekoseeds.de
www.oekoseeds.de

Stegmeier Gartenbau
Duftpelargonien
Unteres Dorf 7,
73457 Essingen
Tel. 07365/23–0,
Fax 07365/6872
E-Mail: info@pelargonien-stegmeier.de
www.gaertnerei-stegmeier.de

Blauetikett Bornträger GmbH
In den Aspen,
67591 Offstein
Tel. 06743/9053 26,
Fax 06743/9053 28
E-Mail: blauetikett@web.de
www.blauetikett.de

Carl Sperling & Co (GmbH & Co.)
Hamburger Str. 35,
21339 Lüneburg
www.sperli.de

Conrad Appel Samen und Pflanzen GmbH
Öko-Landbau-Zentrum
Brandschneise 2,
64295 Darmstadt
Tel. 06151/9292–0,
Fax 06151/9292–10

Dehner GmbH & Co. KG
Donauwörther Str. 5,
86641 Rain
Tel. 09090/77–0,
Fax 09090/77–7153
E-Mail: info@dehner.de,
www.dehner.de

Dreschflegel
Biologisches Saatgut aus langjähriger
Sortenentwicklung
Postfach 1213,
37202 Witzenhausen
Tel. 05422/502 744,
Fax 05542/502 758
www.dreschflegel-saatgut.de

Hof Berg-Garten GbR,
Großherrischwand
Pflanzenversand – Blumenzwiebeln
Lindenweg 17,
79737 Herrischried
Tel. 07764/239, Fax 07764/215
E-Mail: hof-berggarten@t-online.de
www.hof-berggarten.de

Julius Wagner GmbH
Quedlinburger Saatgut GmbH
Neuer Weg 21,
06484 Quedlinburg
Tel. 03946/9040, Fax 03946/2966
E-Mail: info@quedlinburger-saatgut.de
www.quedlinburger-saatgut.de

Keller GmbH & Co.KG
Biogarten u. Gesundheit
Konradstr. 17,
79100 Freiburg i. Br.
Tel. 0761/70 63 13,
Fax 0761/70 63 14
E-Mail: Info@biokeller.de,
www.biokeller.de

naturagart, Natur & Garten
Riesenbeckerstr. 63–65,
49479 Ibbenbüren
Tel. 05451/5934–10,
Fax 05451/5934–19

N.L. Chrestensen
Erfurter Samen- und
Pflanzenzucht GmbH
Witterdaer Weg 6,
99092 Erfurt
Tel. 0361/2245–0,
Fax 0361/2245–112
E-Mail: Info@chrestensen.com
www.chrestensen.de

Raiffeisen Zentral Genossenschaft eG
Saatbau u. Vertrieb
Hauptstr. 95
69429 Waldbrunn-Oberdielbach,
Tel. 06274/9280–0,
Fax 06274/9280–15

Samen Schröder
Blumen- und Gemüsesamen
Alt-Vorst 16 a
41564 Kaarst
Fax 02131/666827
www.samen-schroeder.de

Bio-Saatgut
Ulla Grall, Saatgut aus biologischen
Anbau
Eulengasse 3, 55288 Armsheim
Tel. 06734/960379, Fax 06734/960014
E-Mail: Ulla.grall@t-online.de
www.bio-saatgut.de

Syringa Duft- und Würzkräuter
Wildblumensaatgut
Bachstr. 7, 78247 Hilzingen-Binningen
Tel. 07739/1452, Fax 07739/677
E-Mail: info@syringa-samen.de
www.syringa-samen.de

Verzeichnis der deutschen Namen

Verzeichnis der botanischen Namen

Foto: pixelquelle

Immer ein Genuss: frische Kräuter!

Hier erfahren Sie erstmals alles über neue und natürlich auch über die altbewährten Kräuter.

Der Kräutergarten auf Balkon und Terrasse.
M. Wiegele. 2000. 96 S., 76 Farbf., 20 Zeichn., geb. ISBN 978-3-8001-3135-8.

Alles Kräuterwissen und jede Menge Rezepte machen dieses Buch für Hobbyköche unentbehrlich!

Kochen mit Kräutern.
R. Volk, F. Volk. 2002. 127 S., 127 Farbf., kart. ISBN 978-3-8001-3273-7.

Ganz nah dran.

Foto: photocase

Gute Planung – gute Ernte!

200 Gemüsearten und
-sorten sowie Pilze für den
heimischen Anbau.

Taschenatlas Gemüse.
200 Arten und Sorten.
E. Mattheus-Staack. 2006. 192 S.,
203 Farbf., 52 Zeichn., kart.
ISBN 978-3-8001-4619-2.

Gärtnerwissen pfiffig
umgesetzt: Anbauideen
zur Mischkultur.

Gemüse.
Frische Ideen für den Garten.
K. Bauer. 2005. 144 S., 177 Farbf.,
18 Farbzeichn., 20 Tab., geb.
ISBN 978-3-8001-4474-7.

Ulmer **Ganz nah dran.**